Markgräfin Amalie von Baden

Anna Schiener

Markgräfin Amalie von Baden
(1754–1832)

Verlag Friedrich Pustet
Regensburg

Bibliografische Information der Deutschen Nationalbibliothek

Die Deutsche Nationalbibliothek verzeichnet diese Publikation in der Deutschen Nationalbibliografie; detaillierte bibliografische Angaben sind im Internet über http://dnb.d-nb.de abrufbar.

www.pustet.de

ISBN 978-3-7917-2046-3
© 2007 by Verlag Friedrich Pustet, Regensburg
Gesamtherstellung: Friedrich Pustet, Regensburg
Printed in Germany 2007

Inhalt

Geleitwort von S.K.H. Bernhard Prinz von Baden 7

Vorwort 9

Die hessisch-darmstädtische Prinzessin 13
   Ein wunderlicher Vater, eine geistreiche Mutter 13
      Die pfälzischen Vorfahren Carolines von Zweibrücken 14 –
      Aus dem Hause Hessen-Darmstadt: Ludwig 17
   Wechselnde Wohnsitze 20
   Nicht nur aus „preußischer Produktion" 24
      „Wo soll man Männer finden?" 26 – Die Brüder 33
   Ganz die Tochter ihrer Mutter: Amalie 34

Die neue Familie 39
   „Die Vielwisserin und Vielfragerin von Baden":
   Markgräfin Karoline Luise 39
   „Deutschlands bester Fürst": Markgraf Karl Friedrich ... 45
   Der badische Hof 51
   Von mittelmäßiger Begabung: Erbprinz Karl Ludwig 55

Erbprinzessin und Markgräfin von Baden 59
   Der Ehevertrag 59
   Das Haus Baden 60
   Kein Auskommen mit den Schwiegereltern 61
      Der Vermittler: Johann Caspar Lavater 67
   Die neue Gemahlin des Markgrafen 69
   Amalie: die Erste Dame in Baden 73

Die „Schwiegermutter Europas": Amalie und
ihre Töchter 77
  „Ein vortreffliches Herz und einen edlen Charakter": Amalie
  Christiane 79 – „Hübsch, graziös und heiter": Luise 85 –
  Die glücklichste der Töchter: Karoline 91 – „Ein Leben voller
  Prüfung": Friederike 95 – An der Seite eines Haudegens:
  Marie 103 – Die Großmutter der Battenbergs: Wilhelmine 110

Reise nach Russland und Schweden 129
  Tod des Erbprinzen Karl Ludwig in Arboga 133

„Der unangenehmste Mensch": Amalies Sohn Karl 136
  Karl und Auguste von Bayern 140 – Napoleons
  Schwiegersohn 145 – Die ungeliebte Schwiegertochter:
  Stephanie de Beauharnais 148 – Tod Karls 154

Ein Stachel im Fleisch Amalies: Luise Karoline
von Hochberg 156
  Die Nachfolge der Hochberger 159

Amalie und Frankreich 165
  Geldsegen von Napoleons Gnaden 171

Witwensitze: Bruchsal, Rohrbach, Karlsruhe 172

Festivitäten, Reisen und fürstliche Besucher 178
  Amalie und Zar Alexander I. 182

Die letzten Lebensjahre 186

Anhang

  Zeittafel 189
  Bildnachweis 191
  Anmerkungen 192
  Quellen- und Literaturverzeichnis 195
  Orts- und Personenregister 202

Geleitwort
Seiner Königlichen Hoheit
Bernhard Prinz von Baden

Kein anderes weibliches Mitglied meiner Familie ist so oft portraitiert worden wie Markgräfin Amalie. Es scheint an ihrer Persönlichkeit zu liegen. Mich hat jene Amalie meine ganze Kindheit begleitet, wenn sie freundlich oder streng, meistens in Witwentracht, in schwarzem Kleid und schwarzer Haube, gerahmt mit einer goldenen Leiste, Öl auf Leinwand, mich von der Wand her betrachtete.

Fröhlich sieht sie nicht aus und ihr Augenleiden ist deutlich erkennbar. Stolz wirkt die Markgräfin und distanziert und trotz ihrer schwachen Augen wachsam.

Ich freue mich, dass nun endlich die längst erwartete Biografie vorliegt. Ihr Leben konnte aufgrund der gewissenhaft geführten Tagebücher ihrer Hofdame, Karoline von Freystedt, nachvollzogen werden, die alles aufschrieb, was sich im Leben jener Amalie ereignete.

Die breite und wissenschaftliche Erarbeitung dieses Lebens in einer entscheidenden Epoche der Geschichte meiner Familie und des Landes Baden blieb bisher aber aus. Ich danke Frau Dr. Anna Schiener für das Schließen dieser Lücke.

Frau Dr. Schiener gelang es in dieser Biografie, das Leben einer Persönlichkeit des 18. Jahrhunderts lebendig wiederzugeben. Ihre zahlreichen noch heute erhaltenen Portraits werden durch Informationen bereichert, die uns Amalie näher und näher bringen. Ihr ungebrochener Stolz, ihre höfliche Distanz und ihre stete Wachsamkeit werden erklärt. Vor dem Hintergrund ihrer Kindheit, ihrem Schicksal am badischen Hof in Karlsruhe, vor allem aber vor dem Hintergrund ihrer besonderen verwandtschaftlichen Beziehungen zu den maßgeblichen Höfen Europas wird ihr Charakter deutlich, nachvollziehbar und lebendig.

Lebendig für den Leser dieser Biografie wird die Lektüre natürlich aber auch durch ihre politische Brisanz in der Zeit der Neuordnung Europas im Nachgang der Französischen Revolution. Nicht viele europäische Regenten widerstanden dem großen ersten Kaiser der Franzosen. Nur wenige Frauen leisteten politischen Widerstand. Amalie tat es und hatte darunter zu leiden.

Ich wünsche diesem Werk den verdienten Erfolg und den Lesern Freude bei der Lektüre. Sie werden eine beeindruckende Persönlichkeit auf einem erstaunlichen Lebensweg begleiten und in eine faszinierende Epoche europäischer Geschichte eintauchen.

Bernhard Prinz von Baden

Schloss Salem, im April 2007

Vorwort

Amalie Friederike, Prinzessin von Hessen-Darmstadt, Markgräfin von Baden, erlebte eine spannende Epoche der deutschen, der europäischen Geschichte. Als sie Mitte des 18. Jahrhunderts geboren wurde, stand ein Kaiser an der Spitze des Heiligen Römischen Reiches Deutscher Nation. Als sie 1832 starb, hatte sich das Reich aufgelöst, einen gewählten Römischen Kaiser gab es längst nicht mehr, Deutschland hatte ein neues Gesicht bekommen.

In dieser Zeit war Preußen zur europäischen Großmacht aufgestiegen, eine Position, die bislang nur England, Frankreich, Österreich und Russland innehatten. Das Zarenreich festigte unter Katharina der Großen seine Stellung in einem solchen Umfang, dass ihm eine fast schiedsrichterliche Politik auf dem europäischen Schauplatz möglich war. Damit wurde es neben Frankreich zur Garantiemacht in deutschen Angelegenheiten. Österreichs Bestrebungen hingegen galten dem Erhalt des Status quo. Es setzte auf die Festigung seiner Position im Osten Mitteleuropas.

Und Frankreich? Frankreich war mit sich selbst beschäftigt und bereitete den Niedergang der absoluten Monarchie vor. Der unter Ludwig XV. beginnende Machtverfall setzte sich unter seinem Enkel Ludwig XVI. fort, der von seinem Großvater ein besonders drückendes Problem erbte: Geldsorgen. Es war nicht gelungen, eine Konsolidierung der Finanzen herbeizuführen, alles lief auf einen Staatsbankrott zu. Die Autorität der Krone wurde durch das Scheitern aller Bemühungen gänzlich untergraben. Als der König zur Beseitigung des Defizits die Generalstände einberufen musste, löste er die Bewegung aus, die schlussendlich zur Revolution führte und dem Ancien Régime, der Zeit absolutistischer Herrschaft, ein Ende setzte. Binnen weniger Jahre wurden Staat und Gesellschaft auf völlig neue Grundlagen gestellt. Und das hatte gewaltige Auswirkungen auf Europa!

Das Credo der Revolutionäre, die die Republik ausgerufen und ihren König hingerichtet hatten – Freiheit, Gleichheit, Brüderlichkeit – bedrohte nun auch die Ordnung in Deutschland. In zwei Koalitionskriegen versuchte das Reich unter den Kaisern Leopold II. und Franz II. vergeblich, dem Ansturm der französischen Revolutionsheere standzuhalten. Im Niedergang begriffen wurde es nach dem Frieden von Lunéville (1801) ganz nach Interesse und Tendenz der europäischen Großmächte aufgeteilt. Der Reichsdeputationshauptschluss (1803) löste schließlich die politischen und rechtlichen Grundlagen des alten Reiches endgültig auf. Säkularisation und Mediatisierung schafften den Staaten Ausgleich, die linksrheinische Gebiete an Frankreich abgetreten hatten.

Sechzehn süd- und westdeutsche Staaten schlossen sich im Sommer 1806 unter französischem Protektorat in Paris zum Rheinbund zusammen, erklärten sich für souverän und verkündeten ihren Austritt aus dem Heiligen Römischen Reich. Kaiser Franz II. legte daraufhin die deutsche Kaiserkrone nieder und führte nun als Franz I. den Titel Kaiser von Österreich. Zu den Rheinbundstaaten und den Gewinnern der napoleonischen Neuordnung gehörte auch Baden, das 1803 zum Kurfürstentum und 1806 zum Großherzogtum erhoben wurde.

In den folgenden Napoleonischen Kriegen brach das Preußen Friedrichs II. zusammen. Zar Alexander I. rettete zwar Preußens Existenz, doch es sank geschwächt durch die Verluste wieder zu einer zweitrangigen Macht herab. Österreich dagegen plante seit Ende 1808 entschieden den Krieg gegen Frankreich. Erzherzog Carl gelang es, Napoleon bei Aspern die erste Niederlage beizubringen, aber die Hoffnungen des Kaisers, deutsche Bundesgenossen zu finden und Russland auf seine Seite zu ziehen, schlugen fehl.

Napoleons Niederlage im Russlandfeldzug (1812) war der Auslöser für den Beginn der Befreiungskriege, die ein vorläufiges Ende in der Völkerschlacht bei Leipzig (1813) fanden. Napoleon flüchtete, der Rheinbund fiel auseinander und in ganz Deutschland brach die französische Herrschaft zusammen. Am 11. April 1814 musste Napoleon abdanken. Nach dem Willen der Sieger sollte er den Rest seines Lebens auf Elba verbringen.

Noch während der Wiener Kongress über die Neuordnung Europas verhandelte, landete der Ex-Kaiser zum Schrecken aller jedoch wieder in Frankreich und zog am 20. März 1815 in Paris ein. Blücher und Wellington wurden ihm entgegengeschickt, die Entscheidungsschlacht fand am 18. Juni 1815 bei Waterloo statt. Napoleon ergab sich den Engländern und wurde endgültig nach St. Helena verbannt.

Die Mächtigen schlossen sich nun in der „Heiligen Allianz" zusammen und hatten nur das eine Ziel: Die alte Ordnung musste wiederhergestellt werden. Restauration wird das Schlagwort der Zeit – und Idylle. In Deutschland beginnt das Biedermeier, behaglich privates Leben im kleinbürgerlichen Milieu. Aber es ist auch die Zeit der Verdächtigungen und Verfolgungen, der Verhaftungen und Verurteilungen, denn die Menschen entwickeln politisches Bewusstsein und fordern von den Herrschenden die Teilhabe an der Macht, die diese ihnen nicht ohne Weiteres geben werden. Die Völker erheben sich zum Freiheitskampf, Polen, Ungarn, Griechen, Italiener, Tschechen und Kroaten, und die deutschen Freiheitskämpfer solidarisieren sich mit ihren Brüdern. Der Funke einer neuen Revolution wird zu Beginn des Jahres 1848 von Frankreich auf Deutschland überspringen. Das allerdings ist schon ein anderes Kapitel deutscher Geschichte, das mit Amalie von Baden nichts mehr zu tun hat.

Ihr als Kind des Ancien Régime, standesbewusst und im alten Reich verhaftet, waren die Französische Revolution und deren Geist unerträglich. Sie verachtete Napoleon und trug diese Verachtung offen zur Schau. Politisch werden wir sie stets auf Seiten Russlands und Österreichs finden, obwohl sie damit gegen die offizielle Haltung des badischen Staates stand. Doch das interessierte sie kaum, Duckmäusertum gehörte nicht zu ihren Schwächen. Sie war die Hüterin und Bewahrerin vergangenen Herrschaftsglanzes. Daran hielt sie bis zum Ende ihres Lebens fest.

Bei den Arbeiten zu dem vorliegenden Buch fand ich freundliche Unterstützung zahlreicher Personen. Mein herzlichster Dank gilt Seiner Königlichen Hoheit Bernhard Prinz von Baden, der mir gestattete, das Familienarchiv des Hauses Baden uneingeschränkt zu benützen und mir bei der Suche nach Gemälden aus dem Leben Amalies großzügig Hilfe gewährte.

Nikolaus Freiherrn von Gayling-Westphal und Dr. Christoph Graf Douglas sei für ihre Bereitschaft gedankt, Bildmaterial zur Verfügung zu stellen.

Die Mitarbeiterinnen und Mitarbeiter des Hessischen Staatsarchivs Darmstadt und des Generallandesarchivs Karlsruhe, hier im Besonderen der Leiter des Generallandesarchivs, Herr Professor Dr. Volker Rödel, standen mir stets hilfsbereit zur Seite. Vielen Dank!

Die hessisch-darmstädtische Prinzessin

Ein wunderlicher Vater, eine geistreiche Mutter

Amalies Eltern hätten unterschiedlicher kaum sein können: hier der „Soldatenlandgraf", der „Trommler von Pirmasens", ein Sonderling, da die „Große Landgräfin", die geistvolle Freundin Friedrichs des Großen und Voltaires, ein „Mann an Geist".

Ludwig IX., Landgraf zu Hessen, Fürst zu Hersfeld, Graf zu Katzenelnbogen, Diez, Ziegenhain, Nidda, Hanau, Schaumburg, Heuburg und Büdingen, des Kaiserlich Russischen Sankt Andreas und Königlich Preußischen Schwarzen Adlers Ordensritter, war Militär durch und durch, voll tiefer Verehrung für das Preußentum und Friedrich den Großen. Nach seinen eigenen Worten gehörten Exerzieren und Trommeln zu seinen Lieblingsbeschäftigungen. Ludwig besaß durchaus Sinn für Schöngeistiges, vorausgesetzt es hatte Bezug zum Militär: „Jahraus, jahrein sind zwei Hofmaler beschäftigt, Soldaten in allen wirklich existierenden oder noch möglich zu existierenden Uniformen auf Kartons einen bis anderthalb Schuh hoch zu malen. Auf seinen Reisen sieht er die Uniformen ab ... und die Farben sowohl als die Anzahl und Qualität der Knöpfe und Schleifen und Schnüren wird unten mit Bleistift angemerkt. Wenn er zu Hause ist, werden nun diese Werke ausgeführt und ein gewisser Leutnant Stockmar, ein Maler, ist alle Tage ohnfehlbar bis nachts um zwölf Uhr damit beschäftigt ... Die Anzahl der gemalten Soldaten ist unglaublich. Sie stehen in einem Saale hintereinander wie in einer Emporkirche oder einem Amphitheater."[1]

Der Musik gehörte eine weitere Leidenschaft des Landgrafen: „Zwei Kapellmeister sind mit ihren Untergebenen angehalten, von morgens acht bis nachmittags vier Uhr ... da zu sein, um die Märsche in Noten zu setzen, die der Landgraf komponiert. Mit zwei Fingern spielt er auf dem Klavier die Märsche vor, und alsdann müssen sie gesetzt und auch oft sogleich probiert werden. Er hat es so weit gebracht, dass er in einem Tag gegen dreihundert komponiert hat, und gegenwärtig stehen von seiner Arbeit auf dem Papier 52 365 Stück Märsche",[2] die zu passenden Anlässen und zu jeder Tages- und, bedauerlich für die Umwelt, auch Nachtzeit gespielt wurden.

Seine Gemahlin machte sich über seine Marotten lustig: „Der nächste Brief ... wird aus dem entzückenden Pirmasens datiert sein, dem Aufenthalt der Musen und der Grazien, der Tugenden, der Treue und des Heldentums."[3] Der geradezu besessene Kompositeur und begeisterte Trommler, der seine Soldaten einem ständigen Drill unterzog, erhielt den Spottnamen „des Heiligen Römischen Reiches Erztambour und großer Exerziermeister".[4]

Welch ein Gegensatz dazu die Mutter! Henriette Caroline, geborene Prinzessin von Pfalz-Zweibrücken-Birkenfeld, konnte den sehr beschränkten Interessen ihres Gemahls wenig Neigung entgegenbringen. Schon als Kind beschäftigte sie sich mit Philosophie und Literatur, im Besonderen interessierten sie die Werke der französischen Aufklärer. Die Sprache der geschätzten Autoren, die Universalsprache des gebildeten Europa, beherrschte sie bald perfekt. Ihre Liebe gehörte der Musik. Sie spielte ausgezeichnet Klavier und, wie in adeligen Häusern üblich, erhielt Caroline Mal- und Zeichenunterricht. Schon früh zeigte sich, „dass sie an Geist und Anmut eine der Ausgezeichnetsten ihres Geschlechts werden würde. Ihre Fähigkeiten gestalteten den Unterricht leicht." Den „Trieb nach Bildung"[5] wird Caroline ein Leben lang nicht verlieren. Sie war naturverbunden und unternahm ganz im Gegensatz zum herrschenden Zeitgeist ausgedehnte Spaziergänge, sie ritt und begeisterte sich für die Jagd.

Die pfälzischen Vorfahren Carolines von Zweibrücken

Die erstklassige Ausbildung, die Caroline genoss, verdankte sie ihrer hochgebildeten Mutter, Karoline von Nassau-Saarbrücken (1704–1774). Deren Vater, Ludwig Kraft von Nassau-Saarbrücken (1663–1713), lebte als Kavalier am Hof Ludwigs XIV. Acht Jahre nach Karolines Geburt (12. August 1704) verstarb er, ohne einen männlichen Erben zu hinterlassen. Seine Gemahlin Philippine Henriette Gräfin zu Hohenlohe-Langenburg (1679–1751) blieb mit ihren minderjährigen Töchtern, die sie trotz bescheidener Verhältnisse ausgezeichnet erzog, in finanziell schwieriger Lage zurück. Ihr vorrangiges Ziel musste die frühzeitige Verheiratung der Töchter sein, nur so ließ sich deren Versorgung sicherstellen. Henriette war erfolgreich. Drei der Mädchen vermählten sich, bevor sie das 16. Lebensjahr erreicht hatten. Karoline ehelichte am 21. September 1719 erst fünfzehnjährig ihren um 30 Jahre älteren Patenonkel Christian III. von Birkenfeld-Bischweiler (1674–1735).

Die Herzöge von Pfalz-Zweibrücken – Christian III. wird sich von 1733 an nach dem Aussterben der älteren linksrheinischen Wittelsbacher Seitenlinien Herzog von Zweibrücken nennen können – gehen auf Kurfürst Rupprecht III. (1352–1410) zurück, der im Jahre 1400 zum deutschen König gewählt wurde. Sein Sohn Stephan (1385–1459) erbte Teile der Grafschaft Zweibrücken, erhielt durch seine Heirat Simmern und Spon und wurde zum Begründer der Linien Simmern-Sponheim und Zweibrücken-Veldenz. Mit dem Tod Herzog Wolfgangs im Jahre 1569 kam es zu weiteren Erbteilungen: Pfalz-Neuburg, das Herzogtum Zweibrücken, die Ämter Sulzbach, Hilpoltstein, Allersberg, Parkstein und Weiden wurden unter vier Söhnen aufgeteilt, der fünfte Sohn schließlich, Karl, begründete mit dem von ihm erbten pfalz-zweibrückischen Anteil der Grafschaft Sponheim die Linie Birkenfeld, die Nebenlinie einer Nebenlinie. Ein kompliziertes Verwandtschaftswirrwarr!

Die folgenden Generationen trugen durch kluge Eheschließungen zur Vergrößerung des Besitzes und Einflussgebietes der Pfalzgrafen bei. So heiratete Christian I. die Erbin von Bischweiler und sein Sohn gleichen Namens die Erbin der elsässischen Grafschaft Rappoltstein. Christian III., Amalies Großvater, verhalfen schließlich günstige Umstände zum Aufstieg vom unbedeutenden Pfalzgrafen von Birkenfeld-Bischweiler zum Herzog von Zweibrücken.

Herzog Gustav Samuel Leopold von Zweibrücken (1670–1731) aus der Kleeburger Linie der Wittelsbacher war 1731 kinderlos verstorben. Erbschaftsansprüche machten die Kurpfalz, die von

Habsburg unterstützt wurde, und die Birkenfelder Linie, die auf die Hilfe Frankreichs rechnen konnte, geltend. Zwei Jahre zogen sich die Streitigkeiten hin, bis endlich im Mannheimer Sukzessionsvertrag vom 24. Dezember 1733 die Nachfolge Christians III. bestätigt wurde. Der neue Landesfürst zog im Februar 1734 mit Gemahlin und vier Kindern in Zweibrücken ein.

Am 9. März 1721 war als älteste Tochter Henriette Caroline Christine, die spätere Große Landgräfin und Mutter Amalies, im Rappoltsteiner Hof in Straßburg zur Welt gekommen. Ihr folgten die Söhne Christian (1722–1775) und Friedrich (1724–1767) und schließlich das Nesthäkchen Christiane Henriette (1725–1816).

Die Regierungszeit Christians III. war kurz. Völlig unerwartet verstarb er Anfang Februar 1735. Mit Zustimmung des Kaisers wurde Karoline die Vormundschaft für ihre vier Kinder und die Regentschaft für den Sohn Christian übertragen. Nach dem Studium in Leiden und der obligatorischen Bildungsreise kehrte Christian IV. nach Zweibrücken zurück, wurde für volljährig erklärt und übernahm zum Ende des Jahres 1740 die Regierungsgeschäfte.

Die Bedeutung des jungen Mannes, der Carolines Lieblingsbruder und zeitlebens ihr bester Ratgeber war, galt es nicht zu unterschätzen: „So klein auch sein Herzogtum, so unbedeutend die Zahl seiner Bewohner war, so bedeutsam war seine Rangstellung unter den damaligen Fürsten des Heiligen Römischen Reiches Deutscher Nation. Des Kaisers erster Stellvertreter, der Beherrscher des Reiches bei Abwesenheit des Kaisers und in der Zeit nach des Kaisers Tod bis zur Wahl eines neuen Kaisers war der Kurfürst von der Pfalz, Karl Theodor (1724–1799), der Vetter Christians IV. Er, Karl Theodor, war kinderlos, ebenso sein Vetter Max III. Joseph (1727–1777), der Kurfürst von Bayern. Nach menschlichem Ermessen war es ausgemacht und selbstverständlich, dass Christian IV. und im Falle seines vorzeitigen Ablebens sein Bruder Friedrich Michael dereinst der gesetzliche Nachfolger in beiden Fürstentümern Pfalz und Bayern und damit der ranghöchste Mann im Reiche nach des Kaisers Majestät sein werden."[6]

Christian IV. war also nichts weniger als der präsumptive Erbe der Kurpfalz und Bayerns. Als der Herzog am 5. November 1775 starb, hinterließ er keine legitimen Nachkommen. Der älteste

Sohn seines bereits 1767 verstorbenen Bruders Friedrich trat seine Nachfolge an und, da auch er kinderlos blieb, erbte schließlich dessen Bruder Maximilian Joseph nicht nur das Herzogtum Pfalz-Zweibrücken, sondern auch die Anwartschaft auf die beiden Kurländer Pfalz und Bayern, die ihm dann nach dem Ableben Kurfürst Karl Theodors im Jahr 1799 zufielen. Maximilian Joseph werden wir als Schwiegersohn seiner Cousine Amalie später wieder begegnen.

Und wie erging es den beiden Töchtern Christians III. und Karolines? Nach dem Tod des Vaters blieben die Mädchen in Zweibrücken und erhielten unter der Aufsicht der Mutter eine vorzügliche Ausbildung. Beide waren hochintelligent. Die Jüngere, Christiane, stand allerdings im Schatten der Schwester: „Diese treffliche Dame ist gewiss nicht minder groß als ihre älteste Schwester. Nur steht sie mit ihren bescheidenheitsvollen Tugenden im Hintergrund. Sie gleicht einem Stern, der über den Planeten kreist, dem Auge des Erdbewohners minder wichtig scheint, während die Landgräfin die Kunst verstand, in einem Sonnensystem zu leuchten."[7]

Diese „Leuchte in einem Sonnensystem" wurde zusammen mit ihrer Schwester von Sarah Louise Ravanel, einer „geistvollen und charaktervollen Dame hugenottischer Abstammung"[8], erzogen. Caroline blieb ihr lebenslang verbunden. Die freundschaftliche Beziehung erstreckte sich auch auf die jüngere Schwester Margarethe Katharina Ravanel, die die Erziehung der Töchter der späteren Landgräfin, auch die Amalies, übernehmen sollte.

Ob nun die Mutter Karoline, über die Richard du Moulin-Eckart schrieb, sie ist eine „herrliche Fürstenerscheinung, stolz und beharrlich, mit den Tugenden einer bedeutenden Frau ausgestattet, begabt mit allen Eigenschaften, ihre Pläne zur Geltung zu bringen",[9] oder schon der Vater entschieden hatte, die Tochter Caroline mit dem Erbprinzen von Hessen-Darmstadt zu verheiraten, ist nicht bekannt.

Aus dem Hause Hessen-Darmstadt: Ludwig

Erbprinz Ludwig von Hessen-Darmstadt lebte nicht, wie man erwarten könnte, in Darmstadt, sondern bei seinem Großvater

Johann Reinhard III. in Buchsweiler, dem Residenzort der Grafen von Hanau-Lichtenberg. Johann Reinhards Tochter Christine Charlotte, sie war 1726 gestorben, hatte den Erb-Landgrafen Ludwig, später Ludwig VIII., geheiratet und ihm sechs Kinder geboren. Kurz vor der Eheschließung erwirkte Johann Reinhard einen Urteilsspruch des französischen Königs, mit dem sowohl den männlichen als auch den weiblichen Nachkommen seiner einzigen Tochter die Herrschaftsnachfolge in Hanau-Lichtenberg zugesichert wurde. Der älteste Sohn Christine Charlottes, Ludwig, wurde vom Großvater als Nachfolger ausersehen und lebte nun bei ihm.

Seinen Wohnsitz hatte der hessische Erbprinz in unmittelbarer Nachbarschaft zur herzoglich-pfälzischen Familie, gegenseitige Besuche waren ganz selbstverständlich. So lernte er Prinzessin Caroline kennen und verlobte sich im Laufe des Jahres 1740 mit ihr. Die Hochzeit fand am 12. August 1741 in Zweibrücken statt. Caroline war nun Erbprinzessin von Hessen-Darmstadt und regierende Gräfin von Hanau-Lichtenberg, denn ihr Gemahl hatte in der Zwischenzeit das Erbe seines Großvaters Reinhard angetreten.

Die Landgrafschaft Hessen-Darmstadt, Carolines künftige Heimat, war – es ist nicht anders zu erwarten – durch Erbteilung entstanden. Als Landgraf Philipp der Großmütige von Hessen 1567 starb, hinterließ er vier eheliche Söhne, die das ererbte Gebiet, nämlich Niederhessen (Hessen-Kassel), Oberhessen (Hessen-Marburg), die Niedergrafschaft Katzenelnbogen (Hessen-Rheinfels) und die Obergrafschaft Katzenelnbogen (Hessen-Darmstadt) unter sich aufteilten. Bereits in der ersten Generation starben die Linien Hessen-Marburg und Hessen-Rheinfels aus, deren Territorien fielen an die beiden verbleibenden Linien. Georg I., der Fromme, 1547 in Kassel geboren, wurde zum Stammvater der Linie Hessen-Darmstadt.

Eine weitere Zersplitterung des Territoriums sollte die von Ludwig V. zu Beginn des 17. Jahrhunderts erlassene Primogeniturordnung verhindern. Trotzdem wurden an die nachgeborenen Söhne notgedrungen anstelle von Deputatzahlungen Ämter vergeben, aus denen allerdings nur die Landgrafschaft Hessen-Homburg als selbstständige Einheit hervorging. Notgedrungen deshalb, weil es in Hessen-Darmstadt über alle Jahrhunderte hinweg an einem fehlte, nämlich an Geld. Landgräfin Elisabeth Dorothea, die für ihren Sohn Ernst Ludwig zehn Jahre die Regentschaft führte, beschrieb Hessen-Darmstadt zu Beginn des 18. Jahrhunderts als „ein verschuldetes Land und arme Untertanen, einen verworrenen Etat und Regiment, da alles wiedereinander und keine Einigkeit, ein unordentliches, verdorbenes Ökonomie-Wesen, sodass alles so recht zusagen in Agonie liegt."[10] Ernst Ludwig hinterließ seinem einzig überlebenden Sohn einen unglaublichen Schuldenberg von rund 6 Millionen Gulden!

Der Sohn, Ludwig VIII., der „Jägerlandgraf", im April 1691 geboren, übernahm im Herbst 1739 die Regierung in Hessen-Darmstadt. Er war ein persönlicher Freund und Bewunderer der jungen Königin Maria Theresia, die ihn als Dank für seine loyale Unterstützung 1741 zum kaiserlichen Feldmarschall ernannte. Seine guten Beziehungen zum Wiener Hof konnten das Schlimmste, die drohende finanzielle Zwangsverwaltung des im Grunde zahlungsunfähigen Landes, verhüten. Die Schuldenmisere wurde zwar durch den Anfall des Hanau-Lichtenbergischen Erbes gemildert, doch gleichzeitig verschärfte sich die ohnehin schon problematische politische Lage Hessen-Darmstadts durch die Abhängigkeit Hanau-Lichtenbergs von Frankreich.

Neben Ludwig, dem Erbprinzen und Vater Amalies, hatte Ludwig VIII. weitere fünf Kinder, von denen drei jung verstarben. Georg Wilhelm, im Juli 1722 geboren, schlug die für nachgeborene Söhne regierender Häuser übliche militärische Karriere ein. Als kaiserlicher Generalfeldmarschall diente er im Siebenjährigen Krieg und gründete mit seiner Gemahlin Maria Luise Albertine von Leiningen-Dagsburg-Falkenburg (1729–1818) eine kinderreiche Familie.

Seine Tochter Friederike Karoline Luise heiratete Herzog Karl von Mecklenburg-Strelitz. Sie wurden die Eltern der späteren Königin Luise von Preußen, die als 10-jährige Prinzessin nach dem Tod der Mutter bei ihrer Großmutter in Darmstadt aufwuchs. Georg Wilhelms jüngste Tochter Auguste Wilhelmine vermählte sich mit Maximilian Joseph, dem späteren bayerischen König. Die einzige Schwester Ludwigs und Georg Wilhelms, die das Erwachsenenalter erreichte, Karoline Luise, heiratete 1751 Markgraf Karl Friedrich von Baden-Durlach. Sie wurde die Schwiegermutter Amalies.

Wechselnde Wohnsitze

Der älteste Sohn der landgräflichen Familie, Erbprinz Ludwig, war am 15. Dezember 1719 in Darmstadt zur Welt gekommen. Die Erziehung Ludwigs und seiner beiden Brüder übernahm der aus Straßburg stammende Johann Jakob Wieger, der die Prinzen auch begleitete, als sie 1735 ganz zu ihrem Großvater nach Buchsweiler zogen.

Während seiner Regierungszeit wurde das gesamte elsässische Gebiet der Hanau-Lichtenberger unter französische Souveränität gestellt und besetzt. Umgehend beorderte der Großvater die Enkel ins Land, um den Bestand der Grafschaft zu sichern und die Einnahmen hierzuhalten. Mit dem Einzug der hessischen Prinzen entfaltete Johann Reinhard in Buchsweiler, heute Bouxwiller, dessen Schloss und Garten er so prächtig hatte ausbauen lassen, dass man der Anlage den Beinamen „Klein Versailles" gab, einen bislang nicht gekannten Prunk. Johann Reinhard achtete auf exzellente Ausstattung und Versorgung der Enkel und kümmerte sich um jedes Detail, selbst die Weinqualität fand seine Aufmerksamkeit: „Was den Wein anbelangt, so wird bei der prinzlichen Tafel kein Landwein gegeben, sondern sie sind mit gutem Pfälzer Wein beständig zu versehen."[11]

Es wird nicht überraschen, dass Ludwig und seine Brüder sich hier sehr wohlfühlten und auch während ihres Studienaufenthaltes in Straßburg immer wieder gerne nach Buchsweiler zurückkehrten. Als der Erbfall 1736 eintrat, übernahm Ludwigs Vater die Regentschaft für den unmündigen Sohn, der sich nach Abschluss seiner Studien auf eine Bildungsreise durch Frankreich begeben hatte. Am 12. Juli 1741 wurde Ludwig für volljährig erklärt und übernahm die Regierung in der Grafschaft Hanau-Lichtenberg. Nach seiner Hochzeit im August desselben Jahres führte er seine junge Ehefrau Caroline nach Buchsweiler heim.

Ludwig hielt es jedoch nicht in seiner Residenzstadt, ihn drängte es nach Pirmasens, wo er bereits vor der Hochzeit die erste Kompanie des späteren Leib-Grenadier-Garde-Regiments eingerichtet hatte. Sein erklärtes Ziel war es, in den Dienst des verehrten preußischen Königs zu treten. Allerdings kamen ihm der Erste Schlesische Krieg und der Österreichische Erbfolgekrieg dazwischen, die Ludwig auf der Seite Frankreichs erlebte. Der preußische Militärdienst konnte erst 1743 beginnen. Friedrich II. machte den hessischen Erbprinzen zum Generalmajor und Kommandeur des Regiments von Selchow, das in Prenzlau, der Hauptstadt der Uckermark, stationiert war.

Seine Ehefrau, die bisher ihre Zeit mit schöngeistigen Studien, mit Wanderungen und vor allem mit Briefeschreiben verbracht hatte, besuchte Ludwig immer wieder und zog schließlich im Sommer 1750 ganz nach Prenzlau. Hier begann die lebenslange Freundschaft Carolines mit Friedrich dem Großen. Der preußische König schrieb, als er ihr sein Porträt übersandte: „Wenn das Konterfei sprechen könnte, würde es Ihnen sagen, wie das Original Sie schätzt und hochachtet, und wenn es kühner und verwegener wäre, würde es Ihnen eine unendliche Menge von Dingen sagen, die ich unterdrücke, um die ungemeine Bescheidenheit, zu der Sie sich bekennen, nicht zu verletzen. Möchte diese schwache Abbildung meiner Gebrechlichkeit Sie an einen Mann erinnern, der den ganzen hohen Wert Ihrer Freundschaft kennt, und der es sich zur Aufgabe macht, sie zu verdienen."[12]

Dass der Aufenthalt in Prenzlau die Begeisterung Carolines fand, ist nicht zu vermuten. So schrieb sie: „Ich habe drei Monate in einem vollkommenen Stillleben verbracht."[13] Für Abwechslung sorgten wohl nur die Reisen an den Hof nach Berlin: „Die jungen Leute dort haben Geist und die Damen außerdem Charme, Figur und gute Manieren."[14] Kehrte Caroline in die uckermärkische Hauptstadt zurück, sah ihr Tagesablauf sehr gleichförmig aus: „Die Offiziere sehe ich nur zu Tisch und eine halbe oder ganze Stunde nachher. Darauf beschäftige ich mich mit Arbeiten und mit Lesen. Eine Stunde vor dem Abendessen kommen die Offiziere, die unsern Tisch teilen. Man spielt, isst, spielt wieder und legt sich dann schlafen. Am andern Morgen sieht man die Garde aufziehen und gerade vor den Fenstern, das heißt, falls man dazu Lust hat. Sonst sieht man nichts und beginnt zu schreiben."[15]

Während des zurückgezogenen Lebens in Prenzlau las Caroline sehr viel, besonders französische Literatur und hier vorrangig Voltaire. Sie vertiefte sich in die Schriften Friedrichs des Großen und versuchte sich einen Überblick über die Werke der zeitgenössischen deutschen Dichter zu verschaffen.

Ende 1756 zog die Erbprinzessin nach Berlin, wo sie für ein Jahr das Bredowsche Palais bewohnte. Als Ludwig im August 1757 auf Drängen seines Vaters, der auf Seiten Österreichs stand, seinen Abschied aus preußischen Diensten einreichen musste, nahm auch Caroline schweren Herzens vom Berliner Hof Abschied. Beide gingen getrennte Wege, Caroline lebte mit den Kindern wieder in Buchsweiler, der Erbprinz kehrte nach Pirmasens zurück.

Ludwig hatte hier von seinem Großvater ein kleines Jagdschloss geerbt, dessen Umgebung ihm wie geschaffen für das Exerzieren seiner geliebten Grenadiere erschien. Pirmasens bot sich schon deshalb an, weil es im Unterschied zu Buchsweiler nicht auf französischem Hoheitsgebiet lag. Für Caroline war ein Leben in diesem Dorf mit lediglich einer Straße und drei Gassen, das aus nicht einmal 40 Häusern bestand, unvorstellbar: „Das Leben in Pirmasens ist weniger als ein Vegetieren, und wenn eines Tages eine Seelenwanderung stattfindet, weiß ich nicht, ob ich nicht vorziehen würde, eine Auster zu sein, als in Pirmasens zu wohnen."[16] Allerdings unternahm Ludwig alles, um das geliebte Pirmasens zu fördern und voranzubringen. Da er von seinen Vorfahren mehr Schulden als Geld geerbt hatte, musste gespart werden, und das tat er besonders in seinem eigenen Umfeld.

Ludwigs Sparsamkeit fiel nicht nur die Parforcejagd zum Opfer, sondern auch die Oper in Darmstadt, der Hof musste sich einschränken, Personal wurde entlassen, die Tafel vereinfacht: „Die unnötigen Hofschranzen, die Hofbedienten, deren Arbeit in Essen und Besoldung ziehen besteht, brauche ich nicht. Ein unnötiger und weitläufiger Hofstaat soll abgeschafft werden."[17] Bei seiner Soldatenleidenschaft kannte Ludwig allerdings kaum Grenzen. Trotz zerrütteter Finanzlage baute er in seiner Hauptstadt eine riesige Exerzierhalle, einen zu seiner Zeit in Europa einzigartigen Bau mit einem weitläufigen Exerzierplatz davor. Dennoch hielt es ihn nicht in Darmstadt, er lebte vorwiegend im geliebten Pirmasens und überließ seine Gemahlin ihren schöngeistigen Interessen und den Repräsentationspflichten.

Das Leben des Landgrafen nahm zuweilen skurrile Züge an. Er litt an allerlei tatsächlichen und eingebildeten Krankheiten und er glaubte an Geister. Deshalb beauftragte er eine Kommission mit der Aufklärung der Geistererscheinungen im Darmstädter

Schloss. Es wurde eine Liste mit 165 Vorkommnissen erstellt, die unbestimmte Geräusche, weiße Frauen, große schwarze oder auch graue Männer in unterschiedlicher Bekleidung, Skelette und schwarze glutäugige Hunde aufführt. Dass mit Hilfe der Geister kein Schatz gefunden wurde, der half, die leere Staatskasse zu füllen, fand er höchst bedauerlich.

Trotz seiner sehr einseitig ausgerichteten Interessen hatte Ludwig ein offenes Ohr für die Neuerungen seiner Zeit, wie die Verbesserung der landwirtschaftlichen Erträge durch Verzicht auf die Brache in der Dreifelderwirtschaft, und er war offen für Reformen. So schaffte er die Folter ab und schränkte Todesurteile ein, er gestattete ab 1770 den reformierten Christen die freie Religionsausübung und zeichnete sich ganz grundsätzlich durch Toleranz aus.

Soldatenhandel, wie ihn sein Vater und ebenso sein Großvater und andere Fürsten seiner Zeit mit Selbstverständlichkeit betrieben, lehnte Ludwig ab, vor allem verwahrte er sich gegen die Verschiffung von Subsidientruppen nach Übersee. Selbst Zwangsrekrutierungen von Sträflingen wurden für Hessen-Darmstadt grundsätzlich untersagt.

Da der Landesfürst kaum in seiner Hauptstadt anzutreffen war, konnte seine Gemahlin ganz ihren Neigungen folgen. Darmstadt erlebte durch Caroline eine kulturelle Glanzzeit, ab 1765 etablierte sie einen gelehrt-musischen Hof in der Residenz. Die „Große Landgräfin" fasste, ganz typisch für einen protestantischen Hof, wissenschaftlich-literarische Ziele ins Auge, wie die Anwesenheit Goethes, Klopstocks, Wielands und Herders in Darmstadt zeigt, obwohl diese nicht in unmittelbarem Kontakt mit der Fürstin standen. Carolines Vorliebe galt nicht der „katholischen" bildenden Kunst. Ihre geistigen Interessen, ihr Lektürehunger, machten auch vor verbotener, öffentlich verbrannter Literatur der Aufklärung nicht halt. Hier unterstützte sie der als Sekretär in darmstädtische Dienste getretene Johann Heinrich Merck (1741–1791). Er war Essayist, Verleger, Redakteur und zählte die oben genannten Dichter zu seinen Freunden. Merck, häufig im Salon der Landgräfin zu Gast, war ein interessanter Unterhalter. Er verfügte über ein umfassendes Wissen in allen Bereichen der Kunst, der Naturwissenschaften und der Politik. Caroline machte ihn zum Lehrer ihrer Töchter.

Nicht nur aus „preußischer Produktion"

Natürlich war Caroline inzwischen ihrer wichtigsten Aufgabe nachgekommen, nämlich der, für Nachwuchs zu sorgen. Trotz angespannten ehelichen Lebens – Ludwig war eifersüchtig, vor allem auf das häufige Zusammensein Carolines mit ihrer über alles geliebten Mutter – wurde sie im Januar 1742 schwanger. Fünf Monate später brachte sie einen toten Sohn zur Welt. Bis zur Geburt des nächsten Kindes vergingen vier Jahre, wohl ein Zeugnis der Unstimmigkeiten zwischen den Eheleuten. Am 2. März 1746 wurde die erste Tochter, Caroline, in Buchsweiler geboren. Da die nächsten beiden Schwangerschaften der Erbprinzessin wiederum mit Fehlgeburten endeten, blieb die kleine Caroline zunächst ohne Geschwister und wurde 1750 zu ihrer Großmutter Herzogin Karoline auf deren Witwensitz nach Bergzabern gebracht. Unter der Aufsicht und Fürsorge der liebevollen Großmutter verbrachte das Kind die folgenden sechs Jahre, die seine Eltern nach Preußen führten. Im Sommer 1756 begleitete Caroline, die ihre Geschwister bis dahin nicht kannte, die Mutter nach Prenzlau.

Am 16. Oktober 1751 war die Erbprinzessin von ihrer zweiten Tochter entbunden worden, die den Namen Friederike Luise erhielt. Sie war das erste Kind, aus der von Caroline so genannten „preußischen Produktion".[18] Zum höchsten Bedauern der Eltern ließ der erhoffte Thronfolger noch immer auf sich warten.

Gut eineinhalb Jahre später war es endlich soweit: Der ersehnte Sohn war da. Er kam am 14. Juni 1753 zur Welt und wurde auf den Namen Ludewig getauft. Drei weitere Kinder ergänzten die „productions prussiennes": Am 20. Juni 1754 wurde Amalie Friederike geboren, ein Jahr später, am 25. Juni 1755, Wilhelmine. In der Berliner Zeit erblickte schließlich die letzte Tochter Carolines und Ludwigs das Licht der Welt: Luise wurde am 30. Januar 1757 geboren.

Die Rückkehr nach Buchsweiler brachte die Wiederaufnahme des beschaulichen Landlebens, das nochmals von zwei Geburten unterbrochen wurde. Am 10. Juni 1759 kam der zweite Sohn, Prinz Friedrich Ludwig, und am 25. November 1763 Prinz Christian Ludwig zur Welt. Bei der Geburt dieses letzten Kindes war Caroline schon über 40 Jahre alt. Sie hatte eigentlich nicht mehr mit einer Schwangerschaft gerechnet und fand ihren Zustand „peinlich", wie sie ihrer Schwägerin Karoline Luise nach Karlsruhe schrieb: „Ich habe noch gar nicht mit Ihnen über meine neue Schwangerschaft gesprochen, liebe Schwester, ich habe sie mir selbst so lange wie möglich nicht eingestanden, aber sie ist nur zu sicher und gewiss. Sie werden mir zugestehen, dass es peinlich ist, mit 43 Jahren niederzukommen und man dazu noch die Mutter einer heiratsfähigen Tochter ist; aber Gott will es so, auch verlasse ich mich auf die Vorsehung, die mich wird erhalten können, wenn mein Leben noch für meine Kinder von Nöten ist. Nie habe ich mir so viel Bewegung gemacht, wie in dieser Schwangerschaft; ich laufe noch 2 Stunden hintereinander, ohne die geringste Belästigung. Die Frauen von Sparta trieben viel Sport, um ihren Kindern eine kräftige Verfassung zu geben. Ich werde sehen, ob mein Versuch die Richtigkeit dieser Methode bestätigt."[19]

Über die Erziehung der Kinder schreibt Marita Panzer in ihrer Biografie Carolines: Sie „widmete der Kinderschar viel Aufmerksamkeit. Interessiert an der Kindererziehung, überließ sie deren Pflege nicht allein den Kindermädchen, sondern brachte ihre eigenen Anschauungen zur Geltung. Sie unternahm mit ihnen Ausflüge und Spaziergänge, bestimmte, welche Speisen und Getränke sie zu sich nehmen durften, beobachtete sie mit wachem Auge und wünschte eine vertraute Beziehung zwischen den Eltern und Kindern. Manche ihrer Vorstellungen standen im Gegensatz zum damals in Adelskreisen üblichen Erziehungsstil, der die Kinder in ein starres Reglement presste. Caroline nannte sich diesbezüglich auch ‚sehr spießbürgerlich', wenn sie ihre Kinder zur körperlichen Ertüchtigung im Freien anhielt."[20]

Auch die Ernährung der Kinder, die sie in Abstimmung mit ihrem Arzt zusammenstellte, war Gegenstand der Korrespondenz mit der Schwägerin. Karoline Luise, immer an Neuem interessiert, erprobte die Vorschläge gern an ihren Söhnen und informierte ihrerseits die Landgräfin über die Erfolge

Natürlich hatten die Kinder auch Krankheiten zu überstehen, von denen die Pocken am gefürchtetsten waren. Caroline schrieb am 11. Januar 1764 an ihre Jugendfreundin, die in Straßburg lebende Nonne Barbara Wilhelmine von Zuckmantel: „Ihre Wünsche, meine liebe Zuckmantel, kann ich für diesen dritten

Sohn gebrauchen. Bis zu meinem dreiundvierzigsten Jahr habe ich Kinder zu zeugen mich unterstanden. Sie kennen die Unruhe, die ich seit langem um einige von ihnen ausgestanden habe. Vor allem Ludewig hat für Abwechslung gesorgt; er war sehr gefährdet, während der ersten acht Tage und dann wieder am elften hing sein Leben an einem Faden. Dieses liebe Kind, das in aller Pein bewundernswerte Geduld bewies und allen, die ihn pflegten und bei ihm wachten, soviel Dankbarkeit zeigte und stets zu sagen schien, weshalb man sich mit ihm soviel Mühe mache, hat Gott mir erhalten."[21]

Da sich der Vater nicht um die Erziehung seiner Kinder kümmerte, blieb diese Aufgabe allein bei Caroline. Sie wachte sehr genau über die Ausbildung und folgte dabei aufgeklärt-bürgerlichen Prinzipien der Pädagogik. Als sich Ludewig während seiner Pockenerkrankung dankbar gegenüber seinen Pflegern zeigte, sah Caroline sich in ihren Erziehungsmaximen bestätigt: „Ich will nicht, dass ein Kind von mir sich einbildet, es sei mehr wert als die übrigen Menschen."[22] Eine wirklich erstaunliche Aussage für eine Fürstin ihrer Zeit!

Um ihren Söhnen und Töchtern eine über das standesgemäße Reglement hinausgehende Bildung zu vermitteln, stellte Caroline eine Reihe bürgerlicher Erzieher an, die dafür zu sorgen hatten, dass die Kinder nach ihren Talenten gefördert wurden. So erhielt der begabte Prinz Ludewig intensiven Musikunterricht.

Die Prinzessinnen wurden der schon vertrauten Margarethe Katharina Ravanel übergeben, deren Erziehung Mercks täglicher Englisch- und Zeichenunterricht ergänzte. Für die französische Konversation konnte die Ehefrau Mercks, Louise, eine Schweizerin, gewonnen werden. War die Gouvernante Ravanel verhindert, übernahm die Mutter ganz selbstverständlich alle anstehenden Pflichten: „Es ist nur billig, dass ich dies tue, keineswegs etwas Besonderes."[23]

„Wo soll man Männer finden?"

Das Knüpfen ehelicher Verbindungen, im Falle der Prinzessinnen die standesgemäße Versorgung, stellte, schon wegen der katastrophalen Finanzlage der Landgrafschaft, ein nicht geringes Problem im Hause Hessen-Darmstadt dar. Darüber hinaus waren nicht nur die fünf Töchter des Erbprinzenpaares unterzubringen, sondern auch die Töchter des Bruders und Schwagers Georg Wilhelm. Nicht umsonst fragte Caroline ratlos: „Wo soll man Männer finden für die neun Prinzessinnen in Darmstadt?"[24] Erfreulicherweise fand sich für die älteste Tochter Caroline recht schnell ein Gemahl.

Landgraf Friedrich V. von Hessen-Homburg kam im Mai 1768 nach Darmstadt, um die Querelen zwischen Hessen-Darmstadt und Hessen-Homburg zu beenden. Bei jeder sich bietenden Gelegenheit hatten die hessisch-darmstädtischen Landgrafen versucht, Ansprüche auf Hessen-Homburg durchzusetzen. Auch Ludwig VIII. setzte alles daran, sich Homburgs zu bemächtigen. Um die Streitpunkte endgültig aus der Welt zu schaffen, kam nun Friedrich nach Darmstadt, wo ein Verzicht Hessen-Darmstadts auf die Hoheitsrechte über Hessen-Homburg ausgehandelt wurde. Die Versöhnung zwischen den beiden Linien besiegelte die Vermählung Friedrichs mit der ältesten Tochter des Darmstädter Erbprinzenpaares. Die Hochzeit fand am 27. September 1768 in Darmstadt statt. Friedrich und Caroline bekamen insgesamt 15 Kinder, von denen vier das Kindesalter nicht überlebten.

Nachdem Caroline verheiratet war, widmete sich die Mutter mit Nachdruck der standesgemäßen Unterbringung ihrer übrigen Töchter, wobei an politische Bündnismöglichkeiten zu denken war und die Hebung des Ansehens der landgräflichen Familie nicht aus den Augen verloren werden durfte. Ludwig dagegen kümmerte sich nicht um die Verehelichungsaktivitäten seiner Ehefrau: „Es ist mir lieb, dass ich mit den Heiraten meiner Töchter nichts zu tun habe; geht's gut, so freut's mich, geht's übel, so kann man mir wenigstens nicht Schuld geben, dass ich Ursache daran bin."[25]

Für Friederike, die zweite Tochter Carolines, tat sich ein knappes Jahr nach der Vermählung ihrer Schwester die Möglichkeit zu einer blendenden Verbindung auf. Graf Schulenburg, Hofmarschall am preußischen Hof, war beauftragt worden, eine geeignete Braut für den Thronfolger und Neffen Friedrichs des Großen, Friedrich Wilhelm, zu suchen, dessen erste Ehe gerade annulliert worden war. Schulenburg wurde in Darmstadt fündig. Er hielt die landgräflichen Töchter zwar weder für hübsch noch für geistreich, erst recht nicht für wohlhabend, aber er meinte, sie seien immerhin „gutherzig". Zu verdanken war die anschließende Werbung allerdings allein dem „Eindruck der Trefflichkeit der Mutter"[26]: „Ihnen, meine liebe Landgräfin, brauche ich nicht zu verschweigen, dass unsere mit der Prinzessin, Ihrer Tochter, getroffene Wahl vom Bild der Mutter bestimmt worden ist. Und so danke ich Ihnen aufrichtig, dass Sie zum Verspruch selbst hierher kommen wollen. Dies halte ich bei einer so jungen Person für ebenso nötig wie nützlich. Wenn sie in ein Land platzt, das ihr vollkommen neu ist, kann sie sich nichts Besseres wünschen als durch eine Fürstin von Ihrer Erfahrung eingeführt zu werden."[27]

Friedrich hatte Kronprinz Friedrich Wilhelm veranlasst, um die Hand seines Taufkindes Friederike anzuhalten. Die Prinzessin war voller Hoffnung, sie glaubte durchaus, den sieben Jahre älteren preußischen Prinzen lieben zu können, obwohl sie das Schicksal der ersten Gattin Friedrich Wilhelms kannte und ebenso die Mätressenwirtschaft ihres zukünftigen Gemahls. Doch Friederike war keine Schönheit und die Aussicht, preußische Königin zu werden, zu glänzend, um abzulehnen. Am 5. Juli 1769 heiratete sie in Darmstadt durch Prokuration den künftigen preußischen König. Die eigentliche Eheschließung fand am 14. Juli in Charlottenburg statt.

Friederike wurde nicht glücklich. Sie führte eine Ehe „en titre" und hatte nur eine Aufgabe, nämlich die, für Nachwuchs zu sorgen. König Friedrich II. gab ein vernichtendes Urteil über seinen Neffen ab: „Dieser ist der plumpeste Tölpel, den Sie sich vorstellen können. Er hat weder von der Gestalt noch vom Geist seines Vaters etwas. ... Er ist der Ausschuss der Familie."[28]

Trotz des kühlen Verhältnisses des Thronfolgerpaares waren sieben Kinder zur Welt gekommen. Am 3. August 1770 erblickte als erstes Kind der Thronerbe Friedrich Wilhelm, über den sich besonders Friedrich der Große freute, das Licht der Welt. Bis 1783 folgten drei Söhne und drei Töchter, die bei der Mutter in Schloss Monbijou aufwuchsen.

Nach dem Tod Friedrichs II. 1786 verschlechterten sich die Beziehungen Friederikes zu ihrem Ehemann. Sie versuchte nun, ihr Leben gänzlich in die eigenen Hände zu nehmen. Die Sommer verbrachte sie fernab des Hofes in Bad Freienwalde, wo sie sich ein standesgemäßes Palais bauen ließ und ein bescheidenes

Hofleben installierte. Am 25. Februar 1805 starb die preußische Königin an den Folgen eines Schlaganfalls. Sie wurde im Berliner Dom beigesetzt.

Das Heiratskarussell im Hause Hessen-Darmstadt drehte sich weiter. Die preußische Vermählung steigerte den „Wert" der drei übrigen unverheirateten landgräflichen Prinzessinnen deutlich. Sie gerieten ins Blickfeld russischer Heiratspolitik. Zarin Katharina II. suchte für ihren Sohn und Nachfolger Paul eine geeignete Gemahlin. Dass sie keine Braut aus russischen Adelsfamilien wählte, lag an Katharinas Befürchtung, bedrohliche Machtkämpfe heraufzubeschwören, wenn sie sich für eine einheimische Prinzessin entschied. Sie wünschte eine Verbindung mit einem eher unbedeutenden deutschen Hof, der möglichst keine politischen Ambitionen in Richtung Russland entwickeln sollte.

Bereits 1768 hatte man in Petersburg begonnen, unter den deutschen Prinzessinnen Ausschau nach einer geeigneten Gemahlin für den 1754 geborenen Zarewitsch zu halten. Die Liste des ehemaligen Kammerherren am schwedischen Hof, Freiherr Achatz Ferdinand von der Asseburg, der als Brautschaukommissar im Auftrag der Zarin unterwegs war, umfasste nicht weniger als 15 Namen. Die besondere Sympathie der Kaiserin genoss die württembergische Prinzessin Sophia Dorothea Augusta (1759–1828). Sie war jedoch für eine Ehe zu jung, und die Zarin wollte die Verheiratung des Großfürsten nicht verschieben. Im Alter passend schienen die Töchter des Landgrafen Ludwig von Hessen-Darmstadt zu sein, wenn auch die jüngste Tochter Luise erst dreizehn Jahre alt war.

Künftige russische Zarinnen wurden blutjung im Alter zwischen vierzehn und sechzehn Jahren ausgewählt. Solange sie noch schüchtern und formbar waren, konnte die nötige Umerziehung reibungslos vonstattengehen.

Trotz des richtigen Alters der Kandidatinnen, zögerte die Zarin wegen des als seltsam empfundenen Vaters und der großen Zahl der zu versorgenden Kinder. Erst als die Reise Prinzessin Luises von Sachsen-Gotha an den russischen Hof nicht zustande kam, beauftragte Katharina ihren umtriebigen Gesandten, ein Porträt der Prinzessin Wilhelmine in Lebensgröße zu schicken.

Es war nicht zuletzt den regen Bemühungen Friedrichs des Großen zu verdanken, dass die Wahl der Kaiserin auf die Familie des Landgrafen von Hessen-Darmstadt fiel. Das dynastische Band, das über die Gemahlin des Thronfolgers Preußen und Hessen-Darmstadt verknüpfte, konnte im Falle einer russisch-hessischen Vermählung die politischen Verbindungen zwischen Russland und Preußen stärken. Friedrich der Große schrieb deshalb an Caroline: „Gnädige Frau Cousine, es bietet sich eine günstige Gelegenheit zu einer Lebensstellung für eine Ihrer Prinzessinnen. Ich habe es für richtig gehalten, über diesen Punkt vor allem den Willen der verehrungswürdigen Mutter zu erfahren. Es handelt sich um keine Kleinigkeit, Madame, sondern darum, ob eine Ihrer Töchter den Thron von Russland besteigt oder nicht. Die Sache ist durchaus ausführbar. ... Eure Hoheit werden selbst beurteilen, was für Vorteile Ihr Haus von solch einer Versorgung hätte. ... Es ist keine Zeit zu verlieren, und ich bin fast sicher, dass die Sache gelingt, wenn Sie, Madame, zustimmen."[29]

Sehr sicher war sich Caroline ihrer Töchter nicht: „Wie werde ich linkisch und verlegen aussehen, wenn ich in Russland auftrete mit meinen drei großen Mädchen. ... Meine angeblichen Göttinnen haben nicht gerade die Reize der Olympierinnen. Ihre große Schüchternheit gibt ihnen etwas Ungeschicktes, das ihnen anfangs sehr schaden wird."[30] Doch wer wird zögern, wenn sich die Möglichkeit auftut, die nach dem französischen Dauphin beste Partie Europas zu heiraten!

Landgraf Ludwig war in das Heiratsprojekt nicht eingeweiht. Als er davon erfuhr, erteilte er seiner Gemahlin und dem zur Regelung der Staatsschuldenkrise berufenen Minister Friedrich Karl von Moser (1723–1798) die notwendigen Vollmachten. Die von der Zarin angewiesenen 800 000 Gulden werden ein Übriges getan haben, eventuelle Zweifel des Landgrafen zu überwinden. Schließlich machte sich die Landgräfin mit den drei Töchtern Amalie, Wilhelmine und Luise Anfang Mai 1773 nach Petersburg auf. Der Weg führte über Berlin – König Friedrich besserte die Reisekasse mit 10 000 Talern auf – nach Travemünde, wo sich die Gruppe einschiffte. Die Seereise endete nach neun Tagen am 17. Juni in Reval. Nach einer kurzen Unterbrechung erreichte die Gesellschaft am 27. Juni Zarskoje Selo, den Sommersitz der Zarin. Einen Tag zuvor hatte Fürst Grigori Orlow auf sein Landgut Gatschina geladen. Hier trafen die Reisenden völlig informell mit Katharina zusammen.

Als die Kaiserin die drei hessischen Prinzessinnen kennen lernte, stand ihr Urteil sehr schnell fest: Amalie kam nicht in Frage, denn sie sei ein Schaf. Auch Luise erschien ihr nicht geeignet. Die Zarin hielt sie für einen Dickkopf. Wilhelmine hingegen sei genau die Heiratskandidatin, die sie sich vorgestellt habe. In Zarskoje Selo fand dann das erste Zusammentreffen mit Großfürst Paul Petrowitsch statt. Caroline meinte, der Zarewitsch sei „sehr liebenswürdig, höflich und gesprächig. Ohne groß zu sein, sieht er nicht zart aus."[31] Paul besuchte die Landgräfin, unterhielt sich mit ihren Töchtern und entschied sich schließlich ebenfalls für Wilhelmine, in der Familie „Mimi" genannt.

Die Vermählung fand am 10. Oktober 1773 mit größtem Prunk statt. Wilhelmine, die beim Übertritt zum russisch-orthodoxen Glauben den Namen Natalja Alexejewna annahm, war nur eine kurze Frist an der Seite Pauls beschieden. Kaum drei Jahre nach der Hochzeit starb die Großfürstin bei der Geburt ihres ersten Kindes am 15. April 1776. Der Zarewitsch verheiratete sich im Herbst desselben Jahres mit der bereits vor einigen Jahren als Gemahlin für ihn vorgesehenen württembergischen Prinzessin Sophia Dorothea Augusta, die den Namen Maria Fjodorowna annahm. Aus dieser Ehe entstammten sechs Töchter und vier Söhne, unter ihnen die Zaren Alexander I. und Nikolaus I. Paul blieb zeit seines Lebens freundschaftlich mit Amalie, die er während ihres Aufenthaltes in Petersburg schätzen lernte, verbunden und sein Sohn Alexander wird der geliebte Schwiegersohn Amalies werden.

Die Mutter erlebte den Tod Wilhelmine-Nataljas nicht mehr. Sie war Ende Oktober 1773 mit Amalie und Luise aus Russland abgereist, von der Zarin reich beschenkt und, nach einem Abstecher in Preußen, zu Weihnachten in Darmstadt angekommen. Die Landgräfin fühlte sich krank und erschöpft und spürte wohl, dass sie nicht mehr lange zu leben hatte. Besonderes Leid verursachte ihr der Tod der geliebten Mutter, die am 25. März 1774 während eines Besuchs in Darmstadt verstarb. Caroline folgte ihr fünf Tage später nach. Sie hatte als letzte Ruhestätte für sich eine Stelle im Herrngarten in Darmstadt bestimmt. Dort wurde sie am 3. April beigesetzt.

Ein Heiratsprojekt, das ihr aus persönlichen Gründen sehr am Herzen lag, konnte sie noch in die Wege leiten: die Verbindung ihrer Tochter Amalie mit dem badischen Erbprinzen Karl Ludwig. Wir werden später darauf zurückkommen.

Die jüngste Tochter des Landgrafenpaares, Luise, heiratete am 3. Oktober 1775 Herzog Carl August von Sachsen-Weimar-Eisenach. Luise und Carl August hatten sich bereits 1773 kennen gelernt, als Caroline mit ihren Töchtern während ihrer Reise nach Russland Station in Erfurt machte und dort von der verwitweten Herzogin Anna Amalia empfangen wurde. Vielleicht nutzten die beiden Fürstinnen die Gelegenheit, über Zukunftspläne für ihre Kinder zu sprechen.

Als Carl August im Herbst 1774 zusammen mit seinem Bruder zur üblichen Kavaliersreise aufbrach, bot sich die Gelegenheit, Luise wiederzusehen. Begeistert schrieb Carl August an seine Mutter: „Ich habe gestern Abend die Bekanntschaft der Prinzessin Luise erneuert, sie ist gewachsen und schöner geworden, in den wenigen Minuten, in denen ich den Vorzug hatte, sie zu sehn, ist sie mir als eine Prinzessin voll Geist und Charakter erschienen, ich gebe mir alle mögliche Mühe, sie kennen zu lernen."[32] Im Januar 1775 wurde die Verlobung öffentlich bekannt gegeben. Die Hochzeit des Paares fand schließlich in Karlsruhe statt, wo Luise bei ihrer Schwester Amalie, mit der sie sich nicht besonders gut verstand, lebte.

Auch die Ehe der jüngsten Tochter Carolines wurde nicht glücklich. Beobachter des herzoglichen Zusammenlebens urteilten schon nach einem Jahr: „Sie sind freilich gar nicht füreinander gemacht und haben sich nie geliebt."[33] Luise war, ganz im Gegensatz zu ihrer Schwester Amalie, schüchtern, gehemmt und verkrampft. Zum einen lag dies in ihrem Charakter, zum anderen litt sie an der dominanten, hochgebildeten Schwiegermutter Anna Amalia. Dazu kam das für Luise inakzeptable Verhalten ihres Ehemannes. Er hatte eine Vorliebe für Hunde, Pferde und die Jagd und pflegte polternd auf das feinfühlige, auf höfische Etikette und vornehme Zurückhaltung ausgerichtete Wesen Luises keine Rücksicht zu nehmen.

Nicht nur das barsche Verhalten ihres Ehemannes verunsicherte Luise, sie fühlte ihre Isolation am Weimarer Hof allzu deutlich und sie musste mit ihrer anfänglichen Kinderlosigkeit fertigwerden. Als sie endlich nach über dreijähriger Ehe im Februar 1779 eine Tochter zur Welt brachte, war die junge Herzogin überglücklich – und zu Tode betrübt als das Kind im März völlig überraschend starb. Bis 1792 brachte Luise noch sechs Kinder zur Welt, von denen nur drei am Leben blieben, darunter Erbprinz Carl Friedrich. Die Verluste der Kinder verstärkten die depressive Stimmung der Weimarer Herzogin und entfernten sie noch mehr von ihrem Gemahl. Zudem hatte der Herzog längst außereheliche Beziehungen. Mit der Schauspielerin und Sängerin Caroline Jagemann, später Freifrau von Heygendorf, ging Carl August letztlich eine morganatische Ehe ein, die Luise akzeptierte.

Erst äußerer Druck wird das Herzogspaar einander näherbringen. Gemeinsamkeiten, wie der Glaube an die Unantastbarkeit der überkommenen Standesordnung und die deutschnationale, pro-preußische Gesinnung, kamen unter der napoleonischen Bedrohung zutage. Als Luise sich im Herbst 1806 völlig allein gestellt Napoleon gegenübersah, bestand sie die nervenaufreibende Situation mit Bravour. Bonaparte kündigte aufgebracht an, er werde das Herzogtum auslöschen, da es auf der Seite Preußens kämpfte. Luises Persönlichkeit konnte ihn jedoch so beeindrucken, dass er entschied: „Um Ihretwillen sei Ihrem Gemahl verziehen, so wenig er selbst taugt. Er mag Herzog seines Landes bleiben."[34]

Die entschlossene Haltung der Herzogin nötigte Carl August Respekt ab. Beider Verhältnis normalisierte sich mit zunehmendem Alter weitgehend. Im Oktober 1825 beging das Paar die goldene Hochzeit. Knapp drei Jahre später starb Carl August, Luise folgt ihm am 14. Februar 1830.

Die Brüder

Im Unterschied zu den weiblichen Nachkommen eines regierenden Fürstenhauses, die man durch Verehelichung versorgt wissen wollte, war es nur für den Erbprinzen des Hauses notwendig zu heiraten. Weitere männliche Nachkommen waren für eine soldatische Laufbahn vorgesehen. Dies galt auch für die Söhne des Darmstädter Landgrafenpaares. Über den zweiten Sohn, Friedrich Ludwig, ist wenig bekannt. Er trat in militärische Dienste, blieb unverheiratet und starb 43-jährig im Jahr 1802. Der jüngste Sohn, Christian Ludwig, ebenfalls unverheiratet, machte Karriere als holländischer General, er lebte in England und wurde Reichsfeldmarschall. Nach seinem Abschied aus dem Militärdienst kehrte er nach Darmstadt zurück und widmete sich hier seinen wissenschaftlichen Interessen. Er starb am 17. April 1830 im Alter von 67 Jahren.

Als Letzter seiner Geschwister verheiratete sich Erbprinz Ludewig. Nach der Rückkehr aus Petersburg – er hatte an der Vermählung seiner Schwester Wilhelmine teilgenommen und war in russische Dienste getreten – verlobte er sich im März 1776 mit Sophia Dorothea Augusta, der Tochter Herzog Friedrich Eugens von Württemberg. Diese Verlobung hatte nicht lange Bestand, denn sein ehemaliger Schwager, der einen Monat vorher verwitwete Zarewitsch Paul, meldete Ansprüche an und verheiratete sich mit der württembergischen Prinzessin.

Ludewig richtete sich im Darmstädter Schloss eine Wohnung ein und ehelichte im Februar 1777 seine Cousine Luise, eine der Töchter Prinz Georg Wilhelms, Ludewigs Onkel. Das Paar blieb in Darmstadt und teilte sich die Repräsentationspflichten, von denen der Landesfürst rein gar nichts hielt, mit den (Schwieger-)Eltern. Luise galt als eine der geistreichsten Frauen ihrer Zeit. Sie war mit Marie Antoinette befreundet und stand mit ihr bis kurz vor deren Hinrichtung in Briefwechsel. Luise und Ludewig gingen, als die Erbfolge durch die Geburt zweier Söhne gesichert war, getrennte Wege, blieben jedoch bis an ihr Lebensende freundschaftlich miteinander verbunden. Ludewig amüsierte sich mit Schauspielerinnen, Tänzerinnen und Sängerinnen des Hoftheaterensembles. Die jüngeren Söhne Luises waren die Ergebnisse zahlreicher Affären mit Mitgliedern des Hofes.

Ludewig, ein großer Förderer der Kunst und besonderer Liebhaber des Theaters, starb am 6. April 1830, ein halbes Jahr nach seiner Gemahlin Luise.

Ganz die Tochter ihrer Mutter: Amalie

Selbstsicher, autoritär, ehrgeizig, stolz, vor allem standesbewusst, mit diesen Charaktereigenschaften wird Amalie, Prinzessin aus dem Hause Hessen-Darmstadt und spätere Markgräfin von Baden, gerne beschrieben, in unseren Augen nicht unbedingt angenehme Wesenszüge. Für ein Fürstenkind ihrer Zeit und Tochter ihrer bemerkenswerten Mutter hatten diese Attribute nichts Negatives, sie waren vielmehr erwünscht. Wenn wir Amalies geistige Heimat betrachten, ihr Elternhaus, ihre Herkunft, sehen wir eine Prinzessin, die eigentlich kaum anders werden konnte als energisch, selbstbewusst, ehrgeizig und ihrem Stand verpflichtet. Ihre Mutter lebte es ihr täglich vor. Caroline war sicher im Rahmen der Konvention eine emanzipierte Persönlichkeit, im Sinne eines selbstständigen, eigenverantwortlich handelnden Individuums. Sie erzog ihre Kinder zwangsläufig ohne den Ehemann, entschied allein über deren Zukunft und nur ihr früher Tod entzog die Töchter der weiteren Einflussnahme. Amalies Leben wird, was die Erziehung ihrer Kinder betrifft, nichts anderes sein als eine Parallelverschiebung, die so weit ging, dass auch sie ihre Töchter zur Begutachtung nach Russland schicken wird.

Wie ihre Mutter stand sie mit beiden Beinen auf dem Boden der Tatsachen und ergriff Chancen, wenn sie sich anboten. Genauso wie Caroline versuchte sie, ihre Töchter, Prinzessinnen aus eher unbedeutendem Haus, in möglichst bedeutende Positionen zu bringen. Amalie hatte es allerdings leichter: Ihre Töchter waren, bis auf eine, hübsch, sehr hübsch sogar, und in Karlsruhe war man nicht gar so arm wie in Darmstadt.

Ihre Kinder ließ sie liebevoll erziehen, so wie sie selbst liebevoll erzogen wurde. Das zeigt sich ganz besonders im Verhältnis der badischen Prinzessinnen zu ihrer Mutter. Es war lebenslang so intensiv, dass der schwedische Gesandte Baron Gustav Moritz Armfeld schrieb, die Töchter Amalies seien weder zu Gattinnen noch zu Müttern erzogen worden, sondern nur dazu, Töchter der Markgräfin zu sein. Ähnliches hätte man sicher über Caroline schreiben können, hätte sie nur lange genug gelebt. So wie sie ihren Töchtern, vor allem Friederike, die es wohl besonders nötig hatte, gute Ratschläge erteilte, so führte auch Amalie mit ihren Töchtern eine intensive Korrespondenz und versuchte, sie in ihrem Sinn zu beeinflussen. Auch damit hatte sie Erfolg.

Amalie war ohne Zweifel ganz die Tochter ihrer Mutter, wenn auch ihre intellektuellen Fähigkeiten nicht die Carolines erreichten. Eine zweieinhalbtausend Bände umfassende Bibliothek mit Werken zu Theologie, Religion, Recht, Staatsführung, Geschichte, Geographie, Reisen, Sprachen und Literatur aus allen europäischen Ländern, ja sogar aus dem Orient, wie sie Caroline besaß, werden wir bei Amalie vergeblich suchen. Vielleicht war sie hier mehr die Tochter ihres Vaters!

Wie wir schon gesehen haben, stammte Amalie aus der „preußischen Produktion" der Eltern. Vier Jahre nachdem die hessische Erbprinzessin ihrem Gemahl nach Prenzlau gefolgt war, kam hier im Frühsommer 1754 das vierte Kind Carolines und Ludwigs zur Welt. Patin wurde Anna Amalia Prinzessin von Preußen, die jüngste Schwester Friedrichs des Großen. Caroline hatte Anna Amalia bereits im Sommer 1744 kennen gelernt. Seither verband die beiden Frauen eine intensive, vertraute Freundschaft. Die preußische Prinzessin, 1723 geboren, war unvermählt und blieb es, bis sie 1787 in Berlin starb.

Zu ihrer Versorgung erhielt die preußische Prinzessin 1755 das reichsunmittelbare Damenstift Quedlinburg, das ihr jährlich 25000 bis 30000 Taler einbrachte. Anna Amalia offerierte ihrer Freundin Caroline, für das künftige Auskommen ihres Patenkindes zu sorgen: „Sie reserviert ihr die Stelle der ersten Kanonikerin oder Dechantin von Quedlinburg, die die verstorbene Prinzessin Charlotte von Braunschweig innehatte. So wie meine Tochter ihr erstes Abendmahl eingenommen hat, wird sie eingeführt und erhält 900 Taler Einkünfte, und wenn im Lauf der Zeit die Prinzessin von Holstein, die Kapitelvorsteherin, in Abgang kommt, kann Amalie damit rechnen, deren Platz einzunehmen und das wird eine äußerst ehrenvolle Versorgung sein."[35]

Amalies Konfirmation fand am 7. September 1767 statt, zwei Tage später nahm sie ihr erstes Abendmahl ein und reiste am 12. September nach Quedlinburg. Am 17. September wurde sie als Dechantin eingeführt: „Amalie hat heute ihren großen Tag, sie wird in aller Form Dechantin. Ich hätte gern fünf gleiche Plätze mit der Aussicht auf Stellen einer Vorsteherin oder Äbtissin für unsere fünf Töchter."[36]

Stifte spielten eine wichtige Rolle bei der Versorgung adeliger Frauen. Durch den Eintritt war es ihnen möglich, den von ihrem Stand erwarteten Lebenswandel zu führen, ohne ihren Familien finanziell zur Last zu fallen, falls sich kein geeigneter Ehepartner fand. Damenstifte hatten eine ähnliche Organisation wie Klöster, allerdings legten die Eingetretenen kein Gelübde ab, sie konnten die Gemeinschaft jederzeit wieder verlassen. Darüber hinaus durften sie am weltlichen Leben teilnehmen, sie verfügten über persönlichen Besitz, konnten Diener anstellen und eine eigene Wohnung beziehen. Prinzessin Anna Amalia lebte, obwohl sie Äbtissin von Quedlinburg war, niemals in ihrem Stift. Den Lebensunterhalt der Damen sicherte eine jährliche Rente, die Präbende. Der Zugang zu den Äbtissinnen- und Dechantinnenstellen hatten sich einige Familien exklusiv gesichert, sodass Stellen nur durch Intervention, wie auch im Fall Amalies, zu erhalten waren.

Amalie war nun finanziell abgesichert. Falls sie nicht heiratete, konnte sie in der Nachfolge ihrer Patentante als Äbtissin mit ausreichenden Einnahmen rechnen. Doch selbstredend war eine Vermählung vorzuziehen.

Die Freundschaft der Mutter zu König Friedrich von Preußen hatte auf das junge Mädchen großen Eindruck gemacht, Carolines Bewunderung färbte auf Amalie ab. Sie lernte Friedrich bei Besuchen der Höfe in Berlin und Sanssouci kennen und schwärmte seither von ihm. Über ihre Gefühle war sie sich völlig im Klaren: „In späteren Jahren, wenn sie (Amalie) von jenen Zeiten sprach, äußerte sie oft, es würde ihr damals keine Überwindung gekostet haben, dem Helden des Siebenjährigen Krieges, er war wenigstens 58 Jahre alt, ihre Hand zu reichen. Seine Gemahlin war noch am Leben, es konnte also wohl keine Rede davon sein."[37] Ihre Mutter hatte natürlich ganz andere Pläne mit Amalie.

Seit ihrer Hochzeit mit dem hessischen Erbprinzen verband Caroline eine enge Freundschaft mit ihrer Schwägerin Karoline Luise. Als sich diese mit dem Markgrafen Karl Friedrich von Baden-Durlach verheiratete, waren die beiden Freundinnen darin einig, dass es zu einer weiteren Verbindung der beiden Häuser kommen sollte. Karoline Luise brachte Erbprinz Karl Ludwig 1755 zur Welt. Im Alter passten demnach nur Amalie, Wilhelmine oder Luise zu ihm. Da die drei Prinzessinnen zur Vorstellungstour nach Russland geschickt wurden, musste Karl Ludwig abwarten, für welches der Mädchen sich der Zarewitsch entscheiden würde. Wie wir wissen, traf die Wahl Wilhelmine, und Caroline konnte nun schon die nächste Tochter in den Hafen der Ehe schicken. Sie entschied, dass die beinahe 20-jährige Amalie mit dem zukünftigen Markgrafen von Baden den Bund fürs Leben schließen sollte. Er hatte bereits im Frühjahr 1773 um die Hand Amalies angehalten, war vertröstet worden und verlobte sich nach der Rückkehr der Prinzessinnen aus Russland am 22. Januar 1774 mit seiner Cousine. Die Hochzeit der beiden erlebte Caroline nicht mehr. Sie fand am 15. Juli 1774 in Darmstadt statt.

Die neue Familie

Karoline von Freystedt, Amalies spätere Hofdame, schrieb über die Empfindungen der nunmehrigen badischen Erbprinzessin: „Sie war ihm (ihrem Ehemann Karl Ludwig) gut, ohne Liebe, doch später lernte sie ihn schätzen und als ihren besten Freund würdigen. Dieser Zeitraum ihres Lebens war höchst traurig. Sie hing mit voller Seele an ihrer Mutter und Großmutter, verlor beide in wenigen Tagen und war ... durch ihre der sterbenden Mutter gegebene Zusage genötigt, ihre Heirat zu beschleunigen".[1]

Dass Amalie in ihren Gemahl nicht verliebt war, wird sie kaum gestört haben. Immerhin lernte sie, ihn im Laufe der Zeit zu achten, und da auch er bemüht war, seiner Gattin zu gefallen, hätte das Erbprinzenpaar ruhig und harmonisch miteinander leben können. Ausgerechnet die von der Mutter so sehr geschätzte Schwägerin Karoline Luise, Amalies Tante und nun Schwiegermutter, verhinderte, dass sich die Erbprinzessin bei ihrer neuen Familie wohlfühlen konnte: „Meine Fürstin war anfangs in ihrem Ehestand nicht glücklich. Die Schwiegereltern, gewohnt, ihren Sohn als Kind zu behandeln, dehnten diese Gewohnheit auch auf seine junge Gemahlin aus, welche besonders das Joch ihrer Schwiegermutter und Tante nur mit Mühe ertrug."[2] Diese ungeliebte Schwiegermutter und Tante war eine höchst interessante Persönlichkeit.

„Die Vielwisserin und Vielfragerin von Baden": Markgräfin Karoline Luise

Karoline Luise kam am 11. Juli 1723 zur Welt. Sie war, wir erinnern uns, die Tochter des späteren Landgrafen von Hessen-Darmstadt, Ludwig XIII., und Schwester Ludwigs IX. Die hessische

Prinzessin wuchs zusammen mit ihrer jüngeren Schwester ohne Mutter auf.

Für Karoline Luise, ein überaus intelligentes Kind, wurde ein umfangreicher 40 bis 60 Wochenstunden umfassender Lehrplan erarbeitet. Allein 10 Stunden waren für Geschichte vorgesehen, sie lernte Deutsch, Latein, Französisch, befasste sich mit deutscher Literatur, Religion, Geographie und Physik, ein Wissensstoff, wie er eigentlich männlichen Nachkommen fürstlicher Häuser zugedacht war. Dazu kam Zeichen- und Klavierunterricht, für beides besaß Karoline Luise Talent. 1738 schrieb ihr die Freundin und spätere Schwägerin, Caroline von Pfalz-Zweibrücken, Amalies Mutter, überschwänglich, sie halte eines ihrer Bilder für das schönste der Welt.

Wie ihre Freundin war Karoline Luise eine wissbegierige Schülerin, die gerne und ohne Zwang lernte. Als ihre jüngere Schwester Luise 1742 einem Lungenleiden erlag, widmete sich die Prinzessin verstärkt ihren Studien und führte ein völlig zurückgezogenes Leben. Das lag nicht nur an ihrer persönlichen Neigung, sondern auch daran, dass so gut wie kein Geld für die einzige Prinzessin des Hauses vorhanden war, obwohl sie als Erste Dame des Darmstädter Hofes – ihr Vater hatte nicht mehr geheiratet – Repräsentationspflichten zu übernehmen hatte.

Für die Prinzessin, inzwischen 22 Jahre alt, war es längst an der Zeit, standesgemäß zu heiraten. Seit 1743 gab es Verhandlungen zwischen den Höfen in Darmstadt und Hannover über eine Vermählung Karoline Luises mit dem Herzog von Cumberland, dem dritten Sohn König Georgs II. Der englische König, als Kurfürst von Hannover gleichzeitig deutscher Reichsfürst, lernte die Kandidatin in Hanau kennen und stellte fest, er habe die besterzogene und vollkommenste Prinzessin getroffen. Die Begeisterung des Vaters scheint sich nicht auf den Sohn übertragen zu haben, denn die englische Vermählung kam nicht zustande, wohl weil der Prinz sich für eine militärische Karriere entschied. Er blieb unverheiratet.

Eine weitere Bewerbung, nämlich die des Erbprinzen Johann Friedrich von Schwarzburg-Rudolstadt, lehnte Karoline Luise rundweg ab: „Um Gottes willen, Monseigneur," schrieb sie ihrem Vater, „machen Sie mich nicht unglücklich, unterstützen Sie meine Forderung und genehmigen Sie meine Heirat nur unter diesen Bedingungen. Was mich betrifft, so verlange ich nichts, als mich vor einer Sklaverei zu bewahren, in die ich unweigerlich ohne die Möglichkeiten fallen würde, welche diese Bedingungen für mich einschließen. Ich weiß, Monseigneur, Sie sind nicht imstande, irgend jemanden auf dieser Welt, wer es auch sei, ins Unglück zu stoßen, am wenigsten aber eine Tochter, die Sie ehrt, Sie achtet, Sie anbetet. Ja, ich wage es, mir zu schmeicheln, dass Ew. Hoheit mich liebt und aus diesem Gefühl die Bitte erhören wird, welche ich Ihnen mit Tränen in den Augen vortrage".[3]

Die Forderung, von der Karoline Luise sprach, betraf die Höhe der Hand- und Wittumsgelder und das ihr zugeteilte Personal. Wenn es im Vorfeld der Vermählung schon zu Auseinandersetzungen um die ihr zustehende finanzielle und personelle Ausstattung kam, wollte sich die Prinzessin nicht ausmalen, wie es nach der Eheschließung um sie bestellt sein würde. Der Vater folgte den Bitten der geliebten Tochter: „Ich will keines meiner Kinder zwingen, sich zu verheiraten, vor allem nicht gegen deren Neigung"[4], eine bemerkenswerte Haltung, denkt man an den Schacher, der gewöhnlich mit Fürstentöchtern betrieben wurde.

Karoline Luise war bereits 25 Jahre alt, als Karl Friedrich, seit 1746 Markgraf von Baden-Durlach, anfragte, ob eine Bewerbung um ihre Hand genehm sei. Die Prinzessin sagte dieses Mal nicht Nein, und schon Anfang Februar 1749 erklärte sich der fünf Jahre jüngere Fürst. Die Hochzeit fand allerdings erst am 28. Januar 1751 in der Kapelle des Darmstädter Schlosses statt.

Die Anfangsjahre in Karlsruhe waren nicht leicht für die Markgräfin. Das Ehepaar fand kaum Berührungspunkte. Schon kurz nach der Hochzeit „flüchtete" Karl Friedrich vor seiner geistig überlegenen Gemahlin nach England. Der unsichere Markgraf fand keinen Zugang zu seiner Ehefrau. Das Bemühen um Annäherung musste von ihr ausgehen. Durch stete Freundlichkeit und Anteilnahme gelang es Karoline Luise langsam, die Zuneigung und das Vertrauen des Gatten zu gewinnen. Aus einem bloßen Nebeneinander wurde doch aufrichtige Liebe.

Sieben der zehn Schwangerschaften der Markgräfin endeten unglücklich, nur drei Söhne überlebten. Erbprinz Karl Ludwig kam 1755 zur Welt, ein Jahr später Friedrich und 1763 schließlich Ludwig Wilhelm August. Friedrich war der Lieblingssohn der Markgräfin. Der geliebte Fritz teilte ihre künstlerischen und wissenschaftlichen Neigungen und begleitete die Mutter gern auf ihren Reisen. Alles andere als ein Soldat, musste auch Fritz als jüngerer Sohn einer fürstlichen Familie die militärische Laufbahn einschlagen, die bei dem sensiblen jungen Mann schwere seelische Krisen auslöste. 1791 heiratete er die um zwanzig Jahre jüngere Prinzessin Christiane Luise von Nassau-Usingen. Eine Vermählung zu Lebzeiten der Mutter wird wohl nicht möglich gewesen sein: „Sie wollte ihn ganz besitzen; auch füllte sie sein ganzes Herz aus. Ein gleich geliebtes Wesen hätte die Mutter schwerlich zwischen sich und dem Sohn dulden können, weil sie mit ihm gleichsam in einer geistigen Verbindung stand. Auch hätte er sein Leben für sie gelassen."[5]

Aus der Ehe gingen keine Nachkommen hervor. Prinz Friedrich lebte nach dem Ausscheiden aus dem Militärdienst wieder in der Heimat, wo er sich um Arme und Bedürftige kümmerte und besonders im Hungerjahr 1816 den Bauern aus der Umgebung Karlsruhes mit Zuwendungen aus seiner Privatschatulle half. Er starb am 28. Mai 1817.

Prinz Ludwig schlug ebenfalls die militärische Laufbahn ein. 1787 ernannte man ihn zum Oberst der preußischen Armee und später zum Generalmajor der Infanterie im Schwäbischen Reichskreis. Er wurde ein enger Mitarbeiter seines Vaters und nach dem Tod seines Neffen im Jahr 1818 letzter Großherzog von Baden aus der altfürstlichen Linie. In morganatischer Ehe war er mit Katharina Werner, die er zur Gräfin von Gondelsheim und Langenstein erhob, vermählt. Ludwig hinterließ bei seinem Tod am 30. März 1830 keine legitimen Kinder.

Der Züricher Theologe, Philosoph und Schriftsteller Johann Caspar Lavater bezeichnete Karoline Luise voller Hochachtung als die „Vielwisserin und Vielfragerin von Baden".[6] Antworten fand sie in Spezialwerken über Bergbau, Kriegs-, Ingenieurs-, Militär- und Seewesen, in juristischen Sammlungen, in Büchern über Kräuter und über das Führen eines Haushalts. Wie unschwer zu erkennen ist, deckte ihre Bibliothek ein weites Wissensspektrum ab. Dass die Markgräfin das umfassendste Bildungswerk ihrer Zeit, Diderots „Dictionnaire Encyclopédique", besaß, versteht sich fast von selbst.

Das Erstaunliche an Karoline Luise ist, dass sie sich für all diese Gebiete tatsächlich interessierte und sich mit Akribie einarbeitete. Ihr besonderes Augenmerk galt der Botanik, der Zoologie und der Mineralienkunde. „In der Botanik" erschien sie einem Besucher Karlsruhes, dem Orientalisten Jacob Jonas Björnstahl, „so stark wie ein Professor".[7] Die Markgräfin richtete ein Naturalienkabinett ein und widmete der Vervollständigung ihrer Sammlung viel Zeit. Eine ausgedehnte Korrespondenz mit anderen Sammlern, mit Händlern und mit Forschern, wie Carl von Linné, beweist ihre gründlichen Kenntnisse und ihre Absicht, die Sammlungen wissenschaftlich zu führen und auszubauen. So ließ sie sich vom Direktor der Akademie der Wissenschaften in Petersburg eine Kollektion kostbarer Mineralien zusenden.

Da Karoline Luise oft leidend war, interessierte sie sich ebenso für das medizinische Wissen ihrer Zeit und besaß umfangreiche einschlägige Literatur in Latein und Deutsch. Ihr Streben nach umfassender Bildung bezog Mathematik, Physik und Chemie ganz selbstverständlich mit ein. In ihrem Privatlaboratorium, für das sie Gerätschaften aus England kommen ließ, experimentierte die Markgräfin mit Begeisterung, und sie führte einen umfangreichen Briefwechsel mit französischen Gelehrten zu den Ergebnissen ihrer Versuche.

Um ihren Wissensdurst zu befriedigen, unternahm Karoline Luise in ihren späteren Jahren ausgedehnte Bildungsreisen nach Frankreich, Italien und die Niederlande. Hier besuchte sie meist zusammen mit ihrem Sohn Friedrich nicht nur wissenschaftlich, sondern auch künstlerisch bedeutende Stätten. Denn auch der Kunst hatte sich Karoline Luise längst zugewandt und eine Privatgalerie mit niederländischen und französischen Werken eingerichtet.

Mit dieser geistig dominanten und physisch äußerst präsenten Schwiegermutter – im Sommer 1773 wog die Markgräfin stattliche 167 Pfund – musste sich Amalie nun auseinandersetzen. Lavater schrieb über deren Erscheinungsbild etwa zu der Zeit, als die Erbprinzessin an den Karlsruher Hof kam: „Die Frau Markgräfin, prächtig und majestätisch, wie ich die russische Kaiserin mir vorstellte. Eine wohl gewachsene, männliche, etwa 50-jährige Dame, ihr hohes Haupthaar mit Brillanten besetzt, ein rotes Ordensband, ein Stern von Brillanten, ein tiefes festes Auge unter einer hohen perpendicularen Stirn, eine treffende Sprache, gesetzgebieterisch, königlich."[8]

Die „prächtige und majestätische" Schwiegermutter brachte der Schwiegertochter keine Zuneigung entgegen. Amalie hätte sie vielleicht durch das Bekunden ähnlicher geistiger Interessen gewinnen können, vor allem wenn die Erbprinzessin einen ebenso auf Logik, Ordnung und geistige Disziplin ausgerichteten Verstand besessen hätte. Doch dem war nicht so. Karoline Luises Biograf schreibt dazu:

„Im Kreise von sieben weiteren Geschwistern aufgewachsen, hatte sie (Amalie) unter den Augen einer klugen und warmherzigen Mutter eine behütete Jugend verlebt und eine konventionell höfische Erziehung genossen, die zwar auch Literatur und Kunst einbezog, im Wesentlichen aber doch auf das Ziel gerichtet war, sie für eine standesgemäße Ehe vorzubereiten. Die Tante und Schwiegermutter war eine ihr völlig entgegengesetzte Natur: allein großgeworden und in jungen Jahren schon durch ihren früh entwickelten Intellekt auf eine wissenschaftlich fundierte Bildung gerichtet, hatte sie es sich zur Gewohnheit gemacht, ihre Tage diszipliniert mit systematischer Arbeit auszufüllen. Dazu war sie am Karlsruher Hofe seit mehr als zwanzig Jahren nicht nur die Erste, sondern die einzige Dame überhaupt gewesen, nach deren Geschmack und starkem Willen sich alles zu richten hatte. Vermutlich fühlte sie sich durch den Anblick der jungen Nichte, die ohne ausgeprägt geistige Interessen in den Tag hinein lebte, irritiert und reagierte darauf mit einer Schärfe, welche durch frauliche Eifersucht auf die jüngere Rivalin in der Gunst der Hofgesellschaft vielleicht noch gereizter wirkte. Dass Amalie ihr mit Reserve begegnete, blieb ihr nicht verborgen, ebenso wenig, dass diese bestrebt war, sich gegen die dominierenden Eltern des Gatten eine eigene Position zu schaffen. Auch Karl Friedrich, der spürte, dass ihm die Schwiegertochter seine bisher absolute Herrschaft über den ältesten Sohn mit Erfolg streitig zu machen begann, begegnete Amalie mit Kühle."[9]

Die selbstbewusste Amalie, die Einfluss auf ihren Ehemann gewonnen hatte, versuchte, ihre Stellung am Hof auszubauen und kam nun nicht nur mit Karl Ludwigs Mutter, sondern auch mit dem Markgrafen in Konflikt.

„Deutschlands bester Fürst": Markgraf Karl Friedrich

Folgt man dem Urteil seiner Zeitgenossen, war Karl Friedrich geradezu ein „Überfürst". Die Gemeinde Eutingen bei Pforzheim ließ mit Spendengeldern der Bürger einen Steinobelisk zu Ehren des Markgrafen errichten. Der Fuß der Säule trug die Inschrift:

> WANDERER DIESER STRASSE!
> SAG DEINEM LAND UND DER WELT UNSER GLÜCK:
> HIER IST DER EDELSTE MANN FÜRST!

Dieser „edelste Mann" war ein „Herr von mittlerer Statur und etwas untersetzt. Auf seinem ziemlich vollen Gesicht ruht stets ein feierlicher Ernst, dem man beim ersten Anblick für Stolz nehmen könnte, der sich aber in seinen Gesprächen in ... Freundlichkeit und Güte verwandelt. Ferner sieht man darauf eine gewisse Stille und Selbstzufriedenheit, die nur aus dem Bewusstsein edler Taten entspringt und das wahre Merkmal des Weisen ist ... Des Morgens vor sechs Uhr steht er auf. Ist das Wetter gut, so macht er gewöhnlich einen Spazierritt, entweder allein oder von einem seiner Prinzen begleitet, bis acht oder neun Uhr, worauf er zu seinen Geschäften zurückkehrt. Tätigkeit und Arbeitsamkeit ist ein Hauptzug in seinem Charakter ... Er ist nicht bloß Liebhaber, sondern auch Kenner mehrerer Wissenschaften und Künste. Vorzüglich liebt er die physischen Wissenschaften, nicht etwa darum, weil sie seine Neugierde befriedigen, sondern hauptsächlich wegen des großen Nutzens, den die Anwendung derselben der Haus- und Landwirtschaft, den Bequemlichkeiten und Notwendigkeiten des menschlichen Lebens, der Aufklärung durch die Vernichtung des Aberglaubens und der vorgeblichen Wunder und der Beförderung des Landes überhaupt gewährt."[10]

Niemand war mehr zu beneiden als die Landeskinder dieses Fürsten, die im „glücklichsten und besteingerichteten Staat der Welt" lebten, und es war in höchstem Maße bedauerlich, dass der Markgraf nicht noch „viele Millionen so glücklich machen" konnte wie die Bewohner seines Landes: „Wir sehen in ihm das Muster eines Fürsten, dem das Wohl seines Landes das höchste Streben des Geistes, das eifrigste Anliegen des Herzens ist, einen Mann, der allem, was das Menschenleben ziert und veredelt, nahe trat, unausgesetzt bestrebt, sich selbst fortzubilden und andere der Segnungen des Fortschritts auf allen Gebieten teilhaftig zu machen, der, in der Zeit einer allgemeinen Gärung der Geister, von der Vorsehung an diese wichtige Stelle gesetzt, Großes und Unvergängliches durch die Tüchtigkeit seiner Gesinnung, die Ausdauer seines Willens und die Stetigkeit seiner Pflichterfüllung gewirkt und hinterlassen hat."[11]

Aus den Äußerungen der Weggenossen, auch durchaus kritischer wie Herder, der Karl Friedrich für „Deutschlands besten Fürsten"[12] hielt, ergibt sich das Bild eines patriarchalischen absolutistischen Fürsten, der sich mit bis ins Kleinste gehender ständiger Fürsorge seines Volkes annimmt. Als Fürst handelte er unumschränkt. Er hatte den Vorsitz im Geheimen Rat, dem obersten Staatsorgan. Jeden Beamten bis hinunter zum Lehrer und Schreiber, natürlich auch die Pfarrer, die er als Diener des Staates betrachtete, ernannte er selbst. Persönlich lebte er sparsam und in religiös verankertem Pflichtgefühl. Im Alter neigte er zum Pietismus.

Bürgernähe – er bezeichnete seine Untertanen als Bürger – war ihm eine Selbstverständlichkeit: „Er hat auch jeden Mittwoch drei Stunden von 11 bis 2 Uhr dazu ausgesetzt, die Bittschriften der Klagenden selbst anzunehmen. ... Jeder Untertan, auch der Niedrigste, hat Zutritt zu ihm. Mit einer Güte, welche ihm aller Herzen gewinnt ... steht er da, nimmt die Bittschriften ab, unterhält sich mit dem geringsten Bauer wie mit dem vornehmsten Mann, lässt sich sein Gesuch mündlich vortragen, fragt nach den kleinsten Umständen und entlässt ihn mit dem Versprechen, dass er selbst für die genaueste Untersuchung seiner Sache Sorge tragen und seinen Wunsch zu befriedigen suchen werde ... Leute, die mit niedergeschlagenen Augen und Trauer verkündendem Blicke in das Schloss getreten waren, (kommen) jetzt mit heiterer Stirn, mit vergnügter und zufriedener Miene wieder heraus und (sprechen) mit recht herrlichem Entzücken untereinander von ihrem geliebten Karl Friedrich".[13]

Der Markgraf war zwar als Absolutist ganz Kind seiner Zeit, vollkommen davon überzeugt, dass Gott ihm die Menschen untertan gemacht habe, doch er sah auch die daraus erwachsende Verpflichtung, für das Wohl seiner Landeskinder sorgen zu müssen. Und genau das tat er!

Behutsame stetige Reformtätigkeit zeichnete seine Regierung

aus. Er machte sich daran, Verwaltung, Justiz, Landwirtschaft, das Gewerbe- und Schulwesen zu verbessern. Die Prozessordnung wurde modernisiert, er führte humanere Strafmethoden ein. Der Schandkarren gehörte nun der Vergangenheit an, ebenso die Einkerkerung Gefangener in unterirdischen Verliesen. 1767 schaffte Karl Friedrich schließlich die Folter ab. Er war nach Friedrich dem Großen der zweite deutsche Fürst, der sich von diesem unmenschlichen Verfahren distanzierte.

Um vermehrt Schulen einrichten zu können, vor allem in Dörfern, gründete Karl Friedrich ein Lehrerseminar, das im Besonderen die Ausbildung der Landschulmeister übernahm. Markgraf und Markgräfin hielten es durchaus nicht für unter ihrer Würde, selbst in Unterrichtsräumen zu erscheinen. Das Kollegium einer Schule in Rastatt schilderte, wie Karoline Luise „bei einem solchen Schulbesuch eine kleine Prüfung in Naturlehre, Geographie, Geschichte und sogar in Latein abhielt und dabei das junge Volk tüchtig examinierte."[14]

Der Ruf des mustergültig reformierten badischen Armenwesens drang sogar bis ins ferne Hamburg. Für Haushalt und Rechnungswesen der Kommunen schuf die überarbeitete Gemeindeordnung eine völlig neue Basis und verhalf durch die den Bürgern überlassene Wahl des Ortsvorstehers zu ersten Schritten in Richtung Selbstverwaltung.

Das besondere Interesse des Markgrafen galt zweifelsohne der Landwirtschaft. Auf seinen Reisen in England und Holland hatte er sich einen Überblick über moderne Agrikultur verschafft. In stetem Kampf gegen hartnäckige Vorurteile der bäuerlichen Bevölkerung kümmerte er sich um die Verbreitung des Kartoffel- und Tabakanbaus, um die Trockenlegung von Sumpfgebieten, um Verbesserungen im Weinbau und um die Umsetzung neuer Erkenntnisse auf dem Gebiet der Pferdehaltung und der Viehzucht. Die fürstlichen Güter übernahmen hier Vorbildfunktion.

Insgesamt konnte der Markgraf, Anhänger physiokratischer Lehren, die in der Bodenkultur die einzige produktive Arbeit und die Hauptquelle des staatlichen Reichtums sahen, zweifellos mit den Ergebnissen seiner Aktivitäten zufrieden sein. Circa 9000 Morgen Ödland wurden in Kulturland verwandelt, die Bauern galten weit und breit als die wohlhabendsten und tüchtigsten und den Gemeinden gelang es, ihre Schuldenstände zu verringern, manche konnten sogar Rücklagen bilden.

Sehr früh erkannte der Markgraf den Wert kartografischer und statistischer Erfassungen des Landes. Seine Initiativen zur Förderung von arbeitsteiligen Betrieben führten unter anderem zur Wiederbelebung der Durlacher Fayenceherstellung, zur Errichtung einer Textildruckerei und -färberei in Lörrach, der Tapetenfabrikation in Karlsruhe und, bis in unsere Tage von Wichtigkeit, zur Etablierung der Schmuckproduktion in Pforzheim, die aus der mit dem Waisenhaus verbundenen Uhrenfabrikation hervorging.

Welchen Anteil an dem umfangreichen Maßnahmenkatalog und der konsequenten Umsetzung die Frau Gemahlin hatte, lässt sich schwer feststellen. Der erste Biograf Karl Friedrichs, Karl Wilhelm Friedrich Ludwig von Drais, schrieb dazu: „In allen wichtigen Staats- und Haus-Angelegenheiten wurde und blieb sie sein geheimster Berater, weil sie einen durchdringenden und tätigen Geist mit einer Erhabenheit über eigene Herrschbegierde oder Nebenabsichten und mit dem treuen Streben, es möge nur seine Würde und Befriedigung aus allem hervorgehen, so bescheiden verband, dass ihr stiller Einfluss wenigen bemerklich war. Man kann von ihr, wie von Karl Friedrich selbst, sagen, dass ihre hohen Verhältnisse sie nicht von der Natur entfernten, indem immerhin die Hausmutter für den Gatten und die Kinder lebte. Wir sahen überhaupt in den inneren Schlossgemächern das häusliche Bürgerglück."[15]

Ob häusliches Bürgerglück genau das war, was Karl Friedrich von seinem Privatleben erwartet hatte, wissen wir nicht. Es kam dem Naturell des Markgrafen, der ohne Eltern aufgewachsen war, ganz sicher entgegen. Er wurde am 22. November 1728 in Karlsruhe, der noch jungen Residenz seines Großvaters Markgraf Karl Wilhelm von Baden-Durlach (1679–1738), geboren. Sein Vater, Erbprinz Friedrich, starb erst achtundzwanzigjährig im März 1732. Die Mutter hatte kurz zuvor einen zweiten Sohn, Wilhelm Ludwig, zur Welt gebracht und fiel nach der langwierigen, komplizierten Geburt in geistige Umnachtung. Anzeichen dieses Leidens waren bei Anna Charlotte Amalie von Nassau-Dietz-Oranien (1710–1777) schon kurz nach ihrer Heirat mit Erbprinz Friedrich aufgetreten. Die zweite Geburt löste bei der jungen Frau religiöse Wahnvorstellungen aus, sie verhielt sich abwechselnd aggressiv und apathisch. Völlig überforderte Ärzte versuchten vergeblich, die Prinzessin durch Wasserkuren zu heilen. An ein Verbleiben in Karlsruhe war nicht mehr zu denken. Anna Charlotte wurde nach Durlach gebracht und lebte dort noch 45 Jahre, ohne geistige Klarheit wiedererlangt zu haben.

Die beiden Kinder kamen in die Obhut ihrer Großmutter Magdalene Wilhelmine (1677–1742), der Tochter Herzog Wilhelm Ludwigs von Württemberg. Sie hatte im Alter von 19 Jahren den Erbprinzen von Baden-Durlach geheiratet. Aus der Ehe gingen zwei Söhne und eine Tochter hervor. Der älteste Sohn und die Tochter starben früh. Erbprinz Friedrich, der Vater Karl Friedrichs, im Oktober 1703 geboren, heiratete im Sommer 1727 die psychisch kranke Tochter Prinz Wilhelm Frisos von Nassau-Dietz-Oranien.

Der Großvater der beiden Halbwaisen lebte getrennt von seiner Gemahlin in Karlsruhe. Nach dem Tod seines Vaters Friedrich VII. Magnus (1647–1709) hatte der „stattliche Herr von ungemein robuster Konstitution" die Regierung übernommen. „Die Natur, welche unschlüssig war, ob sie einen Herkules oder einen Sohn der Venus bilden sollte, tat" – zum Leidwesen der Ehefrau – „beides!"[16] Magdalene Wilhelmine fühlte sich durch die Ausschweifungen dieses „Sohnes der Venus" so brüskiert, dass ein Zusammenleben für sie nicht in Frage kam. Sie ging in wohltätigen Werken und in der Förderung des evangelischen Glaubens auf, während ihr Ehemann sich seinen amourösen Abenteuern widmete.

Als Karl Wilhelm im Mai 1738 starb, hinterließ er dem noch nicht zehnjährigen Enkel, der von seiner Großmutter in streng lutherischem Glauben erzogen wurde, die Herrschaft. Zunächst übernahm Magdalene Wilhelmine zusammen mit einem Neffen des Großvaters die Vormundschaft. Das eigentlich entscheidende Gremium aber war der Ministerrat, die oberste Regierungsbehörde, an dessen Stimmenmehrheit die fürstlichen Vormünder durch das Testament gebunden waren.

Die Erziehung Karl Friedrichs scheint zunächst eher lax gehandhabt worden zu sein, denn man stellte mit Bestürzung fest, dass es ihm nicht nur an Wissen, sondern auch an sittlichem Betragen fehlte. Hier musste dringend Abhilfe geschaffen werden. Da es dem Prinzen nach dem Tod der Großmutter in Durlach nicht mehr gefiel, wurde entschieden, ihn zur Verbesserung seiner Kenntnisse im Französischen in die Schweiz zu schicken. Zu den Eidgenossen bestanden seit jeher ausgezeichnete Verbindungen. Immer wieder hatten badische Markgrafen in Kriegszeiten Zuflucht in ihrem Basler Palais gefunden und waren in der Stadt freundlich aufgenommen worden. Für einen Studienaufenthalt empfahl sich besonders Lausanne, denn hier bestand seit 1537 die erste protestantische Hochschule in der französischen Schweiz. Karl Friedrichs Vater und auch sein Großvater waren hier ausgebildet worden, nun sollte auch der Sohn und Enkel seine Studien in der schönen Stadt am Genfer See aufnehmen und dazu elegante Umgangsformen erlernen.

Zwei Jahre blieb Karl Friedrich in der Schweiz und ging anschließend auf Kavalierstour durch Frankreich, die ihn selbstverständlich auch an den Versailler Hof führte. Die Reise ging weiter über Brüssel zu den holländischen Verwandten, die ihm sehr zugetan waren. Karl Friedrich kehrte Anfang November 1746 nach vierjähriger Abwesenheit in seine Residenzstadt Karlsruhe zurück und wurde an seinem 18. Geburtstag für volljährig erklärt.

Um den Markgrafen scharte sich ein Kreis lebenslustiger junger Leute, lockere Sitten zogen ein, und man ergab sich draufgängerisch dem Kartenspiel. Es war wohl nicht so sehr die im Übrigen an allen Höfen verbreitete Spielsucht, die in seiner Umgebung auf Unverständnis stieß. Man befürchtete vielmehr, der junge Fürst könne in das Fahrwasser seines Großvaters geraten und sich zu sehr seinen Amouren hingeben. Nur eine Heirat konnte hier helfen!

Sehr schnell hatte man zwei Kandidatinnen gefunden: Luise (1726–1756), die Schwester König Friedrichs V. von Dänemark, und Juliane Marie (1729–1796), eine Schwester Karls I. von Braunschweig-Wolfenbüttel. Für keine der beiden Prinzessinnen konnte sich Karl Friedrich erwärmen. Vielleicht lag es an den Sprachfehlern, an denen die jungen Frauen litten.

Bei einem Treffen des Markgrafen mit seinem niederländischen Onkel nahm dieser ihm das Versprechen ab, nun ernstlich nach einer geeigneten Ehefrau zu suchen. Vermutlich machte er Karl Friedrich auf die hessische Prinzessin Karoline Luise aufmerksam und arrangierte einen Besuch in Darmstadt.

Bevor sich der junge Markgraf in die Mühle der Ehe begab, erfüllte er sich noch seinen größten Wunsch, eine Reise nach Italien. In der Zwischenzeit verbesserte Karoline Luise ihre Englischkenntnisse, da sie Karl Friedrichs Interesse für England kannte. Als er nach über einem halben Jahr aus Italien zurückkehrte, blieb ihm nichts übrig, als endlich einem Hochzeitstermin zuzustimmen. Er wurde auf den 28. Januar 1751 festgelegt.

Der badische Hof

Nach der Hochzeit lebte das markgräfliche Paar in sehr beengten Verhältnissen. Das großväterliche Schloss, als kostengünstiger Holzbau errichtet, hatte seine besten Zeiten längst hinter sich. Zwar war es, wenn nötig, instand gesetzt worden, doch es wurde immer klarer, der seit Längerem geplante Neubau musste endlich in die Tat umgesetzt werden. Und das bedeutete, leben in einer Baustelle. Als Amalie 1774 an den Hof kam, waren die Bauarbeiten noch immer nicht abgeschlossen. Amalies Mutter hatte an die Schwägerin geschrieben: „Ich sehe Sie durch den Umzug, zu dem Sie gezwungen waren, als Fremde im eigenen Schloss und wünsche Ihnen nun, die neuen Räume möchten bald so weit sein, Sie aufnehmen zu können. Das ist schon eine schöne Wohnerei in Karlsruhe!"17

Trotz aller Unzulänglichkeiten waren Markgraf und Markgräfin perfekte Gastgeber. Nach seinem Besuch im August 1758 lobte Voltaire nicht nur die geschmackvolle Einrichtung des Schlosses, die Anlage des botanischen Gartens und die Begabung der Markgräfin als Malerin, sondern er bewunderte auch die vollendete Art, mit der man am Karlsruher Hof Gästen begegnete. Er schätzte die ungezwungene Höflichkeit und den Charme der Konversation und behielt die Karlsruher Begegnung in bester Erinnerung.

Jacob Jonas Björnstahl schrieb über den Empfang in Karlsruhe: „Wir wurden ihm (dem Markgrafen) vorgestellt, und er unterredete sich sehr gnädig mit uns. Er hat fast von allen Sachen Kenntnisse und ist in England, Frankreich, Italien usw. gereist. Darauf wurden wir gleichermaßen Ihrer Durchlaucht der Markgräfin vorgestellt. Dies ist eine Prinzessin von Verstand und Gelehrsamkeit, liebt die Künste und Altertümer und hat eine gute Sammlung Gemälde, die aber noch nicht in Ordnung gebracht ist. ... Wir wurden eingeladen, zur Mittagstafel dazubleiben. Herr Baron Rudbeck (ein anderer Gast) speiste am markgräflichen und ich am Hofmarschallstisch. Diese beiden Tafeln sind aber doch in einem Zimmer; denn der Fürst mag diejenigen, die sein Brot essen, gern vor Augen haben. Darauf gingen wir in ein anderes Zimmer, um Kaffee zu trinken, da denn S. Durchl. der Markgraf sich mit mir in ein langes Gespräch einzulassen geruhte."[18]

Ein Jahr nach der Hochzeit Amalies besuchte der Herzog von Hamilton zusammen mit dem Arzt Dr. Moore den Karlsruher Hof. Moore notierte: „Als wir, wie gewöhnlich ist, hatten melden lassen, dass wir wünschten, die Ehre zu haben, dem Markgrafen aufzuwarten, kam ein Hofbeamter zum Herzog und holte uns ins Schloss ab. Hier speisten der regierende Fürst und seine Gemahlin und drei von ihren Prinzen, von denen der älteste mit einer Prinzessin von Darmstadt vermählt ist, die nebst einer von ihren Schwestern zugegen war. Auch speisten ... zwei kaiserliche Generale und andere Damen und Herren mit, zusammen mehr als dreißig Personen. Die Mahlzeit war herrlich. Der Markgraf erwies sich gegen den Herzog höchst verbindlich und höflich und gegen alle anderen sehr leutselig ... Der Tag verfloss auf eine angenehmere und ungezwungenere Art, als ich unter einer solchen Anzahl von Prinzen und Prinzessinnen hätte vermuten können."[19]

Die seit 1750 geltende Hofordnung fixierte die für alle Höflinge geltenden Verhaltensregeln. So war es ohne Erlaubnis des Fürsten oder des Oberhofmarschalls keinem Adeligen erlaubt, zu verreisen oder das Land zu verlassen, eine Bestimmung, die dem Erbprinzen einigen Verdruss bringen wird. Die Kleidervorschriften legten exakt fest, welche Kleidung zu welchem Anlass zu tragen war. Das galt für Hofroben und den dazu auszuwählenden Schmuck genauso wie für Trauerkleidung.

Wie sich Karl Friedrich den Hof als Vorbild für sein Land vorstellte, hielt er fest: „Der Hof ist die Wohnung eines Fürsten und besteht aus Personen von Stande, welche mit demselben den nächsten Umgang haben. Man sollte also, wenn man den Hof kennt, auf den Fürsten und seinen Hof ... schließen können. Wenn der Fürst nur Lust an Üppigkeit und Zerstreuung findet, so wird er leicht Personen seiner Art und seines Geschmacks um sich haben können, ist er aber heikel in Erwählung derer, die ihn umgeben, alsdann muss er die Wahl unter Vielen haben. Dieses ist aber nur im Großen möglich. Bei beschränkten Umständen fällt die Auswahl weg, und alsdann ist es schwer, dass ein Hof sein kann, wer er sein sollte, nämlich das Muster des Landes in Sitten, edler Denkart, Beobachtung des Wohlstandes, der Höflichkeit, Anständigkeit, des einfachen, offenen, ungezwungenen, redlichen Betragens, des guten Geschmacks in Wissenschaften und Künsten. Er sollte in diesen Dingen den Ton angeben, sie sollten von da ausgehen und sich in das ganze Land verbreiten. Der Hof sollte also aus wahren Edelleuten nicht nur dem Namen und der Geburt nach, sondern auch der Tat nach bestehen."[20]

Zum Gefolge gehörten auch die „Hofmohren". Die aus Afrika stammenden Kinder überlebten in unserem Klima meist nur wenige Jahre. Einige sind namentlich bekannt, so Salom Addalatif, der 1750 an den Karlsruher Hof kam, oder Annette, eine kleine Farbige, die die älteste Tochter des Erbprinzenpaares aus Russland mitbrachte. Die „Mohren" dienten der Unterhaltung und waren nicht nur Spielgefährten der Kinder.

Ein exotisches „Exemplar" kam mit Amalie nach Karlsruhe, ein etwa zehnjähriger Tartare, dem man den Namen Feodor Iwanowitsch Kalmück gegeben hatte. Der kleine Kalmücke war 1770 in der Kirgisischen Steppe von Kosaken gefangen und nach Petersburg verschleppt worden. Hier wollte man ihn zum Pagen der Zarin ausbilden. Als Landgräfin Caroline mit ihren drei Töchtern wegen des Heiratsprojekts am Petersburger Hof weilte, fiel ihr der kleine asiatische Page auf. Katharina II. bemerkte, dass sich Caroline besonders mit dem Kind beschäftigte und schenkte es kurzerhand der Landgräfin, die Feodor mit nach Darmstadt nahm. Nach dem Tod der Mutter „erbte" Amalie den Kalmücken und sorgte für eine gute Erziehung. Die Biografin Feodors schreibt: „In dem Erbprinzenpaar besaß der junge Feodor gütige und warmherzige Mäzene, die sich mit großer Anteilnahme seiner Erziehung und späteren künstlerischen Ausbildung annahmen. Der Gedanke an die fürstliche Herkunft des Knaben und daran, dass er ein Geschenk der großen, von Prinzessin Amalie verehrten Katharina war, mag bei dieser Fürsorge eine Rolle gespielt haben. … Anfänglich gedachte das Erbprinzenpaar, aus Feodor einen Vorleser oder Arzt zu machen und so schickte man ihn 1776 in ... die Schweiz."[21] Nach seiner Rückkehr zeigte der junge Mann ein so großes Interesse für Malerei, dass Amalie ihm Zeichenunterricht erteilen ließ. Feodor erhielt schließlich eine akademische Malerausbildung und wurde selbst Zeichenlehrer. Von 1791 bis 1806 hielt er sich in Italien, Griechenland, England und Frankreich auf, bevor er nach Karlsruhe zurückkehrte und hier Hofmaler wurde. Er starb im selben Jahr wie seine Gönnerin Amalie, nämlich 1832.

Karl Friedrich und seine Gemahlin legten großen Wert auf standesgemäße Repräsentation, auf Extravaganzen wurde allerdings verzichtet. Je nach Anlass und Gelegenheit fanden Bälle und andere Vergnügungen statt, die von der wiederbelebten Hofkapelle begleitet wurden. Besonders beliebte und nicht allzu teure Vergnügungen boten Picknicks, Ausflüge und Verwandtenbesuche. Die Reisen führten nach Darmstadt, Zweibrücken und Holland, wo Karoline Luise die Großmutter – der Onkel war bereits 1751 verstorben – ihres Gemahls kennen lernte. Teurer wurden die Kunst- und Bildungsreisen nach Mannheim, Dresden, nach Paris, Südfrankreich und Italien. Um die Kosten im Rahmen zu halten, fuhren beide inkognito unter einem rangniederen Namen.

Amalie war also nicht an einen reichen Hof gekommen. Dass sie diese Tatsache unglücklich machte, ist nicht zu vermuten, denn Geld gab es auch in Darmstadt nicht. Sie war in einfacher Lebensführung ohne Luxus aufgewachsen, auch wenn sie die Pracht des russischen Hofes erlebt hatte. Was die Erbprinzessin vermisste, war Liebe und Geborgenheit. Die Markgräfin betete ihren Gemahl an: „Sie sind anbetungswürdig, mein Herz, und ich die glücklichste Frau der Welt, einen Mann wie Sie zu lieben"[22] und war dem zweiten Sohn Friedrich herzlichst zugetan, und der Markgraf liebte Karoline Luise: „Muss ich mich nicht beglückwünschen, liebste Gattin, Euch zu besitzen? Ja, kein Zweifel kann darüber sein, niemand ließe sich finden, der diesem Porträt ähnlicher wäre als Ihr. Euch fehlt nur, dass Ihr die Gemahlin des größten Königs auf dieser Welt wäret, damit er diese Worte an Euch richten könnte, und er würde damit gewiss die Wahrheit sprechen. Doch da nun ich es bin, dessen Glück Ihr seid, lasse ich aus diesen Versen alles fort, was mit Thron und

Krone zusammenhängt und sage Gottes Güte Dank dafür, dass sie mir eine Gefährtin gegeben hat, welche mich zum glücklichsten aller Sterblichen macht."[23]

Hier war kein Platz für eine Außenstehende, vor allem, wenn sie bereits wegen fehlender künstlerischer, naturwissenschaftlicher, literarischer Interessen durchs Raster gefallen war. Da Amalie jeder außer dem Ehemann reserviert begegnete, ist es nicht verwunderlich, dass sie sich ihm zuwandte, und er dürfte sich gefreut haben, in ihr eine Gefährtin zu finden, die ihn in seinen Bemühungen bestärkte, eine Position gegenüber dem Vater einzunehmen und ihm half, sein nicht sehr ausgeprägtes Selbstbewusstsein zu entwickeln.

Von mittelmäßiger Begabung: Erbprinz Karl Ludwig

Karl Ludwig war am 15. Februar 1755 nach etlichen Fehlgeburten seiner Mutter gesund zur Welt gekommen. Salutschüsse taten die Freude über die Geburt eines Thronerben kund, Kuriere wurden ausgeschickt, um die Nachricht den Verwandten und der fürstlichen Welt zu verkünden. Die Eltern waren überglücklich, der Markgraf gab alle Zurückhaltung seiner Frau gegenüber auf und überschüttete sie mit Liebeserklärungen.

Die sorgfältige Erziehung der Söhne war von Anfang an ein besonderes Anliegen des markgräflichen Paares. Grundlage dieser Erziehung war die religiöse Unterweisung, der Vorrang vor allen anderen Fächern eingeräumt wurde, so wie es schon die vorausgehenden Generationen, auch und besonders Karl Friedrich, erlebt hatten. Morgens, abends, vor den Mahlzeiten, vor und nach dem Unterricht war ein Gebet zu sprechen, aber nicht „kaltsinnig, unfleißig, ungebärdig oder verdrossen, sondern jederzeit christlich und anständig."[24]

Die Prinzen hatten im Alter von acht bis zehn Jahren an sechs Tagen in der Woche jeweils acht Unterrichtsstunden. Sie wurden in Religion, Latein, Französisch, Geschichte, Geometrie, Rechnen, Geographie und Zeichnen ausgebildet. Dazu kamen dreimal in der Woche zwei Stunden Reiten und eine Stunde Fechten. Für praktischen Anstandsunterricht war ebenfalls eine Stunde vorgesehen, und man übte selbstverständlich Lesen und Schreiben.

Alle drei Söhne wurden dazu angehalten, dem Vater aus Übungsgründen Briefe in Deutsch und Französisch zu schreiben. Karl Ludwig bekam zu diesem Zweck Aufgaben wie die Beschreibung einer Uhr, eines Hauses oder eines Soldaten.

Die gebildeten Eltern verlangten viel von ihren Kindern und stellten Forderungen, die kaum zu erfüllen waren. Vor allem der Vater erwartete eine eiserne Selbstdisziplin und niemals nachlassende Aufmerksamkeit. Er ließ sich regelmäßig alle schriftlichen Arbeiten vorlegen und verlangte, dass über alle Unterrichtsstunden und Predigten schriftlich Bericht erstattet und dabei darüber referiert wurde, welche moralische Nutzanwendung aus dem Gelernten zu ziehen sei. Die armen Kinder waren so darauf gedrillt, keine Sekunde Müßiggang zuzulassen, dass sie selbst die wenigen Stunden, die nicht mit Unterricht oder religiösen Pflichten ausgelastet waren, unbedingt mit „Nützlichem" füllen wollten: „Nach vielem Nachsinnen habe ich Ihren Brief gelesen, worinnen es unter anderem auch heißt, was ich von dem Wort Zeitvertreib halte, da die Zeit doch so edel, und das Leben so kurz wäre. Lieber Papa! Ich werde mich allezeit befleißen, dasjenige genau zu beachten, was Sie mir befehlen, daß ich tun solle, um die Zeit nützlich anzuwenden und erwarte Ihre Befehle wie ich mich auch in meinen vergnügten, fröhlichen und ergötzlichen Augenblicken mit Ziel und Maß zu verhalten habe, damit ich Ihrer beständigen Gnade würdig sein möge, der ich bin Ihr gehorsamer Sohn Louis von Baden."[25]

An den Erbprinzen stellte Karl Friedrich weitaus höhere Anforderungen als an seine anderen Söhne und schnürte das Ausbildungskorsett noch enger. Karl Ludwig sollte so früh wie möglich auf die künftigen Pflichten vorbereitet und mit allen Problemen, die ihm als Regenten begegnen können, vertraut gemacht werden. Der Prinz war dem nicht gewachsen. Er hatte weder die Intelligenz seiner Mutter geerbt, noch war in ihm der eiserne Wille und das strenge Verantwortungsbewusstsein seines Vaters angelegt. Er war schlicht überfordert und von den dominierenden Persönlichkeiten seiner Eltern erschlagen. Wie seine Brüder hatte er keine Möglichkeit, Individualität zu entfalten, Begabung zu entdecken, Selbstbewusstsein zu entwickeln.

Auch von ihrem Erzieher Johann Dominikus Ring, einem Schüler des Historikers und Professors der Universität Straßburg Johann Daniel Schoepflin (1694–1771), konnten die Prinzen kaum Unterstützung erwarten. Er war gebildet, intelligent und loyal, aber auch eitel, geltungs- und selbstsüchtig. Ring brachte es nicht über sich, die Fähigkeiten und Verdienste anderer anzuerkennen. Die Prinzen hörten kaum ein Wort des Lobes aus seinem Mund. Friedrich durfte sich wenigstens der Liebe seiner Mutter sicher sein: „Sie war für ihn alles, so wie er für sie."[26] Ihrem Ältesten scheint Karoline Luise dagegen kaum Zuneigung geschenkt zu haben.

Zur standesgemäßen Prinzenerziehung gehörte in dieser Zeit eigentlich das Absolvieren einer Kavaliersreise. Nicht einmal eine solche Reise war Karl Ludwig vergönnt. Hier hätte er ein, zwei, vielleicht wie sein Vater auch noch mehr Jahre damit verbringen können, sich auf eigene Beine zu stellen, die so dringend notwendigen Erfahrungen zu sammeln und sich in der Fremde zu behaupten. Aber der sechzehnjährige Karl Ludwig und seine Brüder durften im Jahr 1771 gerade einmal für drei Monate nach Paris reisen, unter Aufsicht der Eltern! Und selbst diese Zeit war ausgefüllt mit Unterweisungen, langweiligsten Unterweisungen, denen der Erbprinz nicht das Geringste abgewinnen konnte. Sein Vater versuchte, ihm physiokratische Theorien einbläuen zu lassen! Ein Sechzehnjähriger, der sich zum ersten Mal in Paris aufhält, ist sicher an allem anderen als gerade an physiokratischen Theorien interessiert, selbst wenn es sich um einen zukünftigen Landesherren handelt. Während seine Eltern „tout Paris" kennen lernten, sollte sich Karl Ludwig mit trockenster Materie beschäftigen.

Aber nicht nur Physiokratisches stand auf dem Pariser Stundenplan, sondern auch Lektionen in experimenteller Physik und Chemie, an denen Karoline Luise höchstselbst teilnahm. Mehr kann sich ein junger Mann in seinen Unterrichtsstunden kaum wünschen, die brillante Mutter neben sich, die sich brennend für alles Neue interessiert!

Trotzdem fand auch der Erbprinz Gelegenheit, die große Welt zu erleben, er verfolgte Truppenparaden und war begeistert, König Ludwig XV. zu sehen: „Der König trug eine weiße Redingote; als er zwanzig Schritte von uns entfernt war, hielt er sein Pferd an und fragte den Herzog von Zweibrücken, wer wir seien, zog dann tief seinen Hut und ritt vorüber."[27] Dies war eher nach seinem und der Brüder Geschmack, ein Ersatz für ein weitgehend selbstständiges Leben auf Kavalierstour war es freilich nicht.

Karl Ludwig präsentiert sich uns als eine Persönlichkeit mit höchstens mittelmäßiger Begabung, die sich aus der Umklammerung der Eltern nicht befreien konnte und massiv an Minderwertigkeitsgefühlen litt. Dabei scheint er ganz umgänglichen Charakters gewesen zu sein, wie eine Beschreibung des 36-Jährigen zeigt: „Er hat ungefähr die körperliche Größe seines Vaters und einen Ansatz zum Starkwerden. Seine Gesichtsfarbe ist die Farbe der Gesundheit selbst und seine Gesichtsbildung sehr angenehm. Seine offene und stets heitere Miene verrät ein unbescholtenes Leben und schuldloses Gewissen. Statt des stillen Ernstes im Gesichte des Vaters hat in dem Seinigen eine … Freundlichkeit ihren Sitz, die mit willkürlicher Gewalt über aller Herzen herrscht. Wenn man mit ihm spricht, so vergisst man ganz, dass man mit einem Höhern spricht, so sehr lässt er sich zu dem herab, mit dem er redet. Es fällt auch gar nicht schwer, ihm beizukommen, denn sehr oft redet er diejenigen, die ihm auf Spaziergängen begegnen, selbst an. Auch er liebt und schätzt die Wissenschaften und die neuern Sprachen, daher man ihn auch öfters auf der öffentlichen Bibliothek antrifft. Unter der Anführung seines weisen Vaters bildet er sich auch immer mehr und mehr, um dereinst sein würdiger Nachfolger zu werden. In Abwesenheit oder Krankheitsfällen des Ersteren erteilt er auch schon an seiner Stelle des Mittwochs denen Audienz, die etwas anzubringen haben."[28]

Verglich sich der als leutselig geschilderte Erbprinz mit Vater und Mutter, musste ihm seine eigene Unzulänglichkeit schmerzlich bewusst werden, und so tat er widerstandslos alles, was das Markgrafenpaar von ihm forderte. Das Missfallen der verehrten Eltern wollte der älteste Sohn und Nachfolger in keinem Fall erregen, Widerspruch lag ihm fern. Deshalb akzeptierte er auch die von der Mutter arrangierte Ehe mit seiner Cousine Amalie. Über Karl Ludwig wird der französische Gesandte in Karlsruhe, Nicolas Massias, sagen: „Der Erbprinz ist ein honetter Mann, der Verstand genug besitzt, sich von seiner Gemahlin regieren zu lassen."[29]

Erbprinzessin und Markgräfin von Baden

Der Ehevertrag

Zur Hochzeit des Erbprinzenpaares wurde selbstverständlich ein Ehevertrag ausgehandelt. Landgraf Ludwig sagte zu, seiner Tochter Amalie Friederike nach „vollzogenem Beilager" 20 000 Gulden Heiratsgut auszuzahlen, das er mit 5 % jährlich verzinsen würde, falls sich die Auszahlung verzögerte. 10 000 Gulden investierte er in die Ausstattung Amalies mit „Kleidern, Geschmeide und Kleinodien wie einer Fürstin gebühret." Zusätzlich erhielt sie 4000 Gulden als Beitrag zu den Vermählungskosten und 2550 Gulden zur Bezahlung des Ringes, den sie ihrem Bräutigam überreicht hatte. Die Erbteile ihrer pfälzischen Großmutter und ihrer Mutter, 4000 Gulden jährlich, standen ihr zur alleinigen Verfügung, ebenso wie die Juwelen und die Geldgeschenke der Zarin, immerhin 100 000 Gulden. Sollte Amalie kinderlos sterben, würden das Kapital und die Wertgegenstände an das Haus Hessen-Darmstadt zurückfallen.

Karl Friedrich verpflichtete sich, der Erbprinzessin 10 000 Gulden als Morgengabe zu überreichen. Für Kleidung und alle Ausgaben zum Erhalt des Lebensstils bekam Amalie 2500 Gulden jährlich als Handgeld. Die Ausgaben für das Personal gingen zu Lasten des Markgrafen. Als Witwengeld wurden 8000 Gulden jährlich festgesetzt, dazu Naturalzuteilungen wie Roggen, Dinkel, Hafer, Wein, Heu, Stroh, Brennholz und Wildbret. Außerdem würde im Fall der Witwenschaft eine Wohnung „mit standesmäßigen Meubles, Silber, Weißzeug und Bettungen" zur Verfügung gestellt, die die Prinzessin aber auf ihre Kosten zu unterhalten hätte.[1]

Bei der Eheschließung erhielt Amalie ihren neuen Titel. Sie

war nun „Erbprinzessin und Markgräfin von Baden und Hochberg, Landgräfin zu Sausenberg, Gräfin zu Sponheim und Eberstein, Frau zu Rötteln, Badenweiler, Lahr, Mahlberg und Kehl".[2]

Es ist häufig zu lesen, Amalie sei durch Napoleons Gnaden zur Markgräfin von Baden erhoben worden. Dies ist falsch. Sie führte den Titel seit ihrer Vermählung.

Das Haus Baden

Mit der Einheirat in das Haus Baden wurde die ehemalige hessische Prinzessin Angehörige einer Familie, die bis ins hohe Mittelalter zurückverfolgt werden kann. Benannt haben sich die Markgrafen von Baden nach der im ausgehenden 11. Jahrhundert erbauten Burg Hohenbaden. Im Jahr 1112 legte sich erstmals Markgraf Hermann II. († 1130) den Titel „von Baden" zu. Für seinen Onkel Berthold II. († 1111) ist als Erstem der Titel „Herzog von Zähringen" bezeugt. Die Markgrafen von Baden waren als Nachkommen Herzog Bertholds folglich Zähringer. Von dieser zähringenschen Herkunft wusste man nichts, bis der Historiker Schoepflin im Auftrag Karl Friedrichs die Familiengeschichte des Hauses erforschte. Schoepflin entdeckte im Kloster St. Peter, östlich von Freiburg, die Gründungsurkunden des Klosters, das die Zähringer gestiftet hatten, und er stieß dabei auf deren verwandtschaftliche Beziehungen zu den badischen Markgrafen.

Karl Friedrich kam diese Entdeckung gerade recht. Zum einen freute es ihn, Nachfahre einer herzoglichen Familie zu sein, die zu den vornehmsten des 12. Jahrhunderts gehörte – das setzte ihn auf eine Ebene mit dem württembergischen Nachbarn –, zum anderen eröffneten sich ihm dadurch Möglichkeiten, Machtansprüche im Breisgau durchzusetzen. Der Breisgau gehörte den Habsburgern und bildete eine Barriere zwischen den „oberen" und „unteren" badischen Gebieten. Karl Friedrich nahm nun als Erbe der ausgestorbenen Zähringer für sich die Rechte der Landgrafen im Breisgau und der Vögte des Hausklosters St. Peter in Anspruch.

Der zunächst kaum realisierbar erscheinende Traum des Markgrafen von der Nachfolge in den Besitzungen der Vorfahren ging tatsächlich in Erfüllung, die Arrondierungen der napoleonischen Zeit machten es möglich. Vorderösterreich kam zu Baden, und Karl Friedrich nannte sich in seiner Titulatur folgerichtig „Herzog von Zähringen". Freiburg wurde zur zweiten Residenz, die Burg Zähringen bei Freiburg zur zweiten Stammburg der Familie, St. Peter allerdings wurde wie alle Klöster aufgehoben.

Die Teilung der badischen Gebiete ist auf einen Hausvertrag des Markgrafen Christoph I. (1453–1527) zurückzuführen. Seine Söhne Ernst und Bernhard III. wurden Begründer der Linien Baden-Durlach und Baden-Baden, die zunächst ein starkes dynastisches Band zusammenhielt, die aber letztlich durch den Konfessionsunterschied getrennt wurden. Baden-Baden blieb nach mehrmaligem Glaubenswechsel katholisch, Baden-Durlach war protestantisch.

Die bernhardinische Linie Baden-Baden existierte nicht ganz 250 Jahre. Der letzte Markgraf, August Georg Simpert (1706–1771), war einer der Söhne des als „Türkenlouis" bekannt gewordenen Markgrafen Ludwig Wilhelm (1655–1707). Da seine Ehe kinderlos blieb, galt seine Hauptsorge der Nachfolgeregelung, das heißt dem Übergang Baden-Badens an Baden-Durlach.

Schon zu Zeiten Ludwig Wilhelms waren Abmachungen für den Fall getroffen worden, dass eine der beiden Linien aussterben sollte. Es gab keinen Zweifel, dass das jeweils andere Haus das Erbe antreten würde. Damals stand offen, wer wen beerben würde, nun war klar, dass die katholische bernhardinische Linie zu Ende ging und künftig Markgraf Karl Friedrich das vereinte Baden regieren würde.

Karl Friedrich hatte im Erbvertrag der katholischen Bevölkerung alle Sicherheiten zugesagt und so vollzog sich der Übergang beinahe komplikationslos. Die nun vereinigte Markgrafschaft umfasste mehr als das Doppelte des Gebiets, über das Karl Friedrich bis dahin geherrscht hatte. Aus 1650 km² Landes und 90 000 Einwohnern waren nun 3500 km² und 174 000 Einwohner geworden.

Kein Auskommen mit den Schwiegereltern

Dies war der Stand der historischen Dinge als Amalie im Sommer 1774 in Karlsruhe einzog und sich im Westflügel des

Schlosses einrichtete. Ihre Räume lagen über dem Quartier des Erbprinzen und bestanden aus dem „Bedientenzimmer", einem Vorzimmer, dem Audienzraum, dem Schlafzimmer, einem „Toilettenkabinett" mit Spiegel, Frisier- und Nachtstuhl. Weiterhin gab es ein „Kinderkabinett", das „hintere Seitenkabinett", ein Durchgangszimmer zur Gartenseite, vier Garderobenzimmer und schließlich das „Abtrittkabinett", das sich neben der „Seepferdtreppe" befand.

Das Schlafzimmer der Erbprinzessin war mit weiß-gelb gestreiften Damasttapeten ausgeschlagen, an den Fenstern hingen Vorhänge aus gelbem Taft. Das große, weiß gestrichene, mit weiß-gelbem Taft dekorierte Himmelbett stand parallel zur Wand. Insgesamt war der Raum sparsam möbliert. Es gab einen Nachttisch, einen Tisch mit grauer Marmorplatte, vier Sessel, die mit weiß-gelbem Damast bezogen waren, zwei Rohrsessel, zwei Fußschemel und ein Krankentischchen.

In ihren Räumen fühlte sich Amalie durchaus wohl. Doch in ihrem persönlichen Umfeld lag Vieles im Argen: Die Erbprinzessin fand keinen Draht zu ihren Schwiegereltern. Herrschsucht der Markgräfin meinte Amalies Hofdame als einen der Gründe ausfindig machen zu können, und so ist es nicht verwunderlich, dass selbst Außenstehenden die schlechte Stimmung am Hof auffiel. Carl August von Sachsen-Weimar stellte, als er kurz nach der Hochzeit Amalies Karlsruhe besuchte, fest, dass die erbprinzliche Ehe einigermaßen schlecht verlaufe, was mitnichten an den Ehegatten läge. Karoline von Freystedt gibt uns einen Einblick in das schwiegermütterliche Verhalten bei Besuchen: „Kamen Fremde an den Hof, der sehr gastfrei war, so unterhielt sich die Markgräfin-Mutter ausschließlich mit ihnen und vergönnte kaum ihrer Schwiegertochter die wenigen Worte anzubringen, die der Anstand erheischte. Dadurch ward diese, die vielleicht weniger wissenschaftlich unterrichtet, aber mehr die Welt gesehen hatte, oft gekränkt."[3]

Gekränkt war aber auch Karoline Luise, die einsehen musste, dass ihr Einfluss auf den Erbprinzen immer geringer wurde. Nicht einmal mehr in Kleiderfragen wollte er sich von der Mutter beraten lassen! Für Karl Ludwig endeten die Auseinandersetzungen in einem Dilemma – auf der einen Seite die geliebte Ehefrau, auf der anderen Seite die hoch verehrten Eltern, auch der Vater wusste mit Amalie reichlich wenig anzufangen. Karl Ludwig konnte es unmöglich beiden Seiten recht machen. Der weiche und unentschlossene Prinz litt wegen dieser unlösbaren Konflikte immer wieder an depressiven Verstimmungen, wie im Sommer 1781, als Amalie nach Straßburg reiste, um sich einer Augenuntersuchung zu unterziehen.

Man stellte fest, dass eine Operation unabdingbar sei und Amalie folglich für längere Zeit in Straßburg bleiben müsse. Für Karl Ludwig stand es außer Frage, dass er seine Ehefrau begleiten und ihr bei der sicher nicht leichten Operation beistehen würde. Doch der Vater lehnte seinen Wunsch kategorisch ab. Amalie blieb also ohne den moralischen Beistand des Gatten. Er schrieb ihr: „Gerade hat meine Mutter mich gefragt, ob Sie am kommenden Mittwoch zurückkehren; ich habe ihr erzählt, was die Ärzte Ihnen gesagt haben. Das schien ihr sehr recht zu sein, denn sie hofft, dass Sie erst in sechs Wochen wiederkommen. Ich versichere Ihnen, meine Freundin, das hat mir wieder neuen Kummer bereitet; denn alles, was Sie betrifft, geht mir sehr nahe."[4]

Als Karl Ludwig die Mitteilung erhielt, die Operation sei wunschgemäß verlaufen, war er überglücklich und wäre liebend gern an Amalies Krankenlager geeilt, aber er traute sich nicht einmal anzufragen, ob der Vater nun geneigt sei, seine Zustimmung zu geben. Er war sicher, wäre es die Mutter gewesen, die krank in Straßburg läge, alle Familienangehörigen hätten sich längst dorthin aufgemacht, „doch da es sich um Sie handelt, kommt niemand auf diese Idee. Ich werde wirklich schlimmer als ein Sklave an der Kette behandelt, denn der besitzt doch wenigstens die Freiheit, traurig sein zu dürfen; setze ich aber eine solche Miene auf, tadelt mein Vater mich, was gestern und heute geschehen ist. Man hat aber doch wirklich keine Lust zu lachen und andere zu amüsieren, wenn man weiß, dass sich die Frau, die man liebt und anbetet, in Ihrer Lage befindet."[5]

Der markgräfliche Leibarzt erbot sich, die Prinzessin auf eigene Kosten zu besuchen, doch das hielt man für völlig unpassend, da der Markgraf an Hämorrhoiden leide und der Arzt keinesfalls entbehrt werden könne. Karl Ludwig fand dies absolut lächerlich, denn der Vater habe schon seit 20 Jahren Hämorrhoiden und werde sie vermutlich auch nie mehr los werden. Der Arzt könne sowieso kaum etwas dagegen unternehmen.

Schließlich war der Erbprinz wirklich verzweifelt. Er betrachtete es als unerhört, schlechter als der letzte Diener des Markgrafen behandelt zu werden, dem würde man ohne Zweifel ausreichend Urlaub genehmigen, um seine kranke Frau besuchen zu können, ihm aber verweigere man dies. Zu allem Unglück machten sich auch noch die Brüder über ihn lustig: „Meine Herren Brüder machen mich wütend, wenn sie nach Neuigkeiten über Amalies Gesundheitszustand fragen, immer mit mokantem Unterton, und Fritz sagt dann: wenn Papa gesund ist (d. h. wenn das Hämorrhoidenproblem gelöst ist), geht er mit."[6] Deutlicher kann man es kaum zum Ausdruck bringen, keiner – ihr Ehemann ausgenommen – in dieser Familie mochte Amalie.

Nach vier Wochen durfte Karl Ludwig endlich für kurze Zeit ans Krankenbett der Gemahlin eilen, musste dann aber sofort wieder nach Karlsruhe zurückkehren, um seinen Verpflichtungen im Umfeld des Vaters nachzukommen.

In den knapp neun Jahren, die Karoline Luise und Amalie zusammen leben mussten, kam es erst sehr spät zu einer Annäherung. Es ist nicht auszuschließen, dass die beiden Frauen durch die Geburt eines Erben einen Weg zueinander gefunden hätten, doch Amalie brachte bis zum Tod Karoline Luises ausschließlich Mädchen zu Welt. Da die Verantwortung dafür nach den Vorstellungen der Zeit bei Amalie lag, konnte sie beim besten Willen nicht mit dem Wohlwollen der Schwiegermutter und erst recht nicht mit dem des Schwiegervaters rechnen. Auch auf diesem Gebiet hatte sich die Erbprinzessin also als Versagerin entpuppt.

Die Wende kam mit dem Besuch des Großfürsten Paul und seiner jungen Gemahlin Maria Fjodorowna, die sich als Comte und Comtesse du Nord auf einer fast einjährigen Reise durch Europa befanden und im September 1782 Karlsruhe besuchten. Für den badischen Hof bedeutete diese Stippvisite ein großes, auch politisch wichtiges Ereignis, war doch Russland eine der Garantiemächte für den Erbvertrag mit Baden-Baden gewesen, und Karoline Luise war als Dame des exklusiven russischen Katharinenordens der Zarin in besonderem Maße verpflichtet.

Über die nicht abreißende Kette üppigster Festlichkeiten, die dem Großfürstenpaar in Frankreich geboten wurden, war man in Karlsruhe natürlich informiert. Der bescheidene badische Hof konnte damit nicht konkurrieren. Für einen Besuch so hohen Ranges gab es hier überhaupt keinen Präzedenzfall. „Damals war die Erscheinung eines solchen Besuchs so selten", hielt Karoline von Freystedt fest, „dass man nicht wusste, wie einen solchen Gast hinlänglich ehren. Die Mittel waren gering und doch der Wunsch, so viel als möglich zu tun, so lebhaft. Unter anderen Vorkehrungen ward der Schlossplatz mit äußerst schlechten und geschmacklosen steinernen Figuren geschmückt. Viele meubles wurden von Straßburg verschrieben, weil die Zimmer nicht schön genug geziert schienen. Es wurden Anstalten zu einem Schauspiel gemacht, es bestand damals kein Theater in Karlsruhe; die berühmte Mara, die gefeierteste Sängerin jener Zeit, wurde berufen, und dies alles vergeblich. Der Großfürst war nicht zu bewegen, eine Wohnung im Schloss anzunehmen; er war nicht artig gegen die Markgräfin, schien sie nicht zu beachten, sie und ihren Hof beinahe zu verspotten. Seine ganze Aufmerksamkeit war auf die Erbprinzessin, Schwester seiner ersten Gemahlin (Wilhelmine † 1776), gerichtet, deren Anblick wohltuend auf ihn zu wirken schien; er hatte noch viele Liebe für das Andenken der so früh Verstorbenen. Meine Fürstin war zu gut, als dass die Art, wie ihre Schwiegermutter bei dieser Gelegenheit behandelt wurde, ihr nicht wehe getan hätte, sie drückte ihr diese Gefühle aus und fand Anerkennung, welche ihr Verhältnis besserte."[7]

Großfürst Paul, Sohn und Nachfolger Katharinas der Großen, erinnerte sich gern an die Zeit, die Amalie in Petersburg verbracht hatte und war seiner ehemaligen Schwägerin noch immer zugetan. Was ihn dazu bewog, die Markgräfin mit Missachtung zu strafen, lässt sich nur vermuten. Er gehörte wohl zu den Männern, denen gelehrte Frauen ein Gräuel waren, und er sah keinen Grund, mit seiner Meinung hinter dem Berg zu halten. Vielleicht erinnerte ihn die Markgräfin auch allzu sehr an die ungeliebte Mutter. Hier in Karlsruhe, wo niemand ihm entgegentreten konnte, ließ er seiner Abneigung freien Lauf. Wie dem auch sei, die Bemühungen der markgräflichen Familie, ihm einen glänzenden Empfang zu bereiten, mögen in seinen Augen lächerlich gewesen sein. Nichtsdestoweniger, er hatte es mit einem regierenden Fürsten und seiner Gemahlin zu tun und ihnen gebührte Respekt, an dem er es ganz offensichtlich fehlen ließ. Er lehnte es ab, an der großen Tafel zu seinen Ehren teilzunehmen und wohnte nicht im Schloss, sondern ließ sich in den Gasthof „Zur Post" fahren, um dort zu übernachten.

Es dürfte alle Beteiligten viel Selbstbeherrschung gekostet haben, ihre Betretenheit über einen solchen Affront und über den eklatanten Verstoß gegen jede Etikette zu überspielen. Amalie, die die uneingeschränkte Zuwendung Pauls sicher sehr genoss, war zurecht ungehalten über das ungebührliche Betragen ihres Ex-Schwagers, und wie immer scheute sie sich nicht, ihre Ansicht kundzutun. Dass sie nun ihre Schwiegermutter verteidigte, zeigt die Achtung, die sie ihr als Fürstin zollte, ob sie der Person Karoline Luise galt, mag dahingestellt bleiben.

Die Markgräfin schien nun eher bereit, ihrer Schwiegertochter entgegenzukommen und schließlich hätte sich ein entspannteres Verhältnis entwickeln können, doch dazu kam es nicht mehr: Karoline Luise verstarb während eines Parisaufenthaltes am 8. April 1783 an den Folgen eines Schlaganfalls.

Sollte Amalie gehofft haben, dass nach dem Tod der ungeliebten Schwiegermutter eine Änderung des angespannten Verhältnisses einträte, sah sie sich getäuscht, zumindest vorläufig. Die Beziehung zum Schwiegervater verbesserte sich nicht, die Abhängigkeit ihres Ehemannes vom Vater war ungebrochen, ja sie schien sich noch zu verstärken. Beschrieben hat die Situation Karoline von Freystedt: Die Bevormundung „ging damals so weit, dass der Erbprinz, schon Vater einer zahlreichen Familie, nicht ausfahren durfte, ohne vorher die Erlaubnis seines Vaters dazu einzuholen."[8]

Karl Friedrich forderte von seinem Sohn ständige Präsenz und intellektuellen Austausch, wie er ihn von der Gemahlin kannte. Dazu war – und das wusste niemand besser als er selbst – Karl Ludwig nicht in der Lage. Den seelischen Zustand des Erbprinzen kann man nur ahnen, zwischen Vater und Ehefrau hin- und hergerissen und Anforderungen ausgesetzt, die er nicht erfüllen konnte, dürfte sich der sensible Prinz in einer wirklich schlimmen Verfassung befunden haben. Hilfe nahte in der Gestalt des Philosophen und Theologen Johann Caspar Lavater.

Der Vermittler: Johann Caspar Lavater

Der 1741 in Zürich geborene Lavater, Verfasser der „Physiognomischen Fragmente zur Beförderung der Menschenkenntnis und Menschenliebe", kam erstmals 1774 nach Karlsruhe. Er war ein gern gesehener Gast am Hof und genoss bald sowohl das Vertrauen Karl Friedrichs als auch das des Erbprinzen. Im Sommer 1782 besuchte Lavater erneut die markgräfliche Familie und befreundete sich besonders mit Prinz Friedrich, Markgräfin Karoline Luises Lieblingssohn. Nach dem Tod der Markgräfin gehörte der Theologe zu dem kleinen Kreis, den Karl Friedrich um sich sammelte, um in philosophischen Gesprächen Trost zu finden. Lavater kehrte später nicht mehr nach Karlsruhe zurück. Doch der Markgraf und seine Familie blieben in ständigem brieflichen Austausch mit ihm und trafen ihn in Zürich oder Basel. Während der Eroberung Zürichs Ende September 1799 wurde Lavater von einer Kugel getroffen und starb am 2. Januar 1801 an den Folgen der Verletzung.

Dieser geschätzte Freund der Familie übernahm die Aufgabe des vermittelnden Therapeuten und konnte so Amalie die Gedankenwelt Karl Friedrichs näherbringen. Die Spannungen waren nicht innerhalb der Familie geblieben, auch einige Minister reagierten empfindlich auf Amalies selbstbewusstes Auftreten und gaben ihre Verstimmung deutlich zu erkennen. Lavater musste nun versuchen, zwischen den unterschiedlichen Parteien einen Konsens zu finden.

Am 14. September 1783 schrieb er über eine Unterredung mit der Erbprinzessin in sein Tagebuch: „Um 10 Uhr zur Erbprinzessin beschieden. Sie war sogleich natürlich. Sie ist weder schön noch reizend. Ihre Nonchalance grenzt an Salopperie, auch ihr Gang hat etwas Schlampiges. Sie schielt sehr stark – und dessen ungeachtet war sie mir recht sehr und reinlieb geworden. Wir sprachen wohl anderthalb Stunden auf dem vertraulichsten Fuß von drei oder vier Kirschen essenden Prinzessinnen umgeben – vom Markgrafen und ihrem Verhältnisse – von der Markgräfin selig und ihrer Härte und des Markgrafen vormaliger Kälte gegen sie – von dem Erbprinzen, seiner innerlichen Gutherzigkeit und Liebenswürdigkeit, alles seines sinnlichen und kindischen Wesens ungeachtet – von Prinz Friedrich – von ihrer Pflicht und

Kraft. Ich, diese Epoche nicht unbenutzt vorbeigehen zu lassen, von der sanften Festigkeit und ihrer Übermacht ... – vom Entgegengehen gegen den Markgrafen – von der Notwendigkeit, sich ihm geltend zu machen – vom Reden, Urteilen, Teilnehmen an Gesprächen; ... Ich wollte ihr von Zeit zu Zeit schreiben und ihr was senden, dass sie Stoff habe, sich mit ihm zu unterhalten und Beweise ihres Zutrauens zu geben – von der Herzhaftigkeit und Kraft reiner Absichten – von der Unwiderstehlichkeit bescheidener und zutrauensvoller Bitten; sie wolle geradezu dann und wann den Markgrafen um dies und jenes bitten – und den Edelsheim (Minister) durch zutrauliche bittliche Erwartungen günstig stimmen."[9]

Lavater überzeugte die Erbprinzessin davon, dass der gedankliche Austausch der richtige Weg zum Verständnis der schwiegerväterlichen Handlungsweise sei, denn nicht Böswilligkeit stecke hinter dem Verhalten des Markgrafen, sondern Verantwortungsbewusstsein, das er auch vom Erbprinzenpaar erwarten müsse. Und es könne für Amalie nur von Vorteil sein, wenn sie sich wie eine wirkliche Tochter verhalte und sich vertrauensvoll bittend an den Vater wende.

Das Gespräch des Theologen mit dem Erbprinzen verlief ebenfalls günstig und sehr schnell zeigte sich, dass Lavaters Ansatz richtig war, das Klima verbesserte sich zusehends. Die sich in der Vergangenheit eher feindlich gegenüberstehenden Parteien vertrugen sich nun so gut, dass gemeinsame Reisen keine Seltenheit waren. Zum einen hatten die Ausflüge mit dem Schwiegervater den Vorteil, nichts zu kosten, da sie zu seinen Lasten gingen, zum anderen förderte das intimere Zusammensein ohne den Hof das gegenseitige Verständnis.

So bedurfte Amalie nach der schweren Geburt Prinz Karls im Januar 1786 dringend der Erholung und die gedachte sie in Pyrmont zu finden. Markgraf Karl Friedrich, der selbstverständlich über die Pläne der Erbprinzessin zu unterrichten war, hielt es für eine ausgezeichnete Idee eine gesundheitsfördernde Brunnen- und Badekur zu unternehmen. Er entschloss sich, selbst teilzunehmen und überredete seinen jüngsten Sohn Ludwig, sich ebenfalls der Gesellschaft anzuschließen. Die Gelegenheit ohne größere Kosten unterwegs sein zu können, nützte das Erbprinzenpaar und schlug vor, die Reise bis Hamburg auszudehnen, was der Markgraf begeistert genehmigte. Man reise im Spätsommer 1786 über Darmstadt, Frankfurt, Gießen, Marburg, Kassel und Höxter nach Pyrmont. Unterwegs besichtigten die Reisenden in Kassel das Observatorium, das im Turm des Bibliotheksgebäudes untergebracht war und ließen sich im Museum „nordamerikanische Seltenheiten" aus der Mineraliensammlung zeigen – der Geist Karoline Luises war noch immer lebendig.

Nach dreiwöchigem Aufenthalt reiste die Gesellschaft über Hannover – „die Stadt selbst von 20 000 Einwohnern ist an sich nicht schön, mit engen Straßen, vierstöckigen Holzhäusern, einem bösen Pflaster aus Wackersteinen" – nach Celle und weiter nach Hamburg: „Hamburg ist sehr groß, hat aber fast lauter enge morastige Gassen, hohe aber nicht gerade viele prächtige Gebäude, alle von Backsteinen erbaut."[10] Auf dem Programm standen eine Hafenbesichtigung und der Besuch des Schauspielhauses. Alle genossen die Promenade auf dem Jungfernstieg, der „mit mehreren Reihen von Lindenbäumen besetzt" war, und die Aussicht über die Binnenalster.

Vielleicht sprach Karl Friedrich in der entspannten Atmosphäre der Reise mit seiner Familie auch darüber, dass er sich einsam fühlte und nicht für den Rest seines Lebens allein bleiben wollte. Amalie wird sicher aufmerksam zugehört haben, denn für sie stand die Position auf dem Spiel, die sie sich ersehnt hatte und die sie nicht kampflos aufgeben wollte. Als Gemahlin des Erbprinzen war sie nach dem Tod Markgräfin Karoline Luises zur Ersten Dame des Landes aufgestiegen. Amalie hatte das Hofleben nach ihren Vorstellungen eingerichtet, sie stand im Mittelpunkt, sie repräsentierte, und das sollte nun auch so bleiben.

Die neue Gemahlin des Markgrafen

„Der Markgraf war trostlos bei ihrem (Markgräfin Karoline Luises) Tod, er beweinte sie aufrichtig. Lange nach ihrem Tod lebte er in großer Zurückgezogenheit, umgab sich mit Lavater ... und mehreren Gelehrten. Auch sein Freund und Zeitgenosse Fürst Leopold von Anhalt-Dessau besucht ihn oft. In Stutensee, Scheibenhardt, Steinbach und auf der Favorite brachte er meistens seine Zeit hin. Nach einigen Jahren wirkte die Zeit auf seinen

Kummer, er fühlte sich sehr allein, äußerte den Wunsch, sich wieder zu vermählen. Eine ebenbürtige Heirat, glaubte er, würde dem Land zu viele Unkosten machen."[11] So beschreibt Karoline von Freystedt die ersten Witwerjahre Karl Friedrichs.

Der Markgraf hatte sich nach dem Tod seiner Gemahlin im April 1783 aufs Land zurückgezogen und dort Wochen in trauernder Einsamkeit verbracht, unterbrochen durch die gelegentliche Anwesenheit der nächsten Angehörigen und vertrauter Weggenossen. Lavater hielt in seinem Tagebuch einen Besuch bei Karl Friedrich fest: „,Sie kommen mir wie vom Himmel gesandt!' Mit diesen Worten führte er (Karl Friedrich) mich auf sein Zimmer ... Lange hatte ich nie so offen mit dem Markgrafen sprechen dürfen. So ernsthaft, so christlich wie möglich, waren unsere Unterredungen vom Tod, vom Leben nach dem Tode, vom Gericht, von den Stufen der Seligkeit, vom Unterschiede der Begnadigung und Belohnung, vom Bitten für die Sterbenden und Toten, vom Wiedersehen ... Nachher traten die Prinzen ins Zimmer. Der Markgraf tat, stehenden Fußes mit vieler Einfalt und Würde, auf Veranlassung unserer vorangegangenen Gespräche hin eine kurze, schöne väterliche Ermahnung an sie, begleitete mich noch zur Erbprinzessin."[12]

Das Gefühl der Einsamkeit bedrückte Karl Friedrich mehr und mehr, nach einiger Zeit dachte er über eine Wiederverheiratung nach: „Ich spüre Triebe nach dem weiblichen Geschlecht, und denen möchte ich auf eine erlaubte, mir meinem Haus und dem Lande unschädliche Art Genüge tun."[13]

Seinen „Trieben nach dem weiblichen Geschlecht" hatte der Markgraf während seiner Ehe mit Karoline Luise, die Haltung und Klugheit genug besaß, um seine Eskapaden nicht allzu ernst zu nehmen, des Öfteren nachgegeben. Am Hof wusste man, dass der Markgraf „den Frauenzimmern durchaus nicht abhold ist. Am liebsten hat er etwas Großes und Frisches, das er ohne viel Mühe kriegen kann, anspruchslos wie er ist."[14]

Bei einer künftigen Ehefrau geht es selbstverständlich um mehr als nur „etwas Großes und Frisches". Der Markgraf hatte genaue Vorstellungen, welche Charakterzüge die Frau an seiner Seite haben sollte: am besten gefiele sie ihm, wenn sie „freimütig, offen und munter, doch ohne Frechheit" sei, bescheiden und zurückhaltend, religiös „ohne Kopfhängerei", wahrheitsliebend und von gesundem Menschenverstand, „mehr Wissbegierde als Neugierde, keine Herrschsucht" besitze, aber „Freude an Gutem und Schönem, besonders an der schönen Natur. Ich wünschte, dass sie mir gut vorlesen könnte in deutscher und französischer Sprache und selbst Vergnügen an der Lektüre hätte ohne den mindesten Schein oder einige Prätension an Gelehrsamkeit; die Pracht und Putz weniger liebt als Reinlichkeit und Ordnung und mehr durch das Letzte als das Erste gefallen will."[15]

Amalie blieben die schwiegerväterlichen Gefühle nicht verborgen und sie sah mit wachsender Besorgnis dem Schreckgespenst einer zweiten Ehe des Markgrafen entgegen. Der Gedanke, ihre Position als Erste Dame des Landes aufgeben und noch einmal hinter einer regierenden Markgräfin zurücktreten zu müssen, wird herzlich wenig Begeisterung bei ihr hervorgerufen haben. Die Familie dagegen freute sich, Karl Friedrich von seinem Kummer abgelenkt zu sehen. Vor allem der Erbprinz fühlte durch die geplante Wiederverheiratung des Markgrafen eine große Last von seinen Schultern genommen, geriet er doch damit aus dem Schussfeld der steten väterlichen Aufmerksamkeit.

Zum Glück blieb Karl Friedrich auch jetzt der sparsame Mann, der er zeit seines Lebens war. Er scheute die Kosten einer neuen standesgemäßen Verbindung genauso wie die Aufwendungen, die Mätressen mit sich brachten, abgesehen davon, dass das bloße Zusammenleben mit einer Frau ohne kirchlichen Segen überhaupt nicht zu seinem Charakter gepasst hätte: „Eine Fürstin kann ich nicht ins Haus bringen. Mätressen sind mir, dem Haus und Land schädlich, mir eine Person zur linken Hand trauen zu lassen, ist der einzig Weg, den ich vor mir sehe!"[16] Nun konnte auch Amalie beruhigt sein, denn ihre Stellung als Erste Dame war nicht in Gefahr, beabsichtigte Karl Friedrich doch eine morganatische Ehe einzugehen.

Morganatische Ehen oder Ehen zur linken Hand waren im christlichen Sinn vollgültige Eheschließungen. Diese Verbindungen eines hochadeligen und eines nicht standesgemäßen Ehepartners hatten jedoch Auswirkungen auf die rechtlichen Ansprüche des nicht ebenbürtigen Teils und der gemeinsamen Nachkommen. Hätte Karl Friedrich sich für eine Ehefrau aus fürstlichem Hause entschieden, hätte diese Anspruch auf eine reiche Morgengabe, auf eine angemessene Apanage und auf das Wittum geltend gemacht und darüber hinaus wäre die entsprechende Versorgung eventueller Kinder aus der Verbindung zu sichern gewesen. Die nicht unbeträchtlichen Kosten hätten die Staatskasse stark belastet und den Spielraum für die Zuwendungen an die drei Söhne aus erster Ehe erheblich geschmälert, was ohne Zweifel zu Reibereien und Auseinandersetzungen geführt hätte. Da die morganatisch angetraute Ehefrau nur Anspruch auf die Morgengabe (morgan = Morgen, daher morganatisch) hatte und die übrigen Kosten durch das Wegfallen der Repräsentationspflichten ebenfalls geringer ausfielen, entschied sich der Markgraf für eine Ehe zur linken Hand. Er fand die Partnerin seiner Wünsche im eigenen Hause, in unmittelbarer Nähe seiner Schwiegertochter Amalie. Sie hieß Luise Karoline Freiin Geyer von Geyersberg.

Luise Karoline, geboren am 26. Mai 1768 in Karlsruhe, trug nicht von ungefähr den Namen der verstorbenen Markgräfin. Sie und der Markgraf hatten Pate bei der Taufe der einzigen Tochter des Oberstleutnant Ludwig Heinrich Philipp Geyer von Geyersberg gestanden. Die Familie stammte ursprünglich aus Niederösterreich und war Ende des 16. Jahrhunderts in den Reichsadelsstand erhoben worden. Wegen ihres protestantischen Glaubens musste sie Österreich verlassen und ließ sich in Thüringen nieder. Der Großvater Luises war schließlich in württembergischen und ihr Vater in badischen Hof- und Militärdienst getreten.

Als Ludwig von Geyersberg vier Jahre nach der Geburt Luise Karolines starb, hinterließ er vor allem Schulden, und so blieb seiner Witwe nur die Hoffnung auf das Wohlwollen des Markgrafen. Karl Friedrich setzte ihr eine kleine Pension aus, mit der sie mehr schlecht als recht auskam. Sie musste ihr Haus in Karlsruhe verkaufen und zog nach Durlach.

Im Sommer 1783 – Luise war fünfzehn Jahre alt geworden – sprach ihre Mutter am Karlsruher Hof vor und erbat finanzielle Hilfe, um dem Kind eine standesgemäße Erziehung zu ermöglichen. Das Mädchen wurde auf Kosten Karl Friedrichs für drei Jahre an die Töchterschule des Pfarrers Titot nach Colmar geschickt, erwarb dort aber kaum eine tiefere Bildung. So war Luise zeitlebens nicht in der Lage, einen korrekten französischen Brief zu schreiben. Aus Colmar zurückgekehrt, trat sie im Jahr

1786 ihre Stelle als dritte Hofdame Amalies an. Hier lernte sie der Markgraf kennen, der an ihrer Natürlichkeit und ihrer hübschen Erscheinung Gefallen fand.

Mitte November 1787 besprach sich Markgraf Karl Friedrich mit Amalie und machte sie mit seinem Plan vertraut, Luise zu heiraten. Er hoffte, alles bliebe im Prinzip beim Alten und niemand aus seiner Familie werde sich unglücklich fühlen, wenn er „ein Fräulein aus guter Familie zur linken Hand heirate."[17] Die Erbprinzessin förderte die Bemühungen des Markgrafen nach Kräften – sicher glaubte sie, die junge, unerfahrene Frau ganz in ihrem Sinne steuern und formen zu können –, und so konnte die Ehe bereits am 24. November geschlossen werden. Damit war Luise die rechtmäßige, jedoch nicht rangleiche Gemahlin des Markgrafen. Sie erhielt den Titel einer Freifrau von Hochberg. Eventuelle Kinder sollten den gleichen Titel tragen und das gleiche Wappen führen wie ihre Mutter. Wegen der Sukzessionsfähigkeit möglicher Söhne ließ man vorerst alles offen.

Eine Stellung am Hofe kam Luise von Hochberg nicht zu. Die Position der Ersten Dame des Landes blieb der Gemahlin des Erbprinzen, Amalie, vorbehalten.

Amalie: die Erste Dame in Baden

Das Leben am badischen Hof hatte sich inzwischen deutlich verändert. Es ging weniger intellektuell und diszipliniert zu als zu Zeiten Karoline Luises, dafür umso gastfreundlicher. Das wussten besonders die französischen Flüchtlinge zu schätzen, die in großer Zahl über den Rhein gekommen waren und in Karlsruhe Zuflucht suchten: „Alles so gepfropft voll Franzosen, dass wir in mehreren Posthäusern und Gasthöfen kaum einen Stuhl und Tisch für uns erhalten können. Auch die Privathäuser liegen hier und in Karlsruhe und überall voll. Karlsruhe beherbergt die Vornehmsten, ja ganze Familien vom hohen französischen Hofadel",[18] schrieb ein Berichterstatter, der im Lande unterwegs war.

Karoline von Freystedt gestattet uns Einblicke in Hofinterna: „Seit dem Tode ihrer Schwiegermutter hielt die Erbprinzessin den Hof mit der ihr angeborenen Würde und Leutseligkeit. Eine Gastfreiheit herrschte damals in Karlsruhe, wovon man in späterer Zeit keinen Begriff hatte. Sowohl die ausgewanderten Franzosen, als später die österreichischen Offiziere besuchten in großer Anzahl den Hof und wussten diese Aufnahme zu schätzen. Jeden Sonntag war große Tafel in dem unteren Saal, der auf die kleinen Gärten stößt. Die drei ältesten Prinzessinnen (Amalie, Karoline, Luise) hatten nach dem Wunsche ihrer Frau Mutter alle abwechselnd die französischen Damen vor der Tafel zu empfangen, was eine gute Übung war für ihre selbstständige Zukunft. Sonntag Abend sechs Uhr war cour (Empfang) in den oberen Zimmern, wozu streng genommen nur die Hoffähigen und das Militär Zutritt hatten. Bis acht Uhr war im Musiksaal Konzert, oft lärmender als wohlklingend. Die Erbprinzessin spielte und erhob sich nur zuweilen, der Musik zuzuhören, wenn ein besonderes Talent sich hören ließ. Auch ihre Prinzessinnen-Töchter spielten Casino (Kartenspiel, dessen Wurzeln in das Frankreich des 17. Jahrhunderts zurückreichen), jede der drei Ältesten hatte ihre besondere Partie, die nach dem Rang gewählt wurde. Später spielten sie ... meist in Gesellschaft ihrer Jugendfreundinnen, die zahlreich genug waren. ... Die nicht spielenden Herren und Damen gingen an den fürstlichen Spieltischen umher und machten ihre Verbeugungen, bei welcher Gelegenheit die Bevorzugtesten einige gnädige Worte erhielten. ... Der Abend endete gewöhnlich mit großem Souper. ... Dienstag und Donnerstag war Spiel in den Zimmern der Erbprinzessin, wo von Einheimischen ungefähr die Hälfte der hoffähigen Gesellschaft eingeladen war, Fremde hatten immer Zutritt. Souper war an diesen Tagen im Musiksaal. Oft waren Bälle bei Hof, welche die Erbprinzessin, ihren Töchtern zuliebe, der Sparsamkeit des Markgrafen abgewann, nicht ohne Mühe und oft mit Unannehmlichkeiten."[19]

Die Lieblings- und Hauptbeschäftigung war das Kartenspiel. Hier unterschied sich der Karlsruher Hof nicht von anderen Höfen. Schon Karl Friedrich spielte in jungen Jahren mit Begeisterung, und auch Amalie hatte am Hof der Zarin viel Zeit mit dem beliebten „Casino" verbracht. Eine Anekdote erzählt, die drei hessisch-darmstädtischen Schwestern hätten bei ihrem Besuch in Russland um Zarewitsch Paul gespielt und natürlich gewann Wilhelmine. Die Umgebung hielt es für ein gutes Omen.

Selbst die intellektuelle Schwiegermutter Amalies war dem Spielteufel erlegen: „Wir spielen den ganzen Tag, mein Hinterteil klebt so sehr am Stuhl, dass ich nicht mehr kann."[20] Aber nicht nur Karten-, sondern auch Brettspiele erfreuen die Hofgesellschaft. Im Allgemeinen wechselten durchaus größere Beträge den Besitzer. In Karlsruhe hielt man die Summen in Grenzen, eingedenk der allzu großen Spielleidenschaft des Markgrafen.

Selbstverständlich gab es musikalische Darbietungen der Hofkapelle zu den abendlichen Veranstaltungen, sie scheinen jedoch kaum der Rede wert gewesen zu sein. Die Qualität der Musiker war der Sparsamkeit des Markgrafen zum Opfer gefallen. Amalie hatte wohl nicht genügend Einfluss, um eine Veränderung herbeizuführen, es mag auch sein, dass sie sich nicht wirklich dafür interessierte. Jedenfalls schenkte sie den künstlerischen Vorträgen nur dann ihre Aufmerksamkeit, wenn begabte auswärtige Musiker zu Gast waren.

Theaterveranstaltungen als Zerstreuung und Zeitvertreib erwähnt Karoline von Freystedt nicht. Das konnte sie nicht, denn in Karlsruhe gab es kein festes Ensemble wie in Mannheim oder Stuttgart. Dafür führten zu besonderen Anlässen wie Geburts- oder Namenstagen die Kavaliere und jüngeren Damen der Hofgesellschaft selbst verfasste Stücke auf, deren Inhalt sich auf den zu feiernden Anlass bezog. Diese Aufführungen von lebenden Bildern, sogenannten Tableaux, und kleinen Theaterstücken sorgten nicht nur für allgemeine Erheiterung, sondern dienten insbesondere den jüngeren Mitglieder der Hofgesellschaft zur Einübung öffentlicher Auftritte und festigten die Fähigkeiten im freien Sprechen, vor allem natürlich in Französisch, aber auch in Englisch, das der Markgraf ausgezeichnet beherrschte.

Um repräsentatives Auftreten zu erlernen, spielten Bälle eine große Rolle. Nicht ohne Grund erwähnte Karoline von Freystedt Amalies Versuche, dem Markgrafen die kostspieligen Vergnügungen abzuringen. An den größeren Höfen war es üblich, dass adelige Mädchen und Jungen bereits im Alter von fünf bis sechs Jahren an Kinderbällen teilnahmen, die nach dem gleichen Muster wie die Bälle der Erwachsenen abliefen. Bei diesen Anlässen lernten die Kinder die Sprösslinge anderer Adelsfamilien kennen und konnten so das Gefühl der exklusiven Zugehörigkeit zur Hofgesellschaft verinnerlichen und sich in Selbstdisziplin und elitärem Benehmen üben. Auch in Karlsruhe fanden solche Kinderbälle statt. Karoline von Freystedt berichtet von einem „recht hübschen maskierten Kinderball bei der Markgräfin"[21], bei dem sich der Nachwuchs als Harlekin und Pierrot verkleidete oder in Bauerntracht erschien. Selbst im späteren fränkischen Exil ließ es sich Amalie nicht nehmen, Kinderbälle auszurichten.

Der Nachwuchs war aber auch bei den üblichen Gesellschaften des Hofes anwesend und lernte durch Beobachtung die angemessenen Umgangsformen kennen. Dass es dazu einer Vielzahl von Bällen bedurfte, steht außer Frage! Getanzt wurde im Marmorsaal des Schlosses und bei besonders großen Veranstaltungen auch im Galeriesaal und im oberen Vestibül, das von der Treppe durch Stellwände abgegrenzt wurde. Ganz besonders beliebt waren die Bälle zur Karnevalszeit, bei denen man die Gäste mit den fantasievollsten Kostümen überraschte.

Größte Bedeutung kam dem Empfang von Besuchern zu, die, falls sie von Rang waren, im Schloss untergebracht wurden. Als sich Napoleon im Januar 1806 in Karlsruhe aufhielt, stellte ihm Amalie die hoffähigen Damen vor, von denen er begeistert war: „Was haben Sie für eine schöne Cour!"[22]. „Cour", darunter ist im weiteren Sinn der Hof allgemein, im engeren Sinn die Hofgesellschaft zu verstehen, die man einlud, um Hof zu halten. Zweimal in der Woche war in Karlsruhe „Cour", an der die hoffähigen Personen und auch immer wieder interessante durchreisende Fremde teilnahmen. Das Privileg der Hoffähigkeit berechtigte zur Teilnahme an Empfängen, Bällen und allen anderen offiziellen Ereignissen am Hof. Hoffähig war man aufgrund seiner adeligen Herkunft oder wegen eines hohen Amtes, das man im Dienst des Staates ausübte.

Wenn Amalie ihren Töchtern beizeiten Pflichten, wie den erwähnten Empfang der französischen Flüchtlingsdamen, übertrug, dann tat sie dies, um die Mädchen auf künftige Aufgaben vorzubereiten. Der Umgang mit der Hofgesellschaft musste souverän beherrscht werden, wollten sie selbst als Erste Damen eines Landes bestehen. Wie ihre Mutter hatte Amalie möglichst vorteilhafte Ehen für die Mädchen im Sinn. Darauf galt es beizeiten hinzuarbeiten.

Die „Schwiegermutter Europas": Amalie und ihre Töchter

Zwischen 1776 und 1788 hatte Amalie sechs Töchter – die Zwillinge Katharina *Amalie* Christiane Luise und Friederike *Karoline* Wilhelmine (* 13. Juli 1776), *Luise* Marie Auguste (* 24. Januar 1779), *Friederike* Dorothea Wilhelmine (* 12. März 1781) *Marie* Elisabeth Wilhelmine (* 7. September 1782), *Wilhelmine* Luise (* 10. September 1788) – und zwei Söhne – Karl Friedrich (* 13. September 1784) und *Karl* Ludwig Friedrich (* 8. Juni 1786) – zur Welt gebracht. Vor allem die Töchter lagen der Erbprinzessin am Herzen. Ihrer Erziehung widmete sie sich besonders intensiv.

Amalies Mutter, Caroline von Hessen-Darmstadt, hatte auf „einen vertraulichen Ton zwischen sich, dem Gemahl und den Kindern" Wert gelegt, „kein so steifes, gemessenes Verhalten, wie es die jugendlichen Hoheiten und Durchlauchten in Deutschland Vater und Mutter gegenüber an den Tag legen mussten."[23] Genauso hielt es Amalie.

Die Schilderung eines Zeitgenossen, der die Erbprinzessin mit vier ihrer Töchter im Park beobachten konnte, zeigt eine Mutter, wie sie uns auch heute – bis auf die ungewöhnliche Uhrzeit und die Zahl der Kinder – begegnen könnte: „Ich sah sie oft, sah die zärtliche Mutter oft an heitern Sommertagen morgens um sechs Uhr mit ihren vier ältesten Töchtern, ohne eine andere Begleitung, im Schlossgarten der Morgenluft und der schönen Natur genießen, während viele andere Damen noch in tiefem Schlummer versenkt lagen. Oft hatte sie ein Buch in der Hand, woraus sie ihren Kleinen vorlas oder vorerzählte, um gute Gesinnungen und tugendhafte Regungen in ihren zarten Herzen zu erwecken. Oft auch erklärte sie ihnen die Namen und Eigenschaften von Bäumen und Pflanzen und machte sie aufmerksam auf die mannigfaltigen Geschöpfe, die die Pflanzen und die Luft bevölkern."[24] Eine solch intensive Beschäftigung mit dem Nachwuchs ist sicher ungewöhnlich für eine Fürstin, allerdings nicht für die Tochter der Großen Landgräfin, für die es selbstverständlich war, stets für ihre Kinder da zu sein.

Im täglichen Leben wurden die Kinder Amalies „einfach gehalten", wie die Hofdame Friederikes, der späteren Königin von Schweden, notierte: „So war auch ihr Tisch, wo es wenig

Abwechslung der Speisen gab. Hühner wurden oft serviert und besonders harte, die den Prinzessinnen selten schmeckten. Das Schlafzimmer der Jüngeren ging nach dem Hühnerhof hinaus und gewährte Stoff zu allerhand Unterhaltung. Bald ward etwas Brot hinabgeworfen, bald Übergespartes vom Frühstück, genug, die Hühner wurden nicht vergessen, und besonders war es Prinzessin Friederike, die sich mit ihnen zu schaffen machte. Eines abends sah sie zwei alte Frauen eintreten, die sich bemühten, von den Hühnern zu fangen. Endlich sagte die eine: ‚Wir nehmen nur ein altes, das ist gut genug für die Prinzessinnen.' Darüber war die Kleine sehr entrüstet, lief gleich zu den älteren Schwestern, das Komplott mitzuteilen, und alle sechs beklagten sich bei den gütigen Eltern, dass sie nur alte Hühner zu essen bekämen, wogegen dann ein Verbot ausging und für die Zukunft zarterer Hühnerbraten gegessen ward."[25] Die kleine Episode schildert den liebevollen familiären Umgang in der erbprinzlichen Familie. Die Kinder fanden bei ihren Eltern immer ein offenes Ohr und Missstände, wie das Vorsetzen minderwertigen Essens, wurden tatsächlich abgestellt.

Die Erziehung der Mädchen übernahmen zwei Gouvernanten. Die drei älteren Prinzessinnen wurden der vertrauten Erzieherin der Mutter, Margarethe Katharina Ravanel, verheiratete Hofmann, übergeben. Für die drei jüngeren Mädchen engagierte man „eine vortreffliche Gouvernante, eine französische Schweizerin, Fräulein von Arnay."[26] Den Unterricht der Schwestern leitete Geheimrat Hauber, dessen Aufgabe vor allem darin bestand, „jene Bildung" an die Mädchen weiterzugeben, „welche in der Tugend ihren schönsten Reiz und in der Frömmigkeit ihre bleibendste Stütze besitzt."[27] Zeichenunterricht erteilte Hofmaler Philipp Jakob Becker, der allerdings kein besonderes Talent bei den Prinzessinnen entdecken konnte. Von ihrer begabten badischen Großmutter hatten sie nichts geerbt. Darüber hinaus werden die Kinder den üblichen französisch geprägten Unterricht, wie er in allen Fürstenhäusern für Mädchen üblich war, erhalten haben. Waren keine Unterweisungsstunden anberaumt, durften sich die Prinzessinnen in Langensteinbach, dem „Fürstenbad" des 18. Jahrhunderts, südöstlich von Karlsruhe gelegen, vergnügen. Prinzessin Luise, die spätere Zarin Elisabeth, erinnerte sich mit großem Vergnügen an die Zeit, als „sie mit ihren Schwestern oft sommers sorgenfrei und fröhlich dort gelebt hatte."[28]

Ziel Amalies war es sicher nicht, neue Karoline Luises am Karlsruher Hof heranzuziehen, die, man hatte es bei Großfürst Paul gesehen, Männer nur abschrecken würden. Nein, ihre Töchter sollten in „heiterer Geselligkeit, welcher die Würde des Hofs nicht fehlte", heranwachsen, „früh schon durch das Vorbild ihrer erhabenen Mutter belehrt, sich ihrem Stande nach in der Welt zu bewegen. Beinah alle diese sechs jungen Fürstentöchter waren von ausgezeichneter Schönheit, munter, lebensfroh, aber ihrer hohen Geburt stets eingedenk."[29] Das war es, was Amalie ihren hübschen Töchtern beibrachte, Stolz auf ihre Herkunft, ausgezeichnete Umgangsformen, Charakterfestigkeit ohne verbissen zu sein und das Bewahren der fürstlichen Würde unter welchen Umständen auch immer. Luise, Friederike und auch Wilhelmine hatten in ihrem späteren Leben allen Grund, dankbar für diese Erziehungsmaximen der Mutter zu sein.

„Ein vortreffliches Herz und einen edlen Charakter": Amalie Christiane[30]

Ganz nebenbei haben wir von Karoline von Freystedt erfahren, dass Amalies Töchter nicht nur hübsch, sondern bildschön waren, bis auf eine, die älteste, Amalie Christiane. Sie war wohl die intelligenteste, aber auch die unattraktivste der Schwestern und blieb als einzige unverheiratet.

Sehr viel Zeit ihres Lebens verbrachte Amalie Christiane im Ausland. Sie lebte bei ihren verheirateten Schwestern Luise und Karoline in Russland und in Bayern, sie besuchte mehrfach den kaiserlichen Hof in Wien, und sie begleitete sehr häufig die Mutter bei deren Verwandtenbesuchen in ganz Deutschland. Da ihr keine spezielle Aufgabe zukam, fühlte sie sich wohl am Karlsruher Hof unausgefüllt und suchte Zerstreuung auf Reisen.

„Die Prinzessin Amalie von Baden hatte ein vortreffliches Herz und einen edlen Charakter. Ihr Wert ist aber weniger erkannt worden, als sie es verdient hätte. Sie besaß nicht die Gabe, sich geltend zu machen und hatte für Personen, die sie nicht näher kannten, wenig Anziehendes. Unter manchen guten Eigenschaften besaß sie eine, die bei Fürstinnen im Allgemeinen zu den seltenen gehören. Sie liebte es, sich nützlich zu beschäftigen und hatte darin eine große Ausdauer. So z. B. hatte sie fast allein die englische Sprache erlernt, und kannte darin die berühmtesten Autoren. Sie war im Gebiete der deutschen und französischen Literatur zu Haus und interessierte sich für Politik genug, um auf dem Laufenden zu bleiben. Im engeren Kreise war ihre Konversation belebend, sonst war sie eher schweigsam. Sie machte schöne Handarbeiten, war fleißig und ließ nie eine unbeendet. Als Verwandte war sie vortrefflich."[31] Wie es scheint, hatte Amalie Christiane Vieles von ihrer Großmutter Caroline, der hessischen Landgräfin, geerbt.

Natürlich war es nicht geplant, die älteste Tochter und Enkelin unvermählt zu lassen, auch wenn sie nicht zu den Hübschesten zählte. Bei der Anknüpfung von Heiratsprojekten aus politischen Gründen spielt Schönheit kaum eine Rolle. In ihrem Fall dachte man an eine Verbindung mit dem preußischen Hof. Seit dem Siebenjährigen Krieg bestanden beste Beziehungen nach Potsdam, die durch die Übernahme der Garantieerklärung für die Baden-badische Erbfolge noch verstärkt wurden. In großer Dankbarkeit verlieh Markgraf Karl Friedrich „unerschrocken seiner Sympathie (für Preußen) offenen Ausdruck."[32] Die preußisch-deutschen Unionsbestrebungen der 1780er-Jahre fanden in Karlsruhe ausdrückliche Zustimmung und führten zu einem förmlichen Bündnis mit Preußen.

Was lag näher, als die schon bestehenden verwandtschaftlichen Beziehungen – Erbprinzessin Amalie war die Schwägerin des preußischen Königs Friedrich Wilhelm II. – noch enger zu knüpfen. Zudem absolvierte der jüngste Sohn Karl Friedrichs, Ludwig, seit September 1787 seine militärische Ausbildung in Potsdam und stand in engstem Kontakt zum Hof. Hier erfuhr Ludwig im November 1791, dass für Kronprinz Friedrich Wilhelm eine Braut aus altfürstlichem Haus gesucht wurde. Warum sollte sie nicht aus Baden kommen, wo sogar zwei heiratsfähige Prinzessinnen, Amalie Christiane und ihre Zwillingsschwester Karoline, warteten?

Zur selben Zeit rechnete der badische Markgraf mit einer weiteren Bewerbung um die Hand einer seiner Enkelinnen, nämlich mit der des Erbprinzen von Anhalt-Dessau, dessen Verlobung mit einer preußischen Prinzessin kurz vorher aufgehoben worden war. In Karlsruhe ging man davon aus, dass sich der preußische Kronprinz für Karoline, die hübschere der beiden Ehe-Aspirantinnen, entscheiden würde und „reservierte" Amalie Christiane für den Dessauer.

Völlig überraschend kam noch eine Anfrage aus England. Ein Gesandter war in Karlsruhe eingetroffen, der für den Herzog von Clarence (später Wilhelm IV.) eine deutsche Fürstentochter als Braut suchte, die ältesten Enkelinnen des badischen Markgrafen hätten genau das passende Alter. Allerdings wird sich keine der beiden danach gesehnt haben, „Silly Billy", den derben, tölpelhaften Sohn Georgs III. zu heiraten.

König Friedrich Wilhelm II. bestand auf äußerster Diskretion in Sachen Vermählung, weder sein Sohn noch die beiden Kandidatinnen sollten über das Unternehmen informiert werden. Er befürchtete den entschiedensten Widerstand des Kronprinzen, wenn dieser von dem hinter seinem Rücken getroffenen Arrangement erführe. Während eines Besuchs in Karlsruhe, so hoffte man, könnten sich die jungen Leute kennen und vielleicht lieben lernen. Das bedeutete, Prinz Friedrich von Anhalt-Dessau (1769–1814) und der englische Gesandte mussten vertröstet werden, denn selbstverständlich hatte das preußische Projekt Vorrang. Dummerweise verzögerte sich die angekündigte Reise wegen der preußischen Kriegsabsichten und nun sickerten erste Gerüchte durch.

Luise, die Herzogin von Weimar, schrieb ihrer Schwester Amalie, sie habe gehört, Karoline sei für den preußischen Kronprinzen bestimmt. Gleichzeitig munkelte man, Karoline ginge an den russischen Hof. Das Ganze war höchst ärgerlich, und der preußische König empfahl, alles als „Weiberklatsch" abzutun. Doch das Kind war schon in den Brunnen gefallen. Kronprinz Friedrich Wilhelm dachte nicht daran, Karlsruhe zu besuchen. Im März 1793 lernte er in Frankfurt Luise von Mecklenburg-Strelitz (1776–1810) kennen und heiratete sie am Heiligen Abend desselben Jahres. Erbprinzessin Amalie kommentierte die Situation einigermaßen verschnupft: „Wenn das Benehmen der mecklenburgischen Prinzessin, die sehr kokett ist, diesen Prinzen so schnell entflammen konnte, hätte ihm das Gegenteil", also das Verhalten ihrer vornehmen und wohlerzogenen Töchter, „sicher nicht gefallen."[33]

Auch die anderen beiden Heiratsprojekte kamen nicht zustande. Prinz Friedrich von Anhalt-Dessau heiratete 1792 Christiane Amalie von Hessen-Homburg (1774–1846), eine Nichte der Erbprinzessin. Und „Silly Billy" vermählte sich erst in reiferen Jahren und auch nur deshalb, weil es an legalem Nachwuchs im englischen Königshaus fehlte. Seine Auserwählte war Adelheid von Sachsen-Meiningen (1792–1849), die er im Sommer 1818 zu seiner Ehefrau machte.

Doch für Amalie Christiane gab es noch weitere Chancen zu heiraten. Zu Beginn des Jahres 1811 befand sich die Prinzessin zu Besuch in Wien. Hier war man schon seit Längerem auf der Suche nach einer Ehefrau für Erzherzog Carl (1771–1847), den Bruder Kaiser Franz' I.

Seit frühester Jugend galt Carls Vorliebe dem Militär. Er wurde Generalgouverneur der österreichischen Niederlande und kommandierte österreichische Armeen in Süddeutschland, Norditalien und der Schweiz. Ab 1801 stand er als Präsident dem Hofkriegsrat vor und führte Heeresreformen, wie die Abschaffung der lebenslänglichen Militärdienstzeit, durch. In den napoleonischen Kriegen diente Carl als General, siegte in der Schlacht von Aspern (Mai 1809) und zerstörte damit den Nimbus der Unbesiegbarkeit des Korsen, verlor aber die Schlacht bei Wagram (Juli 1809), schloss den Waffenstillstand von Znaim (Juli 1809) und zog sich anschließend ins Privatleben zurück. Er gilt als einer der bedeutendsten Militärschriftsteller des 19. Jahrhunderts.

Da über die Haltung Frankreichs in der Heiratsangelegenheit Unklarheit herrschte, wurde der österreichische Botschafter in Paris, Carl Fürst Schwarzenberg, im Juni 1811 mit Sondierungsgesprächen beauftragt. Erzherzog Carl verfolgte seine Vermählung mit Prinzessin Amalie Christiane, die er seit seiner Kindheit kannte, nicht mit besonderem Nachdruck, von Liebe ist bei ihm nicht die Rede: „Über die Depesche an den Fürsten Schwarzenberg habe ich nur zwei Dinge zu erinnern, einmal, dass der Antrag einer Heirat mit der Prinzessin Amalie von Baden hauptsächlich durch den Wunsch Seiner Majestät des Kaisers, meines Bruders veranlasst wurde", und es gäbe nicht den geringsten Grund, die Sache in irgendeiner Weise zu beschleunigen.[34] Schwarzenberg wurde mehrmals vorstellig und versuchte, sich Aufschluss über Napoleons Ansicht zu verschaffen. Schließlich berichtete er: „Aus dem ganzen Benehmen und verschiedenen abgebrochenen Äußerungen erhellt bisher, dass er (Napoleon) sich keineswegs in Familienangelegenheiten einzumengen gedenkt ..."[35]

Napoleon sagte nicht klipp und klar nein, aber auch nicht ja, und so folgte Carl nicht dem Wunsch seines kaiserlichen Bruders und entschied sich gegen eine Ehe mit Amalie Christiane. Er heiratete vier Jahre später Prinzessin Henriette von Nassau-Weilburg (1797–1829), mit der er eine sehr glückliche Ehe führte.

Im Sommer 1816 ergab sich für die inzwischen vierzigjährige Prinzessin noch einmal eine Gelegenheit, unter die Haube zu kommen. Herzog Edward von Kent (1767–1820), der vierte Sohn König Georgs III. von Großbritannien, kam auf Wunsch des Kaisers nach Karlsruhe. Man hoffte, er würde sich um Amalie Christiane bewerben: „Nur dem Kaiser zulieb, dem er es versprochen hatte, schien der Herzog gekommen zu sein, vorher aber schon war er in Amorbach gewesen und hatte die schöne Witwe des Fürsten von Leiningen, zehn Jahre jünger als Prinzessin Amalie, gesehen; durch seinen hiesigen Besuch wollte er also bloß sein gegebenes Wort einlösen. Seine Anwesenheit war für die Markgräfin und ihre Tochter höchst peinlich, weil die Absicht, die man ihm unterlegte, so bekannt war, und aller Augen auf ihn und die Prinzessin gerichtet waren. Er war noch ein schöner Mann, von kräftigem Wuchs, mit bestimmten Gesichtszügen, doch entstellte ihn der gänzliche Mangel an Haaren, er war ganz kahl. ... Er reiste wieder ab, ohne viel Hoffnung zur Erfüllung des allgemeinen Wunsches gelassen zu haben, und nach einiger Zeit erfuhr man, wie seine Wahl sich bestimmt habe."[36]

Nun, der glatzköpfige englische Prinz hatte sich für Marie Luise Viktoria, Prinzessin von Sachsen-Coburg-Saalfeld (1786–1861), entschieden, die in erster Ehe mit Emich Carl zu Leiningen (1763–1814) verheiratet war. Edward und die Coburgerin vermählten sich im Sommer 1818 und wurden die Eltern von Königin Victoria.

Ein letzter Kandidat tauchte in der Person des verwitweten Erbgroßherzogs Friedrich Ludwig von Mecklenburg-Schwerin (1778–1819) auf, der zu Beginn des Jahres 1816 seine Gemahlin Karoline von Sachsen-Weimar verloren hatte. Er reiste von Bruchsal, wo er mit Amalie Christiane zusammengetroffen war, nach Homburg weiter, lernte dort deren Cousine Auguste Friederike (1776–1871) kennen und heiratete sie im April 1818. Amalie Christianes unattraktives Aussehen dürfte auch diesmal die ausschlaggebende Rolle gespielt haben.

Mutter und Bruder Amalie Christianes verfolgten schließlich im Sommer 1818 einen eigenen Plan, die Tochter und Schwester zu vermählen. Sie dachten an Prinz Ludwig, den jüngsten unverheirateten Sohn Karl Friedrichs, Schwager Amalies und Onkel der Heiratskandidatin, der allerdings nicht die geringste Absicht erkennen ließ, sich mit seiner Nichte zu vermählen: „Zugleich hegte er (Karl) den dringenden Wunsch, seinen Oheim, Markgraf Ludwig, ... mit seiner Schwester, Prinzessin Amalie, zu vermählen. Dieser entsprach aber dem Ansinnen nicht; sie war damals 42 Jahre alt und, obgleich mit allen Gaben des Geistes und Herzens reichlich bedacht, nicht schön, Ursache genug, um nicht gewürdigt zu werden."[37] Vor zehn Jahren hätte Ludwig Amalie Christiane vielleicht geheiratet, sie wäre jedoch zu dieser Zeit niemals dazu bereit gewesen, sich mit ihrem Onkel zu verbinden, war sie doch, wenn auch unglücklich, in den polnischen Fürsten Adam Czartorysky (1770–1861) verliebt. Die Angelegenheit verlief im Sand, Amalie Christiane blieb unvermählt.

Schon seit 1799 hatte am badischen Hof eigentlich niemand mehr mit einer Verehelichung der Prinzessin gerechnet. Um die finanzielle Abhängigkeit der Tochter in Grenzen zu halten, hatte Amalie dafür gesorgt, dass die Prinzessin die Stelle einer Dechantin im Stift Quedlinburg erhielt. Doch auch der Großvater war ohne zu zögern bereit, seinen Anteil zum Auskommen der Enkelin beizutragen. Er genehmigte ihr jährlich 2000 Gulden Nadelgeld, dazu freie Wohnung und Tafel, kostenlose Versorgung mit Holz, Beleuchtung und Wäsche, und er sorgte für eine angemessene Equipage. Drei weibliche Bedienstete standen ihr zur Verfügung, eine Kammerjungfer, eine Garderoben- und eine Waschmagd und schließlich zwei männliche Bedienstete. Die Kosten für das Personal übernahm ebenfalls Karl Friedrich.

Amalie Christiane starb am 26. Oktober 1823 nach mehrwöchigem Leiden in den Armen ihrer Mutter auf deren Witwensitz Schloss Bruchsal an Brustwassersucht (Pleuraerguss). Ihre Zwillingsschwester Karoline, der sie sich immer besonders eng verbunden fühlte, und ihre Schwester Friederike waren an ihr

Totenbett geeilt. Amalie Christiane wurde in der Fürstengruft in Pforzheim beigesetzt.

„Hübsch, graziös und heiter": Luise

Im September 1792 reiste Erbprinzessin Amalie mit ihren beiden Töchtern Luise und Friederike nach Frankfurt. Wohlversehen mit Geld aus russischer Schatulle verließ die kleine Reisegruppe Karlsruhe und traf in Frankfurt mit dem russischen Staatsrat Stefan Feodorowitsch Strekalow (1728–1805) und der Gräfin Katharina Schuwalow (1743–1816) zusammen, die Zarin Katharina nach Deutschland gesandt hatte, um das Erbprinzenpaar „zu bewegen, eine Reise nach Petersburg zu unternehmen auf die nämliche Art, wie die Landgräfin von Darmstadt."[38]

Katharina war wieder auf Brautschau, nun für ihren geliebten Enkel Alexander Pawlowitsch, der unter ihrer Aufsicht aufgewachsen war. Wie schon einmal standen etliche Ehekandidatinnen zur Wahl, die alle keine Gnade vor den Augen der Zarin fanden, bis sie sich der Töchter Amalies erinnerte, die ihr der seit Sommer 1783 in Petersburg akkreditierte Staatsrat Friedrich Albert Koch in den lebhaftesten Farben beschrieben hatte. Koch rühmte zwar die Vorzüge aller Prinzessinnen, doch, so meinte er, sie „werden weit in den Schatten gestellt von Prinzessin Luise, der dritten der Schwestern ... Sie ist ein überaus reizendes Kind: hübsch, graziös und heiter, nimmt sie auf den ersten Blick schon für sich ein. Ihr frischer Teint, die blonden Haare, ihre ausdrucksvollen blauen Augen, ein wohlgeformter Mund, über dessen Lippen stets ein angenehmes Lächeln huscht, verleihen Luise eine allerliebste Pikanterie. ... Mit einem Wort, sie ist geschaffen, zu gefallen und zu bezaubern."[39]

Die Zarin hatte nicht vor, „die Katze im Sack zu kaufen" und bat um Porträts der beiden Mädchen, die als Ehekandidatinnen in Frage kamen, Luise und Friederike. Die Prinzessinnen gefielen ihr so gut, dass sie den Karlsruher Hof durch den russischen Gesandten Graf Rumjanzew bitten ließ, beide nach Petersburg zu schicken, quasi „zur Ansicht", und sie versprach, die Reise werde keinesfalls „umsonst" sein, denn eine der Prinzessinnen werde in jedem Fall „genommen".

Für den an sich toleranten Großvater war die Zustimmung

eine Gewissensfrage. Als frommem evangelischen Christen bereitete Karl Friedrich der Gedanke, dass eine seiner Enkelinnen ihre Religionszugehörigkeit wechseln sollte, höchstes Unbehagen. Amalie erinnerte ihren Schwiegervater an die politischen Vorteile einer Vermählung mit dem Enkel der Zarin und daran, dass diese Vermählung nur dann stattfinden könne, wenn die Braut die Staatsreligion annähme. Schließlich machte ihm Oberhofprediger Johann Leonhard Walz die Entscheidung leichter, denn er versicherte dem Markgrafen, „dass man mit gutem Gewissen sich zur griechischen Kirche bekennen könnte, weil ihre Lehrsätze ... mit den Lehren unserer Religion ... so übereinkämen, dass kein wesentlicher Unterschied sei".[40]

Die Zurückhaltung Karl Friedrichs schwand zusehends und schlussendlich musste auch er zugeben, dass verwandtschaftliche Verbindungen zum russischen Herrscherhaus nur von Vorteil waren. Bisher gestaltete sich das Verhältnis Badens zu Russland freundschaftlich und das sollte so bleiben. Gute Beziehungen zu Katharina, die seit dem Ende des Bayerischen Erbfolgekrieges in die Rolle der Beschützerin der kleineren deutschen Fürstentümer geschlüpft war, gehörten zu den Voraussetzungen für das Erreichen des einen Ziels, das sich Karl Friedrich gesetzt hatte, nämlich des räumlichen Zusammenschlusses der getrennten badischen Gebiete. Und Russland in seinem Bestreben, auf die europäischen Höfe Einfluss zu gewinnen, konnte Baden mit seiner verwandtschaftlich weit verzweigten Fürstenfamilie als gutes Sprungbrett in die europäische Politik nutzen.

Bei der Entscheidung, die badischen Prinzessinnen einzuladen, wird – wenn wir der Berichterstattung Karoline von Freystedts Glauben schenken dürfen – auch die Tatsache eine Rolle gespielt haben, dass Katharina die Mutter der beiden Heiratskandidatinnen kannte und schätzte: „Meine Fürstin fasste eine wahre Zuneigung zur Kaiserin Katharina, welche, beständig wie sie war, sie durch ihr ganzes Leben begleitete. Diese Neigung war gegenseitig und später wahrscheinlich die Hauptursache, dass auch eine ihrer Töchter auf den russischen Thron stieg."[41] Umso mehr traf es Amalie, dass sie ihre Töchter nur bis Frankfurt begleiten durfte, der Markgraf hatte ihr die Reise nach Russland untersagt. Nicht nur Amalie war darüber bitter enttäuscht, auch die Zarin, die sich gefreut hatte, die badische Erbprinzessin wiederzusehen, machte aus ihrer Verärgerung kein Hehl.

Karl Friedrich hatte selbstredend gewichtige Gründe, Amalie nicht reisen zu lassen. Zum einen sollten die fünf zu Hause gebliebenen Kinder die Mutter nicht für so lange Zeit entbehren – man rechnete mit einer Abwesenheit von mindestens einem Jahr –, zum anderen standen französische Truppen vor der Tür. Seit April 1792 befand sich Frankreich im Krieg mit Österreich, und gerade jetzt rechnete man in Karlsruhe mit einem Übergang französischer Streitkräfte über den Rhein bei Philippsburg. Für die markgräfliche Familie waren schon Ausweichquartiere in Rastatt und Ulm vorbereitet worden. Die Erste Dame Badens hatte an der Seite ihres Gemahls im Land zu bleiben.

Die Prinzessinnen und ihre Begleitung waren fast zwei Monate unterwegs, ehe sie am 31. Oktober 1792 in Petersburg eintrafen. Katharina war von Luise sofort begeistert und hoffte, dass auch Alexander von der noch nicht Vierzehnjährigen hingerissen sein würde. Doch Großfürst Alexander, geboren am 23. Dezember 1777, das „Herzblatt" der Zarin, zeigte anfänglich wenig Interesse. Luise meinte, er werfe ihr unfreundliche Blicke zu. Das änderte sich rasch. Die Prinzessin berichtete ihrer Mutter: „Er gefällt mir gut, und es scheint, dass er auch mich liebt. Er sagt mir, dass er ungeduldig auf Ostern wartet, denn da will er es wagen, mir öffentlich die Hand zu drücken, was er jetzt manchmal unter dem Tisch tut."[42]

Schon im November schrieb der zukünftige Schwiegervater, Katharinas einziger legitimer Sohn, Großfürst Paul, schmeichelhafte Briefe über den Charme ihrer Töchter an Amalie, die voller Ungeduld darauf wartete, zu erfahren, wie die beiden Mädchen am russischen Hof aufgenommen worden waren. Die angehende Schwiegermutter, Großfürstin Maria Fjodorowna, war genauso begeistert von Luise wie ihr Gemahl und Zarin Katharina: „Die Älteste fand ich entzückend, ich fand sie nicht nur hübsch, sie besitzt auch eine schöne Figur, und ich glaube, dass auch ein ganz gleichgültiger Mensch sie lieben müsste, vor allem wegen ihrer Freundlichkeit und Offenheit."[43] Begeisterung allenthalben! Amalie hatte ihre Töchter richtig erzogen, sie konnten in der Welt bestehen.

Maria Fjodorowna teilte nach kurzer Zeit der Zarin mit, das

Herz ihres Sohnes schlage für die ältere Prinzessin. Am 20. Dezember 1792 schrieb Katharina an Erbprinz Karl Ludwig und bat um die Hand seiner Tochter Luise: „Diese Verbindung verspricht umso glücklicher zu werden, da offensichtlich eine gegenseitige Neigung besteht, die das eheliche Glück der beiden sichern kann. Ich jedenfalls werde nichts versäumen, was der Prinzessin die Gefühle der Zuneigung und Zärtlichkeit beweist, die sie dank ihrer schönen Tugenden auch verdient."[44] Die Zusage erfolgte umgehend. Amalie wird wohl ein Stein vom Herzen gefallen sein. Schon die erste Vermählung einer ihrer Töchter war eine der glänzendsten Partien, die eine Fürstentochter überhaupt machen konnte.

Im Mai 1793 trat die vierzehnjährige Luise zum griechisch-orthodoxen Glauben über, sie erhielt den Namen Elisabeth Alexejewna und verlobte sich mit dem noch nicht sechzehnjährigen Alexander. Am 28. September wurde in der Kirche des Petersburger Winterpalasts die Vermählung prächtigst zelebriert. Katharina schenkte der frischgebackenen Großfürstin ein Diadem mit einem prachtvollen rosa Diamanten, eine kleine diamantbesetzte Krone, Ohrringe, Ringe und Armbänder.

Die Begeisterung der Hofgesellschaft für die Brautleute kannte keine Grenzen: „Das Paar ist schön wie der Tag, voller Anmut und Geist." „Man kann sich unmöglich ein schöneres Paar vorstellen. Beide sprühen von Anmut, Jugend und Güte." „Die Prinzessin Luise ist hervorragend. Sie strömt Vernunft aus, Bescheidenheit, Anstand bei jeder Gelegenheit. Seelengüte und Redlichkeit strahlen aus ihren Augen."[45]

„Und doch", schreibt ein Biograf des späteren Zaren, „waren Alexander und Elisabeth noch viel zu jung, um die Verantwortung einer Ehe auf sich nehmen zu können. Beide waren intelligente Kinder … In ihren Temperamenten waren sich beide sehr ähnlich. Beide besaßen einen verführerischen Charme des Benehmens und ein dickköpfiges persönliches Freiheitsbedürfnis. … Von Natur aus war Alexander ein freundlicher Mensch mit vielen Tugenden, doch neigte er zur Trägheit und Wortverdreherei. Seine Hauslehrer hofften, dass Elisabeths Energie und Lebendigkeit ihren Gatte beeinflussen würde, doch dies war von einem fünfzehnjährigen Mädchen … zu viel verlangt."[46]

Die frisch Vermählten genossen ihre Flitterwochen und Alexander schrieb glücklich und verliebt an seine Schwiegermutter Amalie nach Karlsruhe: „Sie kennen, teuerste Mutter, meine Liebe und meine zärtliche Neigung für Ihre liebe Tochter. Daher wage ich, Ihnen zu versichern, dass ich alles nur Erdenkliche tun will, um zu ihrem Glück beizutragen, das zugleich das Glück meines Lebens ist."[47]

Trotz heftigen Heimwehs nach dem geliebten „Carlsrouhe", das Elisabeth mit dem Schreiben einer Vielzahl von Briefen an die „liebe und anbetungswürdige Mutter" zu bekämpfen suchte, waren die ersten Ehejahre des großfürstlichen Paares sehr glücklich. Die jungen Leute stürzten sich Hals über Kopf ins Gesellschaftsleben. Der Großfürst, der sich gern ganz in Schwarz kleidete und seine ledernen Hosen anfeuchtete, damit seine klassisch schönen Körperformen besser zur Geltung kamen, wurde von allen Frauen vergöttert. Die Hofdamen tuschelten über seine Figur und meinten, alle Partien seines Körpers hätten einem Bildhauer als Modell dienen können.

Alexander und Elisabeth liebten den Trubel, das leichte Leben und sonnten sich in der Bewunderung, die ihnen von allen Seiten entgegengebracht wurde. „Unmöglich können zwei Menschen glücklicher sein, als wir es sind",[48] schrieb der Großfürst an seinen Lehrer La Harpe. Doch das Glück hielt nicht an.

Nach dem Tod Katharinas und der Thronbesteigung Pauls I. Ende 1796 wurde es offensichtlich, das Paar hatte sich auseinandergelebt. Alexander begegnete Elisabeth mit wachsender Gleichgültigkeit, und sie fand schließlich bei dessen bestem Freund, Fürst Adam Czartoryski, das, was sie bei ihrem Ehemann vermisste. Elisabeth brachte zwei Töchter zur Welt, die beide früh verstarben. Vermutlich war Alexander, der später den Reizen der polnischen Gräfin Maria Naryschkina erlag, nicht der Vater dieser Kinder. Zar Paul fand jedenfalls, dass die 1799 zur Welt gekommene Tochter Czartoryski allzu ähnlich sähe. Empört schickte er den gut aussehenden Polen in diplomatischer Mission ins Ausland, erst nach der Ermordung Pauls im Jahr 1801 kehrte der polnische Fürst nach Russland zurück.

Legitime Nachkommen hatte Alexander nicht, denn er führte von nun an ein Doppelleben: Zu seiner Mätresse unterhielt er eine sexuelle Beziehung und zu seiner Frau eine zunächst innige, später distanzierte Freundschaft.

Elisabeth verstand es sehr gut, den intimen Bereich ihres Lebens der allgemeinen Neugier zu entziehen. Erst als sie 1814 Czartoryski in Wien traf, tuschelte man über diese Verbindung. Alexander scheint großzügig über alles hinweggesehen zu haben. Trotzdem spürte man gelegentlich seine Verärgerung. Wenn Empfänge das gemeinsame Auftreten des Paares notwendig machten, konnte sich der Zar nicht zurückhalten und brüskierte seine Gemahlin mit sarkastischen Einwürfen. Und es ist zu vermuten, dass er auch seinem Freund nicht ganz ohne Rachegefühle gegenüberstand. Ende 1815 ernannte er einen General von niederem Adel und ohne jede Auszeichnung zum Vizekönig von Polen und nicht Czartoryski, der, aus altem polnischen Adel stammend, auf diese Position eigentlich einen Anspruch hatte.

Zum Ende seines Lebens verbesserte sich das Verhältnis des Zarenpaares deutlich: „Da meine Wohnung in dieser Jahreszeit zu kalt und außerdem von der des Kaisers durch noch kältere Säle getrennt ist, hat er an mein Gefühl appelliert und mich gezwungen, in seine Wohnung einzuziehen. ... Es war wirklich eine ergreifende Sache, dieser Kampf unserer beiden schönen Seelen, bevor ich einwilligte, das Opfer anzunehmen. Am Tage darauf bin ich nach dem Essen bis zum Beginn der Nacht mit dem Kaiser im Schlitten spazieren gefahren. Danach wünschte er, dass ich es mir in seinem Arbeitszimmer bequem machte, während er arbeitete",[49] schrieb Elisabeth im Januar 1822 an ihre Mutter. Da ist die Zarin schon krank, sie magert stark ab, geht gebeugt, die Ärzte können die Krankheitssymptome nicht deuten. Elisabeth will Russland nicht verlassen, deshalb rät man zu einem Kuraufenthalt in Taganrog am Asowschen Meer. Hier kommen sich Zar und Zarin Tag für Tag näher. Die Liebe ihres ersten Jahres scheint wieder aufzuleben. Doch die gemeinsame Zeit ist nur kurz. Nach einer Flottenbesichtigung in Sewastopol kommt Alexander als Schwerkranker nach Taganrog zurück. Hier stirbt der Zar am 19. November 1825. Ein halbes Jahr später, am 4. Mai 1826, folgt ihm Elisabeth. Sie wurde in der Peter-und-Paul-Kathedrale beigesetzt.

Die Glücklichste der Töchter: Karoline

Zu Beginn des Jahres 1793 hatte sich die politische und militärische Situation deutlich verschärft. Gegen das revolutionäre Frankreich war der Reichskrieg erklärt worden. Bedenklich wurde es in Karlsruhe, als Ende September der französische General Custine die Städte Speyer, Worms und Mainz eroberte und Frankfurt besetzte. Der Markgraf rechnete jeden Tag mit dem Einmarsch der Sansculotten und fragte in Preußen nach einem sicheren Zufluchtsort für sich und seine Familie. Aus Berlin kam die Zusage, dass Schloss Triesdorf bei Ansbach zur Verfügung stünde.

Das französische Kriegsglück war nicht von Dauer. Frankfurt und Mainz wurden zurückerobert, und so hoffte man in Karlsruhe noch einmal davonzukommen. Trotz der angespannten Lage ließ man es sich nicht nehmen, Amalies 42. Geburtstag mit einer Aufführung von Glucks „Iphigenie in Aulis" zu feiern. Vier Tage später, am 24. Juni 1796, überschritt General Moreau den Rhein bei Straßburg, und die markgräfliche Familie flüchtete nach Ansbach. „Eben dorthin begab sich Herzog Max von Zweibrücken mit seinen vier Kindern. Er war Witwer durch den Tod seiner Gemahlin, Prinzessin von Hessen-Darmstadt."[50]

Maximilian Joseph von Pfalz-Zweibrücken war ein Neffe der Großen Landgräfin und Cousin Amalies. Seit dem Tod seines kinderlos verstorbenen Bruders Karl August im Jahr 1795 regierte er in Zweibrücken. Nach dem Willen seines Vormunds und Onkels Herzog Christian IV. hätte Maximilian sehr jung heiraten sollen. Doch er dachte nicht daran, sein „ziemlich ungebundenes Leben"[51] – Frauen, das Spiel und daraus resultierend ein beträchtlicher Schuldenberg – aufzugeben. Er war 29 Jahre alt, als man ihn buchstäblich zwingen musste, einer Ehe näherzutreten. Achtundvierzig Stunden lang soll er sich dagegen gewehrt haben, entweder eine Prinzessin aus dem Haus Meiningen oder Auguste Wilhelmine von Hessen-Darmstadt zu heiraten. Sie war die Tochter des Schwagers der Großen Landgräfin, Georg Wilhelm, der nach ihrem Tod zusammen mit seiner Ehefrau Maria Luise die Repräsentationspflichten in Darmstadt übernahm. Auguste Wilhelmine war also ebenfalls eine Verwandte Amalies, nämlich eine Cousine väterlicherseits. Am 30. September 1785 fand die Vermählung Max Josephs mit Auguste statt. Sie starb am 30. März 1796 an der Schwindsucht und hinterließ vier Kinder, mit denen Max Joseph nun vor den anrückenden Franzosen nach Ansbach geflohen war.

Am gleichen Tag wie die Zweibrückener traf auch das badische Erbprinzenpaar ein. Nur die drei jüngsten Kinder wurden außerhalb untergebracht, alle übrigen fanden Unterkunft im Schloss und lebten zusammen mit Max Joseph und dem Herzog Friedrich von Württemberg unter einem Dach. Eine für Karoline sicher peinliche Angelegenheit, denn Friedrich hatte 1794 um die achtzehnjährige Prinzessin geworben und war abgelehnt worden. Amalie hatte ihrer „russischen Tochter" geschrieben: „Das arme Kind ist in Tränen. Man hat ihr von seinen Wutanfällen gesprochen. Diese erschrecken sie furchtbar. Dann findet sie ihn zu dick. Endlich behauptet sie, sie könne sich unmöglich dazu entschließen."[52] Weinend hatte Karoline die Eltern gebeten, den cholerischen und körperlich wenig anziehenden Prinzen nicht heiraten zu müssen. Ihre Liebe galt Louis Antoine Henri de Condé, Herzog von Enghien (1772–1804), der im Emigrantenheer seines Großvaters als Offizier der Kavallerie diente. Von ihm wird später noch die Rede sein.

Es scheint einige Zeit vergangen zu sein, bis sich Max und Karoline kennen lernten und er sich hingerissen von der schönen Prinzessin Hals über Kopf in sie verliebte. Die Verliebtheit war sehr einseitig, Karoline fand den Vierzigjährigen zu alt, er sah nicht gut aus, und sie hielt ihn für zu preußisch und zu pessimistisch. Aber immerhin meinte sie, er sei ein guter Mensch.

Es kostete sie einige Überwindung, sich für den Herzog zu entscheiden. Amalie tat ihr Bestes, um die Tochter zu dieser Vernunftehe zu überreden. Max hielt, gegen den Wunsch Montgelas', der eine norddeutsche oder englische Prinzessin bevorzugt hätte, bei seiner Cousine um die Hand Karolines an: „Sie werden mich für den lächerlichsten Menschen der Welt halten, weil ich Ihnen schreibe, obwohl wir unter dem gleichen Dach wohnen. Aber man drückt sich schriftlich besser aus als mündlich, besonders in diesem Fall, da es sich um Glück oder Unglück meines Lebens handelt. Ich liebe die Prinzessin Karoline, liebe Cousine. ... Ich bin mir der Kühnheit, ihr in meiner Lage meine Hand zu bieten, wohl bewusst, fühle aber gleichzeitig, dass mich ihr Besitz zum glücklichsten Menschen machen würde. Geruhen Sie, diesmal mein Advokat zu sein. Sagen Sie ihr, dass, falls ein derart liebendes Herz, wie es mit Worten nicht auszudrücken ist, ein gerader und ehrlicher Charakter sie veranlassen könnte, über mein Alter und meine Eigenschaft als Vater von vier Kindern wegzusehen, ich sie anflehe, meinen kniend vorgebrachten Antrag nicht zurückzuweisen. Ich wage, Ihnen zu versichern, dass sie es niemals bereuen wird, dass das meinem Herzen teuerste Bestreben sein wird, sie glücklich zu machen und ihr jeden Augenblick bis an mein Lebensende meine tiefe Dankbarkeit zu erweisen. Ich verlange von ihr nur etwas Freundschaft für mich und ihre Güte für meine Kinder, die sich bemühen werden, sich dessen würdig zu zeigen. Lesen Sie meinen Brief Ihrer liebenswerten Tochter vor, liebe Cousine, und vor allem, beeinflussen Sie sie nicht. Ihr Herz soll die Antwort diktieren. Wie sie auch ausfallen mag, ich werde ihr darum nicht weniger ewig anhänglich bleiben."[53]

Amalie berichtete ihrem Gemahl, der sich zur Feier des fünfzigjährigen Regierungsjubiläums seines Vaters in Karlsruhe aufhielt, von diesem Antrag und meinte, eine Ablehnung sei schwer zu verantworten. Als sich Karoline endlich für eine Vermählung mit dem Wittelsbacher entschieden hatte, urteilte seine künftige Schwiegermutter über ihn: „Der Herzog ist der beste Mensch der Welt, angebetet von seiner ganzen Umgebung. Ich halte ihn für etwas schwach, aber für einen Ehemann ist das kein Fehler. Er ist verliebt wie ein Mann von zwanzig Jahren. Bis es entschieden war, hat er mich unvorstellbar gequält, sagte, dass er der unglücklichste der Menschen sei, wenn sie ihm absage. ... Er hat ihr sowie mir oft gesagt, dass er seine Dankbarkeit nie genügend werde beweisen können für das Opfer, das sie gebracht hat, einen Mann von vierzig Jahren mit vier Kindern zu heiraten."[54] Die Trauung fand am 9. März 1797 auf Amalies Wunsch im Karlsruher Schloss statt.

Den armen Herzog plagte in den erste Ehejahren das Gift der Eifersucht. Kaum zwei Wochen nach der Vermählung sah sich Amalie veranlasst, einzugreifen: „Die ersten vierzehn Tage ... waren recht stürmisch wegen der wirklich empörenden Eifersucht des Herzogs. Das hat meine arme Karoline sehr unglücklich gemacht und sich sogar auf ihre Gesundheit ausgewirkt. Es brachte mich zum Entschluss zu einer Auseinandersetzung mit ihm und seitdem geht es gut. Wolle Gott, dass es anhält, wenn sie allein sind."⁵⁵

Es hielt nicht an! „Seiner zweiten Gemahlin in den ersten Jahren ihrer Ehe leidenschaftlich zugetan, bewachte er mit größter Eifersucht alle ihre Gefühle und würde sich unglücklich gefühlt haben, wenn ein einziger ihrer Gedanken jemand anderem als ihm selbst zugewendet gewesen wäre. Diese Regungen der Eifersucht beförderte der Verdacht, dessen er sich zu Zeiten nicht erwehren konnte, als habe die junge Prinzessin, da sie ihm die Hand reichte, mehr dem Wunsche ihrer Eltern als ihrer eigenen Neigung Folge geleistet,"⁵⁶ meinte Montgelas und hatte sicher mit Letzterem recht. Karoline heiratete Herzog Max vor allem der Mutter wegen. Trotzdem, die Ehe wurde sehr glücklich!

Am 16. Februar 1799 starb der in Bayern äußerst unbeliebte Kurfürst Karl Theodor, und Max, nun Maximilian IV. Joseph, konnte als neuer Kurfürst in München einziehen, wo sich Karoline anfänglich sehr fremd fühlte und sich deshalb freute, ihre Lieblingsschwester Amalie Christiane, die Max „mitgeheiratet" hatte, um sich zu haben.

In der unruhigen Kriegszeit, während der die kurfürstliche Familie zeitweise in die Oberpfalz flüchten musste, brachte Karoline im September 1799 einen toten Sohn zur Welt und ein Jahr später Prinz Maximilian Joseph, der knapp zweieinhalb Jahre später verstarb. Nach einem weiteren Jahr wurden im November 1801 die Zwillinge Elisabeth und Amalie geboren. Elisabeth vermählte sich mit dem späteren preußischen König Friedrich Wilhelm IV. (1795–1861). Sie starb kinderlos am 14. Dezember 1873 in Dresden. Amalie wurde die Gemahlin des nachmaligen Königs von Sachsen, Johann I. (1801–1873). Aus der Ehe entstammten neun Kinder. Die sächsische Königin starb am 8. November 1877 ebenfalls in Dresden.

Im Januar 1805 kam noch einmal ein Zwillingspärchen zur Welt, Sophie Friederike und Maria Anna. Sophie wird Erzherzog Franz Karl (1802–1878) heiraten und Mutter der Kaiser Franz Joseph I. (1830–1916) und Maximilian I. (1832–1867) werden. Die ungeliebte Schwiegermutter und Tante „Sisis" starb im Mai 1872 in Wien. Maria Anna heiratete Prinz Friedrich August

(1797–1854), der ab 1836 nach seinem Onkel König von Sachsen wurde. Sie wurde damit zur Schwägerin ihrer Schwester Amalie und vor ihr Königin von Sachsen. Maria starb kinderlos im September 1877 in Wachwitz.

Karoline, seit 1806 Königin von Bayern, brachte schließlich noch zwei Töchter zur Welt, Ludovika Wilhelmine und Maximiliane Karoline. Das heiß geliebte Nesthäkchen wurde im Juli 1810 geboren und starb tief betrauert noch nicht elfjährig Anfang Februar 1821. Für sie war Herzog Max in Bayern (1808–1888) als Ehemann vorgesehen. Er wurde nun an Ludovika „weitergereicht", die Ende August 1808 geboren worden war. Die Ehe mit dem als „Zither-Maxl" bekannt gewordenen Verwandten aus der Wittelsbacher Nebenlinie Pfalz-Birkenfeld-Gelnhausen wurde nicht glücklich. Max verbrachte seine Zeit lieber mit Musizieren, mit der Jagd und Zirkusvorstellungen als mit seiner Familie. Für seine außerehelichen Kinder, für die er sich grundsätzlich die Mittagszeit frei hielt, galt dies nicht. Mit Ludovika hatte der Herzog zehn Kinder, von denen zwei früh starben. Bekannt wurde Max nicht nur als Zither-Spieler, sondern auch als Vater der späteren Kaiserin Elisabeth von Österreich, „Sisi". Ihre Mutter Ludovika starb Ende Januar 1892 in München.

Karoline verlor ihren Ehemann am 13. Oktober 1825. Um in München bleiben zu können, baute sie sich in ihrem Park in Biederstein bei Schwabing ein Schlösschen im Stil des Schlosses Rohrbach bei Heidelberg, in dem sie die ersten Jahre ihrer Ehe verbracht hatte. Karoline überlebte den König um 16 Jahre. Sie starb am 13. November 1842 an derselben Krankheit wie ihre geliebte Schwester Amalie Christiane, nämlich an Brustwassersucht. Sie wurde in München zur letzten Ruhe gebettet.

„Ein Leben voller Prüfungen": Friederike

Von Friederikes Ausflug in die große Welt der russischen Zarin war schon die Rede.

Katharina hatte die kleine, zarte, eher unscheinbare Prinzessin für den Bruder Alexanders, Großfürst Konstantin (1779–1831), vorgesehen: „Sie gefiel der Kaiserin Katharina ungemein und gern würde diese sie für den Großfürsten Konstantin behalten haben, wenn die kleine Prinzessin nicht einen entschiedenen

Widerwillen gegen denselben geäußert hätte, obgleich der Zarensohn sich ihr angenehm zu machen suchte, soviel dies seine von Natur rohen Manieren zuließen."[57] Der „ungehobelte Klotz" war ganz offensichtlich nicht nach Friederikes Geschmack. Die Zarin ließ das Kind ungern ziehen, denn sie hatte die kleine Prinzessin wirklich lieb gewonnen und versuchte, einen anderen Ehepartner als Konstantin für sie zu finden. Doch der Großvater wünschte Friederikes Rückkehr. Im Mai 1793 reiste die Prinzessin schließlich aus Petersburg ab, reich mit glänzender Garderobe und wertvollen Pelzen beschenkt.

Friederike kam mit ihrer Gouvernante wohlbehalten im Oktober zu Hause an, und Amalie schloss ihre Tochter überglücklich in die Arme. Vier Jahre später war die hübsche Friederike, „blaß, mit sehr regelmäßigen und feinen Zügen und den schönsten blauen Augen"[58], wie ihre beiden älteren Schwestern verheiratet.

Am 25. Juli 1797 kam in Karlsruhe ein einfacher Reisender an, der angab, am bevorstehenden Reichfriedenskongress teilnehmen zu wollen. Da aber weder Ort noch Zeit genau bekannt seien, habe er vor, die Zeit zu nützen und sich in Deutschland umzusehen. Nichts deutete darauf hin, dass dieser Reisende, der schwedische Generalleutnant Ebert Wilhelm von Taube, in „geheimer Mission" unterwegs war: Er trug ein Schriftstück bei sich, das ihn ermächtigte, im Namen des schwedischen Königs Gustav IV. Adolf (1778–1837) um die Hand einer der badischen Prinzessinnen zu werben.

Am 2. August sprach Taube bei Markgraf Karl Friedrich und dem Erbprinzenpaar vor und setzte sie von seinem Auftrag in Kenntnis. Die Begeisterung hielt sich in Grenzen, denn am badischen Hof war bekannt, dass Gustav Adolf eine Verbindung mit dem Zarenhof suchte und um die Hand der Großfürstin Alexandra gebeten hatte. Doch aus den russischen Heiratsplänen des schwedischen Königs wurde nichts, da einerseits der Zar „die Ablegung der griechischen Religion niemalen gestatten und erlauben würde" und andererseits der König „mit einer anderen Prinzessin, als die sich zur evangelisch-lutherischen Religion bekenne, die schwedische Krone nicht teilen"[59] wollte. Gustav Adolf suchte nun eine Prinzessin, die aus streng protestantischem Hause stammte und mit dem russischen Zarenhaus verwandt war. Zwangsläufig musste er auf die badische Fürstenfamilie stoßen.

Man wollte die Mädchen – als Heiratskandidatinnen kamen nur Friederike und Marie in Frage – nicht völlig blind in ihr mögliches Unglück laufen lassen und verabredete ein Treffen mit Gustav Adolf. Um die Reise ganz unverfänglich zu gestalten, gab das Erbprinzenpaar vor, zusammen mit den beiden Töchtern die Schwester Amalies in Weimar besuchen zu wollen. Die Prinzessinnen und der König sollten sich dann in Leipzig treffen. „Jenseits Gotha aber, einige Stunden vor Erfurt erzählten zurückgehende Erfurter Postillons den unsrigen, dass ein Herr im ‚Römischen Kaiser' zu Erfurt logiere, der sich für einen Kaufmann ausgebe, den man aber für einen viel Vornehmeren halte, und dass solcher alle Zimmer für die badischen Herrschaften bestellt habe."[60] Kurz vor Erfurt traf schließlich ein Schreiben bei der Reisegesellschaft ein, in dem der König mitteilte, er sei früher als erwartet in Leipzig eingetroffen und voller Ungeduld weitergereist. „Unsere Prinzessin erblasste", berichtet ein mitreisender Kammerherr, „alles machte feine Toilette und so fuhren wir gegen Mittag in Erfurt ein."[61]

Der König stellte sich umgehend vor, „ein junger, wohlgewachsener äußerst schlanker Herr, der etwas steif sich hält, sehr höflich ist, außer dem Mund, der zu groß und zu weit hervorsteht, eine schöne, gescheite Bildung hat und kaum 19 Jahre alt ist. Er erschien in einem blauen Frack, mit rundem Hut, ganz wie ein Reisender gekleidet."[62]

Die Gesellschaft verbrachte den Abend zusammen und am nächsten Tag erklärte sich Gustav Adolf für Friederike, die in Tränen zerfloss. Die Vorstellung, sich von ihrer Mutter trennen und so weit weg leben zu müssen, machte der sechzehnjährigen Prinzessin große Angst. Doch große Angst zählt nicht, wenn ein König um die Hand einer Fürstentochter anhält. Amalie redete also ihrer Tochter solange gut zu, bis sie ihr Jawort gab. Dann rüstete man sich umgehend für die Rückreise, denn die Hochzeit sollte spätestens im Oktober stattfinden. Ab November kam eine Überfahrt über die Ostsee nicht mehr in Frage.

Am 19. September brach Amalie mit Marie und Friederike, die tränenreich Abschied von Karlsruhe genommen hatte, ins schwedische Stralsund auf. Hier sollte die Trauung per procurationem stattfinden. Über Potsdam und Berlin ging die Reise nach Prenzlau, wo Amalie in ihrem Geburtshaus übernachtete, nun das Gasthaus „Zum Goldenen Stern". In Anklam feierte die Bevölkerung ein großes Volksfest zu Ehren der künftigen Königin, und Friederike lernte hier ihren neuen Hofstaat kennen.

An den Trauungsfeierlichkeiten in Stralsund nahmen über 30 000 Menschen teil. Friederike wurde am 6. Oktober von Baron von Taube vor den Altar geführt. Sie trug den Schmuck, den ihr Zarin Katharina beim Abschied geschenkt hatte, darunter ein kostbares, mit Brillanten besetztes Diadem. Für Schwiegermutter und Schwägerin hatte Gustav Adolf auserlesene Geschenke geschickt. Amalie erhielt ein brillantgefasstes Medaillon mit dem Bildnis des Königs, das einen Wert von 30 000 Gulden besaß. Marie freute sich über eine goldene Uhr, die ebenfalls das Porträt des Königs zeigte und auf der Rückseite mit Brillanten besetzt war.

Der Abschied der Königin von der geliebten Mama und den Vertrauten, die sie aus Karlsruhe begleitet hatten, war herzzerreißend. Für alle bis hinunter zum Stallburschen hatte Friederike ein Geschenk parat und verabschiedete sich von jedem Einzelnen unter Tränen. Zum Schluss brach das arme Kind ohnmächtig zusammen. Trotzdem durfte die Überfahrt nicht aufgeschoben werden, die Schiffe, die Friederike in ihre neue Heimat bringen sollten, mussten auslaufen. „In Karlskrona betrat die hohe Braut zum ersten Mal den schwedischen Boden. Die Vermählung selbst geschah am 31. Oktober 1797, nachdem die Königin vierundzwanzig Stunden vorher im Schlosse Drottningholm eingetroffen war und von dort ihren Einzug in Stockholm hielt. ... Die Königin hatte viele Mühe, das Klima des Nordens zu ertragen. Den ersten Winter hatte sie sich heftige rheumatische Schmerzen und Frostbeulen an beiden Armen zugezogen, weil sie auf den marmornen Fensterbänken gelehnt hatte, mit dem Blick auf die schön gelegene Stadt."[63]

Friederike schenkte ihrem Gemahl fünf Kinder: Im November 1799 kam der Thronfolger Gustav zur Welt († 1877), der später den Titel Prinz von Wasa trug. Er heiratete seine Cousine Luise, die älteste Tochter Großherzog Karls und Stephanie Beauharnais'. Eineinhalb Jahre nach dem Thronfolger wurde Amalies Lieblingsenkelin Sophie Wilhelmine geboren (1801–1865). Sophie ging mit dem ältesten Sohn ihres Urgroßvaters aus seiner Verbindung mit Luise Geyer von Geyersberg, Leopold, die Ehe ein und war ab 1830 Großherzogin von Baden. Der zweite Sohn des schwedischen Königspaares, Karl Gustav, starb noch nicht dreijährig im Jahr 1805. Es folgten noch zwei Töchter, Amalie Marie (1805–1853) und Cäcilie (1807–1844), die sich mit Großherzog Paul Friedrich August von Oldenburg (1783–1853) vermählte.

Nur fünfzehn Jahre waren Friederike an der Seite Gustav Adolfs, der sich als entschiedener Gegner Napoleons der Koalition gegen Frankreich anschloss, beschieden. Die Schuld daran ist nicht bei ihr zu suchen. Der tief religiöse König wurde zunehmend starrköpfig, seinen sprunghaften politischen Entscheidungen konnte und wollte man in Schweden schließlich nicht mehr folgen. Er verärgerte den König von Preußen, indem er ihm einen Orden zurückgab und seinen Schritt damit begründete, dass auch Napoleon diesen Orden erhalten habe und es ihm seine Ritterehre verbiete, Waffenbruder eines Mörders zu sein. Die ihm von Napoleon kurz vor dem Tilsiter Frieden unterbreiteten günstigen Bedingungen lehnte er brüsk ab und verlor nach den Friedensbeschlüssen prompt Stralsund und die Insel Rügen. Zu Beginn des Jahres 1808 trat Gustav Adolf in ein engeres Bündnis mit England, worauf sein Schwager Zar Alexander I. in Finnland einmarschierte. Anstelle eines entschiedenen Widerstandes griff Gustav Adolf Norwegen an und musste schließlich Finnland aufgeben. Als er sich auch noch mit England überwarf, hatte er seinen letzten Verbündeten vergrault.

Zuletzt führte er durch sein übermäßig schroffes und anmaßendes Verhalten dem schwedischen Adel und dem Heer gegenüber die Katastrophe herbei, die ihn den Thron kostete. Man verlangte eine grundlegende Änderung seiner Politik, die er mit beleidigenden Vorwürfen zurückwies. Daraufhin wurde Gustav Adolf am 13. März 1809 verhaftet und nach Schloss Drottningholm gebracht. Friederike schrieb an ihre Mutter: „Meine gute Mama! Zitternd schreibe ich Ihnen diese Zeilen, nur um Ihnen zur versichern, dass der König sich gut fühlt. Die abscheuliche Katastrophe, die vorgestern hier stattgefunden hat, hat mich in einen unbeschreiblichen Zustand versetzt. Der König ist verhaftet und seit vorgestern Nacht in Drottningholm, er hat mir zweimal seither geschrieben. Es ist mein einziger Trost, seine Schrift zu sehen, und dass er mir sagt, dass er ruhig sei. ... Möge Gott ihn erhalten und beschützen, meinen lieben Ehemann, ich lebe nur, um ihn zu lieben."[64]

Am 19. Mai 1809 erklärte der Reichstag, Gustav Adolf und seine geborenen und ungeborenen leiblichen Erben hätten für immer die Krone Schwedens verloren und setzte dessen Onkel als Karl XIII. auf den Thron. Da Karl ohne Erben blieb, adoptierte er im Jahr 1811 den französischen General Jean-Baptiste Bernadotte (1763–1844), der als Karl XIV. Johann König von Schweden wurde.

Gustav Adolf und seine Familie verließen Schweden und kamen Anfang Februar 1810 bei Amalie in Bruchsal an: „Am 1. Februar traf die schwedische Königsfamilie in Bruchsal ein und war von der Mutter der Königin, der verwitweten Markgräfin von Baden, mit zärtlicher Liebe empfangen. Die bayerischen Majestäten sowie die Hessen-Darmstädtischen Hoheiten (die jüngste Tochter Amalies Wilhelmine und ihr Gemahl) hatten sich zum Wiedersehen der königlichen Schwester dort eingefunden. Der Erbgroßherzog Karl von Baden, Bruder Ihrer Majestät, kam oft zu Besuch."[65]

Mit seinem arroganten, manchmal unverschämten Verhalten ging Gustav Adolf bald allen auf die Nerven. Nur seine Ehefrau, „wunderschön mit unbeschreiblich anziehenden, schwermütigen Augen, die sie nur selten aufschlägt,"[66] fand für alles, was er tat, eine Entschuldigung. Die Hofdame Friederikes, Christa von Scharnhorst, beschrieb in ihren Erinnerungen das Benehmen Gustav Adolfs: „Der König trat während seines Aufenthaltes in Bruchsal mit allen Ansprüchen der ihm zukommenden Etikette auf und brachte eine sehr steife Haltung in die ganze Versammlung. ... Er setzte sich während der Abendversammlungen selten und gestattete nicht, dass die Hofgesellschaft es tat, mit Ausnahme der Karten Spielenden. Er hatte eine höchst edle Würde, man sah ihm den Fürsten vom Scheitel bis zu den Fersen an. Der Ernst, den sein ganzes Wesen trug, passte vollkommen zu dem Unglück, Krone, Erbe, Vaterland verloren zu haben."[67] Und davon erzählte Gustav Adolf beim abendlichen Beisammensein der Familie täglich aufs Neue: „Die Herrschaften brachten ihre Abende unter sich zu, wo ihnen jeden Abend regelmäßig König Gustav die Revolution des 13. März in Stockholm erzählte.

Diese öftern Wiederholungen langweilten die Fürstinnen (Amalie, Karoline, Wilhelmine) schrecklich, die Königin (Friederike) ausgenommen, die immer mit der nämlichen Aufmerksamkeit zuhörte. Oft kam eine oder die andere der Fürstinnen gähnend ins Vorzimmer, wo das Gefolge sich befand, um ein wenig die Langweile zu vergessen, welche diese Wiederholungen ihnen verursachten."[68]

Schon bei seinem ersten Besuch in Baden im Herbst 1804 war Gustav Adolf unangenehm aufgefallen: „Viele Fremde, Schweden und Deutsche, wurden durch den Aufenthalt des Königspaares herbeigezogen, belebten und vermehrten die Gesellschaft. Doch fing man bald an zu klagen über den Aufwand, welchen dieser so lang anhaltende Besuch verursachte. Dazu kam das herrische Wesen, welches der königliche Gast sich anmaßte. Er befahl, wie er in Stockholm hätte tun können. Der Kurprinz (Amalies Sohn Karl) hatte die freilich üble Gewohnheit, erst zur Tafel zu kommen, wenn man schon lange saß, und erschien oft erst, wenn der Nachtisch aufgetragen ward. Das rügte der König, dem es als Fremden doch nicht zukam; er fand, es sei gegen die ihm schuldige Ehrfurcht. Eines Tages war er über den österreichischen Gesandten Baron Schall ungehalten, der nach seinem Rang bei der Tafel neben die Königin gesetzt ward. Der König rief seiner Gemahlin ganz laut zu, über die Markgräfin (Amalie) hin, die zwischen dem Königspaar saß: ‚Ich verbiete Ihnen mit Baron von Schall zu sprechen!' Die Königin gehorchte, schlug die schönen Augen nieder, in welchen eine Träne glänzte, sagte aber dem Gesandten kein Wort."[69]

Amalie wird sich, bei allem Schmerz über das zerbrochene Lebensglück ihrer Tochter, sicher gefreut haben, Friederike und die Enkelkinder bei sich zu haben, aber genauso sicher wird es ihr schwergefallen sein, das anmaßende Gehabe des eigenartigen Schwiegersohnes, der seine kleinen Kinder auf Gewaltmärschen durch Wald und Flur hetzte, zu tolerieren. Hinzu kam, dass die schwedische Ex-Königsfamilie ganz auf Kosten der badischen Verwandtschaft lebte, denn Gustav Adolf hatte es selbstverständlich abgelehnt, auch nur einen Taler von der schwedischen Regierung anzunehmen. Es wurde also Zeit, „einen Wohnort zu wählen, da die hohe Familie doch nicht immer in Bruchsal bleiben konnte. Demnach nahmen die Majestäten das Anerbieten des Großherzogs Karl Friedrich an, der das Schloss Meersburg am Bodensee zu ihrer Disposition stellte."[70]

Das Schloss wurde neu möbliert, der Hofstaat ernannt und die Familie hätte an Ostern einziehen können, wenn es Gustav Adolf nicht plötzlich abgelehnt hätte, nach Meersburg umzuziehen. Er hatte sich die Inneneinrichtung des Schlosses schildern lassen und bei der Beschreibung der Tapeten entsetzt ausgerufen, „er werde dieses Schloss nie beziehen, er wolle nicht wieder Gefangener sein, in Gripsholm seien ähnliche Tapeten gewesen!"[71]

Die Verstimmung nahm täglich zu, heftige Wortwechsel zwischen Amalie und ihrem wundergläubigen, Geister sehenden Schwiegersohn waren an der Tagesordnung, dazwischen stand Friederike, die sich oft weinend um Ausgleich bemühte.

Aus heiterem Himmel kam Gustav Adolfs Entscheidung, Bruchsal zu verlassen: „Niemand, auch nicht die Königin, hatte etwas von diesem Entschluss erfahren. ... Als die Postpferde über den Schlosshof geführt wurden, erfuhr die Markgräfin erst das Vorhaben ihres Herrn Schwiegersohnes. Sie eilte sogleich zu der Königin, wo sie den König fand, konnte ihn aber nicht bewegen zu bleiben. Er reiste sofort nach der Schweiz ab."[72]

Friederike, die sich nach der Abreise ihres Ehemannes in Scheibenhardt, südwestlich von Karlsruhe gelegen, niedergelassen hatte, unternahm mehrere Versuche, ihn umzustimmen und wieder mit der Familie zusammenzuleben. Im Juli 1810 reiste sie auf den Spuren des Gatten zusammen mit ihrer Mutter in die Schweiz und anschließend nach Altenburg in Sachsen. Hier stellte der Ex-König die Forderung, „seine Familie solle sich mit ihm in Herrnhut (pietistische Gemeinschaft) niederlassen und sich dort den Gebräuchen der Bewohner fügen. Die Königin konnte und wollte nicht einwilligen. So ward der Friede von Neuem gestört, und der König verließ eines Morgens um fünf Uhr seine Gemahlin, ohne zu sagen, wohin er sich wende."[73] Friederike hat ihren absonderlichen Ehemann nie wiedergesehen. „Am 30. September kehrte sie nach Scheibenhardt zurück, um fern von ihrem Gemahl, mit vier unmündigen Kindern, ohne Subsistenzmittel, ein Leben voller Prüfungen zu beginnen."[74]

Die Ehe des Paares wurde auf Betreiben Gustav Adolphs im Februar 1812 in Basel zivilrechtlich geschieden. Friederike stimmte unter der Bedingung zu, das alleinige Sorgerecht für ihre

Kinder zu erhalten. Die kirchliche Trennung erfolgte im Mai 1814.

Friederike lebte nun abwechselnd in ihrem bescheidenen Haus in Karlsruhe und in ihrem Palais in Baden(-Baden), wo sie sich immer wieder Kuranwendungen unterzog. Als sich zeigte, dass auch sie an der Erbkrankheit ihrer Familie, der Brustwassersucht, litt, schlugen die Ärzte einen Aufenthalt an der Côte d'Azur vor. Sie erreichte die Mittelmeerküste nicht mehr. Am 25. September 1826 starb Friederike in Lausanne in den Armen ihrer Tochter Amalie. Die ehemalige schwedische Königin wurde in der Familiengruft des Hauses Baden in Pforzheim beigesetzt.

Friederikes geschiedener Gemahl starb schwermütig und vereinsamt am 7. Februar 1837 in St. Gallen.

An der Seite eines Haudegens: Marie

Die fünfte Tochter Amalies, Marie, war ihr erklärter Liebling. Und ausgerechnet sie sollte nach dem Willen des Großvaters Karl Friedrich einen unbedeutenden nachgeborenen Herzogssohn heiraten, der einem Vergleich mit den Ehemännern der Schwestern auf keinen Fall standhalten konnte! Für die standesbewusste Amalie war ein solcher Fehlgriff nicht zu akzeptieren. Hinzu kam, dass alle über sein recht aktives Liebesleben, seine Schuldenberge und seine sonstige indiskutable Lebensweise Bescheid wussten, und so musste die überaus besorgte Mutter annehmen, die geliebte Tochter werde mit dieser Heirat ins Unglück gestürzt.

Hätte der Ehemann in spe die richtige Stellung bekleidet, wäre die bewegte Vergangenheit vielleicht weniger wichtig gewesen! Aber Friedrich Wilhelm war der vierte und jüngste Sohn Herzog Karl Wilhelm Ferdinands von Braunschweig-Wolfenbüttel (1735–1806). Er stand folglich in der Regierungsnachfolge hinter drei älteren Brüdern und das machte ihn wirklich nicht zu einer guten Partie.

Friedrich Wilhelm, am 9. Oktober 1771 geboren, hatte sich nach einer eher schlechten als rechten Erziehung für die militärische Laufbahn entschieden, die ihn ab 1789 nach Preußen führte. Er wurde Kapitän eines Infanterieregiments und nahm ab 1792 an Feldzügen gegen Frankreich teil. Der Welfenprinz führte ein lockeres Leben als Weiberheld, er trank, spielte und machte Schulden. In Potsdam hatte er Prinz Ludwig, den Schwager Amalies kennen gelernt, der wiederum dem Vater des Trunkenbolds sehr verbunden war. Auch er, Herzog Karl Wilhelm Ferdinand, stand als Feldmarschall in preußischen Diensten.

Den Herzog plagten zwei Sorgen, zum einen das ungezwungene Offiziersleben seines Jüngsten, das ihm möglicherweise völlig gleichgültig gewesen wäre, hätten, zum anderen, dessen ältere Brüder für Nachkommen gesorgt. Aber die Ehe des fast blinden ältesten Sohnes blieb kinderlos und die beiden anderen Söhne waren weder körperlich noch geistig in der Lage, die Thronfolge anzutreten. Auf die Länge der Zeit würde also Friedrich Wilhelm seinem Vater nachfolgen. Das bedeutete das Ende seines Lotterlebens und das väterliche Drängen auf Einwilligung in eine standesgemäße Verehelichung.

Der erste Versuch, eine geeignete Braut zu finden, schlug fehl. Die Werbung um Friederike (1778–1841), die Witwe Prinz Ludwigs von Preußen (1773–1796) und Schwester Königin Luises, wurde rundweg abgelehnt. Der Herzog schlug Friedrich Wilhelm daraufhin vor, sich in Hildburghausen oder in Karlsruhe umzusehen. In Baden hatte er ja mit Prinz Ludwig einen nicht unbedeutenden Fürsprecher.

Aber selbst die Aussicht der Nachfolge Friedrich Wilhelms in Braunschweig machte Amalie nicht geneigter. Da jedoch zwei andere Eheprojekte – mit Wilhelm, dem Erbprinzen von Württemberg, und mit dem Neffen Amalies, Ludwig von Hessen-Darmstadt – aus politischen Gründen nicht zustande gekommen waren, mussten Mutter und Tochter letztlich klein beigeben und wohl oder übel in die Verbindung mit dem Welfen einwilligen.

Die Verlobung fand am 12. Juni 1801 statt. Keiner der beiden Beteiligten hatte es mit der Vermählung eilig, nur der Vater des Bräutigams wollte diesen möglichst schnell im sicheren Hafen der Ehe sehen. Trotz des Drängens Herzog Karls vergingen noch beinahe eineinhalb Jahre bis zur Eheschließung. Nur auf gutes Zureden seiner Mutter hin war Friedrich Wilhelm schließlich bereit, nach Karlsruhe zu kommen und Marie zu heiraten. „Man war sehr beschäftigt mit der nahen Vermählung der Prinzessin Marie mit dem Herzog von Braunschweig-Oels. Die Braut schien nichts weniger als glücklich durch diese Verbindung. ... Einige

Male schien diese Verbindung wieder auf dem Punkt, sich aufzulösen; man war ihrer nicht ganz gewiss bis zur Ankunft des Bräutigams. Mutter und Tochter geizten (nicht) mit den Augenblicken, die sie noch vor seiner Ankunft allein zusammen zubringen konnten. ... Den 1. November (1802) fand die Trauung des Braunschweigischen Fürstenpaares statt mit aller Feierlichkeit, welche die Gelegenheit erforderte. ... Kaum war die Trauungszeremonie im Marmorsaal des Schlosses beendigt, als die Mutter mit ihrer engelschönen Tochter, um dem versammelten Hof ihre Bewegung zu verbergen, in ein nahes Nebenzimmer eilte, wo die Neuvermählte im Glanz des Brautstaats, mit Diamanten bedeckt, sich ihrer Mutter in die Arme warf und ausrief: ‚Mama, ich bin das unglücklichste Geschöpf, das existiert.' Ich erinnere mich, dass dieser Ausruf in diesem Augenblick, in der höchsten Aufregung mir durch die Seele ging. Den Abend vor ihrer Abreise und ersten Trennung von ihrer so innig geliebten Mutter war ich im Vorzimmer, wie sie diese verließ, und im Übermaß des Kummers sich mit verhülltem Gesicht fest an die Türe lehnte."[75] Karoline von Freystedt, die uns diese Beschreibung der Hochzeit Maries überlieferte, zeichnete ein Porträt der unglücklichen Braut. Amalie ließ es in ihrem Schreibkabinett aufhängen und schrieb darunter: „Arme Marie".

Man mag es kaum glauben. Diese Ehe, die mit soviel Kummer begann, wurde, so kurz sie auch war, glücklich! Nach einigen Anfangsschwierigkeiten verstanden sich die beiden Ehepartner glänzend. Zwei Söhne kamen zur Welt: Karl am 30. November 1804 und Wilhelm am 25. April 1806. Über die Geburt des ersten Sohnes geriet ganz Braunschweig in einen wahren Freudentaumel. Amalie hatte es sich nicht nehmen lassen, zur Niederkunft ihrer Lieblingstochter zu reisen: „Der Hof von Braunschweig war ein kleines Berlin, glänzend, der Adel reich und gesellig. Ein französisches Theater hatte das deutsche verdrängt, gewährte aber eine sehr angenehme Unterhaltung. Hier blieb die Markgräfin zwei Monate in höchst angenehmen Verhältnissen. Ihre Tochter hatte nun den Gemahl liebgewonnen, sie war glücklich durch die Geburt ihres Sohnes. Der Herzog ... und sein ganzes Haus bemühten sich, der Markgräfin den Aufenthalt so angenehm als möglich zu machen."[76]

Friedrich Wilhelm, der weiterhin in preußischen Diensten

stand, zog sich während seiner Kriegseinsätze gegen Frankreich mehrere schwere Verwundungen zu. Er nahm an der Schlacht von Jena und Auerstedt teil, in der sein Vater, Herzog Karl Wilhelm, schwerst verwundet wurde und am 10. November 1806 starb. Am 21. Oktober hatte er Friedrich Wilhelm an seinem Sterbelager per Dekret zum Herzog von Braunschweig ernannt. Napoleon erkannte ihn jedoch nicht als neuen Herzog an, und Friedrich Wilhelm musste sich auf seine Güter nach Schlesien zurückziehen, die er im Oktober 1805 von seinem Onkel Friedrich August geerbt hatte. Amalie setzte sich vergeblich für ihren Schwiegersohn bei Napoleon ein, der das Herzogtum Braunschweig auflöste und es dem Königreich Westfalen zuschlug, das er für seinen Bruder Jérôme (1784–1860) geschaffen hatte.

Im Oktober 1806 musste auch Herzogin Marie Braunschweig verlassen, um sich und ihre Kinder vor den Franzosen in Sicherheit zu bringen. Sie floh in das schwedische Stralsund und nahm eine Einladung ihrer Schwester Friederike an. Anfang Dezember trafen sich Marie und Friedrich Wilhelm in Malmö: „Ich werde nie den wahren Beweis Deiner Liebe vergessen, den Du mir ungeachtet so mancher Gefahren gabst, und die zwei glücklichen Tage, die wir zusammen zubrachten",[77] schrieb Marie an Friedrich Wilhelm, der nach Ottensen bei Altona, wo er in französische Gefangenschaft geraten war, zurückkehrte.

Im Mai 1807 verließ die Herzogin zusammen mit ihren beiden Söhnen Malmö und traf sich in der Nähe von Flensburg mit ihrem Ehemann. In den nächsten Monaten lebte das Paar in einfachsten Verhältnissen, bis es sich entschloss, nach Baden weiterzureisen: „Im September kam die Königin von Bayern nach Rohrbach mit ihrer Schwester, der Herzogin von Braunschweig, Letztere nach langem Umherirren auf der Flucht vor den Franzosen, die sie bis nach Schonen getrieben hatten, zu ihrer königlichen Schwester von Schweden. Ihr Land, vom Feind eingenommen, durfte sie nicht betreten, so suchte sie denn eine Zuflucht im Vaterland bei ihrer Mutter und ihrem Bruder, leider auf kurze Zeit, denn das Ziel ihres schönen Lebens war nicht fern. Die Markgräfin führte sie erst nach Bruchsal, um dort auszuruhen. ... Sie war guter Hoffnung. ... Die Erziehung zweier blühender Söhne war in Abwesenheit ihres Gemahls, der nun ganz ihr Herz gewonnen hatte, ihre einzige Beschäftigung."[78]

Marie starb am 20. April 1808 im Kindbett, sie hatte eine tote Tochter zur Welt gebracht. Der Familientradition entsprechend wurde sie in der Fürstengruft in Pforzheim zusammen mit ihrer Tochter beigesetzt.

Ganz sicher wird Amalie Napoleon für den frühen Tod ihrer geliebten Tochter verantwortlich gemacht haben. Er hatte das Herzogspaar aus dem angestammten Land vertrieben und in eine ungewisse Zukunft gestoßen. Die Flucht, „das lange Umherirren", die Aussichtslosigkeit ihrer Lage hatten die Kräfte der ohnehin zarten Herzogin erschöpft. Energie, um sich von der schweren Niederkunft zu erholen, blieb ihr nicht mehr.

Herzog Friedrich Wilhelm war zutiefst betroffen und untröstlich. Er führte von nun an ständig Erinnerungsstücke an Marie bei sich. So ließ er in den Knauf seines Säbels eine Haarlocke der geliebten Gemahlin, über die der französische Gesandte Massias geschrieben hatte, sie sei die beste und hübscheste Frau Europas, einarbeiten. Seine beiden Söhne ließ Friedrich Wilhelm bei Amalie in Bruchsal zurück, er ging auf seine schlesischen Besitzungen nach Oels. Von hier aus organisierte er die Unternehmungen, die ihn als „Schwarzen Herzog" berühmt machten. Mit seiner „Schwarzen Schar", benannt nach der Uniformfarbe, schlug er sich von Böhmen bis zur Wesermündung höchst abenteuerlich durch. Seine gerade einmal zweitausend Soldaten zwangen Anfang August 1809 eine französische Übermacht unter General Reubell zum Rückzug. Friedrich Wilhelm, der in einem Atemzug mit den Freiheitshelden Andreas Hofer und Ferdinand von Schill genannt wurde, führte seine Truppe in Partisanenmanier nach Helgoland und setzte schließlich mit den „Black Brunswickers" nach England über.

Hier trafen im Oktober 1809 nach einer wahren Odyssee seine beiden Söhne ein. Ende 1808 hatte er sie bei seiner Schwiegermutter abgeholt und Vertrauten übergeben: „Während des Winteraufenthalts in Bruchsal trat bei der Abendvorlesung, der gewöhnlichen Unterhaltung, unvermutet der Herzog von Braunschweig ein, der sich wie ein Geächteter nur heimlich seinen Freunden zeigen durfte. Der französische Gesandte hielt ihn stets im Auge und unter der Aufsicht seiner Spione. Der Herzog war gekommen, seine Söhne der Markgräfin wieder abzufordern."[79] Über Oels, Warschau, Kolberg und Schweden kamen sie schließlich in England, dem Heimatland ihrer Großmutter Auguste, an.

Die Auflösung des westfälischen Königreichs wurde am 1. Oktober 1813 proklamiert und am 22. Dezember kehrte Herzog Friedrich Wilhelm, begeistert von der Bevölkerung empfangen, nach Braunschweig zurück. Die beiden Prinzen verließen England im Oktober 1814 und hielten sich bis zum Frühjahr 1815 bei ihrer Großmutter in Baden auf. „Die Prinzen, liebenswürdige Kinder, vielleicht ein wenig durch ihre Großmutter, die in ihnen noch die Mutter liebte, verdorben, berechtigten damals zu vielen Hoffnungen. ... Sie stunden meistens übel mit den königlich schwedischen Kindern, die durch ihre übermäßige Lebhaftigkeit viel zu tragen hatten, bekamen aber immer recht, wenn es zur Entscheidung kam."[80] Amalie verzog die mutter- und im Grunde auch vaterlosen Kinder und bemühte sich mit besonderer Liebe um sie.

Nach der Landung Napoleons in Frankreich, zog Herzog Friedrich Wilhelm an der Spitze eines Korps von 7000 Mann am 17. April 1815 in Richtung Brüssel. Er wurde dem Oberbefehl des Herzogs von Wellington unterstellt. Die Entscheidungsschlacht von Waterloo am 18. Juni erlebte der Schwarze Herzog nicht mehr. Er wurde am 16. Juni bei einem Vorgefecht, der Schlacht von Quatrebras, tödlich verwundet.

Amalie traf der Tod des Schwiegersohns, der längst ihre Zuneigung gewonnen hatte, sehr: „Welchen Schrecken und welche tiefe Betrübnis verbreitete diese Trauerpost!"[81] Nicht nur die Markgräfin, auch die anderen Familienmitglieder waren zutiefst bestürzt. Als die Nachricht vom Sieg über Napoleon – eigentlich ein Grund zu größter Freude – in Bruchsal eintraf, meinte die gerade zu Besuch weilende Zarin Elisabeth traurig: „Dies gibt doch dem armen Herzog das Leben nicht wieder!"[82]

Maries Söhne
Testamentarisch hatte Friedrich Wilhelm festgelegt, dass seine Söhne unter der Aufsicht ihrer Großmutter in Baden bleiben und hier erzogen werden sollten. Dieser Wunsch des Vaters wurde nicht erfüllt. Der Vormund der Kinder, der spätere englische König Georg IV., ließ sie nach Braunschweig bringen und hier wurden sie von mehr oder weniger geeigneten Erziehern mehr

oder weniger unterrichtet. „Nach dem Tode des Grafen Schulenburg war auch sonst kaum jemand vorhanden, der ihnen unwillkürlich Achtung und Autorität eingeflößt hätte. Denn leider waren die Erzieher, zumeist ungeschickte Pedanten, dazu nicht imstande. Zudem fehlte bei ihrer Erziehung jeder weibliche Einfluss."[83] Ob Amalie die Enkel in ihrer übergroßen Liebe besser erzogen hätte, können wir natürlich nicht wissen. Vielleicht hätte sich Prinz Karl unter der Aufsicht seiner Großmutter nicht zu der unangenehmen Persönlichkeit entwickelt, die schließlich aus ihm wurde. Karoline von Freystedt war allerdings sicher, die Großmutter trage sehr wohl ihren Anteil an der unglücklichen Entwicklung des Enkels und beurteilte Amalies Erziehungsversuche nicht sehr positiv. Denn bei den häufigen Besuchen in Baden habe Amalie den Söhnen Maries, die immer als besonders ausgelassen und lebhaft beschrieben wurden, zu Vieles nachgesehen, im Besonderen dem Älteren. „Sie hatte ihn überhaupt immer verwöhnt und seine vielfachen Launen genährt, wie denn die Erziehung der Männer aus ihrer Familie, in die sie sich mischte, immer unglücklich ausfiel."[84] Das beste Beispiel sei Amalies eigener Sohn, meinte Fräulein von Freystedt.

Der ungeratene Lieblingsenkel hielt sich im Jahr 1822 längere Zeit bei seiner Großmutter, die ihn stets energisch unterstützt hatte, auf: „Im Mai kam Prinz Karl von Braunschweig auf längere Zeit nach Bruchsal. Damals schon fing er an, sich gegen die Vormundschaft des Königs von England, Georg IV. seines Oheims, aufzulehnen und alles aufzubieten, um im 18. Jahr mündig erklärt zu werden, wenn schon augenscheinlich sein ganzes Wesen sich nicht dazu eignete. Die Markgräfin hatte eine blinde Liebe für ihre zwei Enkel und half diesem nach Kräften, ihn von der Vormundschaft zu befreien, die er noch so notwendig brauchte."[85] Die Großmutter unterstützte Karls Wunsch, die Vormundschaft zu beenden und die Regierung in Braunschweig möglichst bald anzutreten, obwohl ihm dazu jegliche Reife fehlte. Durch Vermittlung Metternichs wurde schließlich ein Kompromiss gefunden. Der geliebte Enkel Amalies bestieg am 30. Oktober 1823 den Thron und versprach, sich in den folgenden drei Jahren aus den Regierungsgeschäften herauszuhalten.

Im Sommer 1830 mischte sich Amalie noch einmal in Angelegenheiten ihres Enkels. Durch einen Brief Karls aufgeschreckt, meinte sie sich für ihn beim Bundestag in Frankfurt einsetzen zu müssen. Sie forderte Großherzog Leopold auf, für Karl Partei zu ergreifen. „Dieser aber folgte der Ansicht des Königs von Preußen und wollte nicht auf die Vermittlung der Markgräfin eingehen."[86] Sie war auch nicht mehr notwendig. Karls ungeschickter neoabsolutistischer Regierungsstil hatte zu einem Aufstand der Braunschweiger Bevölkerung geführt. Im September 1830 musste er sein Land verlassen. Er verlor den Thron und lebte unverheiratet als exzentrischer Bonvivant im Exil in Spanien, England, Frankreich und schließlich in der Schweiz, wo der „Diamantenherzog" – er hatte sein beträchtliches Vermögen in Edelsteinen angelegt – 1873 starb.

Nachfolger Karls wurde sein Bruder Wilhelm, der ebenfalls unverheiratet blieb und ohne legitime Nachkommen im Oktober 1884 starb.

Die Großmutter der Battenbergs: Wilhelmine

Eineinhalb Jahre nach der älteren Schwester kam auch das Nesthäkchen der Familie, Prinzessin Wilhelmine, unter die Haube.

Bonapartes Ehe mit Josephine Beauharnais war kinderlos geblieben, er dachte an Scheidung. Nun tauchten in der Umgebung des Ersten Konsuls Gerüchte auf, er beabsichtige, die jüngste Tochter des badischen Erbprinzenpaares zu heiraten. Ein englischer Diplomat schrieb Ende des Jahres 1802: „Sollte die Scheidung stattfinden, wird er (Napoleon) die einzige verbleibende Tochter des Markgrafen[87] von Baden heiraten, eine Prinzessin, erst fünfzehn Jahre alt."[88] In Baden scheint man davon nichts gewusst zu haben. Napoleon nahm nie Verhandlungen mit Karl Friedrich wegen einer Eheschließung mit seiner Enkelin auf. Es handelte sich tatsächlich nur um ein Gerücht.

Ernst zu nehmen war dagegen die Bewerbung des Erbprinzen Ludwig von Hessen-Darmstadt. Er hatte bereits um die Schwestern Wilhelmines angehalten, war jedoch abgewiesen worden: „Der damalige Erbprinz hatte erst um Prinzessin Luise, später (die russische) Kaiserin Elisabeth, geworben, dann um Prinzessin Marie, Herzogin von Braunschweig-Oels, und, als diese ihm entging, wandte er sich an Prinzessin Wilhelmine, die jüngste der Schwestern."[89] Die Verlobung, ganz im Sinne Amalies, die auf eine Verbindung mit ihrem hessischen Neffen gehofft hatte, fand im Januar 1803 statt. Gleichzeitig versuchte man, die Differenzen wegen beidseitiger Gebietsabtretungen, die in der Vergangenheit für Unstimmigkeiten zwischen dem Markgrafen von Baden und dem Landgrafen von Hessen-Darmstadt gesorgt hatte, beizulegen.

Im Sommer des Jahres 1803 lernte sich das Paar während eines Aufenthalts Amalies in Mannheim näher kennen. Der Bräutigam, am 26. Dezember 1777 in Darmstadt geboren, neigte wie viele aus dem Hause Hessen-Darmstadt zur Geistergläubigkeit: „Eine Lieblingsunterhaltung des fürstlichen Brautpaares war, in den weitläufigen Gängen des Mannheimer Schlosses abends herumzuwandeln in der kindlichen Hoffnung, Geistererscheinungen zu begegnen."[90] Man machte sich einen Spaß daraus und stellte einige Male „weißverschleierte Gestalten" in düstere Ecken, „worüber die jungen Herrschaften sehr erschraken".[91]

Wilhelmine war ein unbekümmertes junges Mädchen, das tat, was ihm Spaß machte und dazu gehörte auch essen. „Prinzessin Mimi, wie man sie gewöhnlich nannte, musste oft von ihrer Mutter hören, dass ihr Appetit viel zu groß sei, welches sie als üble Gewohnheit tadelte. Wahr ist, dass sie sich oft etwas vom Mittagessen der Kammerfrauen bringen ließ, und damit die Markgräfin dies nicht erfahren sollte, stund der fürstliche Bräutigam Schildwache und schirmte die Esslust der Prinzessin-Braut vor jedem Überfall."[92]

Das Paar kam wunderbar miteinander aus. Erfreut stellte man in der Familie fest, dass Ludwig sehr in Wilhelmine verliebt sei. Fast eineinhalb Jahre nach der Verlobung konnte im Juni 1804 endlich die Hochzeit des hessisch-darmstädtischen Erbprinzenpaares in Karlsruhe gefeiert werden. Im Anschluss an die Trauung reisten die frisch Vermählten mit Amalie nach München. Auch dort fiel der Verwandtschaft die Verliebtheit des Prinzen auf: „Jetzt sind wir alle hier. Dieses besteht aus der Markgräfin (Amalie), der Königin (Friederike), der Mimi mit ihrem Mann und aus dem Gefolge, welches nicht klein ist. ... Mein Vetter Ludwig ist erstaunlich dick. Man sieht, dass er die Mimi liebt"[93], schrieb Prinzessin Auguste an ihren Bruder, den künftigen König Ludwig I. von Bayern. Allzu lange hielt die Verliebtheit des Paares allerdings nicht an.

Ludwig hatte eine ausgezeichnete Erziehung genossen. Von 1795 bis 1798 besuchte er die Universität Leipzig. Nach dem Ende seines Studiums bereiste er Deutschland und hielt sich längere Zeit am preußischen Hof auf. Wieder in Darmstadt widmete er sich dem Militärdienst. Von der unmittelbaren Teilnahme an der Regierung blieb er jedoch bis zum Tod seines Vaters im Jahr 1830 ausgeschlossen. Das scheint den ohnehin gehemmten Erbprinzen psychisch sehr belastet zu haben. Er entwickelte sich zu einem verbitterten Menschen, von dem sich seine Gemahlin bald emotional abwandte, zumal er für weibliche Reize allzu empfänglich wurde. Wilhelmine brachte in den Jahren 1806 und 1809 zwei Söhne, Ludwig und Karl, zur Welt. Danach ging sie wie ihre Schwiegermutter eigene Wege. Sie hatte durch Vermittlung ihrer Schwester Friederike den Schweizer Kavallerieoffizier August Senarclens de Grancy kennen gelernt und ihn zunächst als Reitlehrer für ihre Söhne engagiert. Mit ihm lebte sie auf der Darmstädter Rosenhöhe oder auf Schloss Heiligenberg bei Jugenheim an der Bergstraße, das Wilhelmine 1828 aus ihrem persönlichen Vermögen erworben hatte.

Die außereheliche Beziehung ihrer Tochter empfand Amalie als sehr bedrückend. Trotz ihrer Liebe zu Darmstadt brachte sie es einige Jahre nicht über sich, die Tochter zu besuchen, „um nicht Zeuge eines Verhältnisses zu sein, welches sie schmerzte und kränkte." Nur wenn „der ihr unangenehme Gegenstand (de Grancy) abwesend"[94] war, folgte sie den Einladungen Wilhelmines. Deren Ehe mit Ludwig blieb auch dann bestehen, als ihre Kinder Elisabeth (1821–1826), Alexander (1823–1888) und Marie (1824–1880) geboren wurden, die Ludwig anerkannte.

Marie machte eine glänzende Partie. Sie heiratete im April 1841 in Petersburg den künftigen Zaren Alexander II. Zarewitsch Alexander hatte seine Braut in Darmstadt kennen und lieben gelernt und dabei auch Bekanntschaft mit ihrem ein Jahr älteren Bruder gemacht. Die beiden verstanden sich so gut, dass sich der hessische Alexander entschloss, der Einladung des russischen Alexander zu folgen und seine Schwester nach Petersburg zu begleiten. Hier traf der umschwärmte Darmstädter Prinz Julie Therese von Haucke (1825–1895), die Hofdame der angehenden Zarin, verliebte sich in sie und war durch nichts mehr davon abzubringen, sie zu heiraten.

Amalies Vater, Landgraf Ludwig IX. von Hessen-Darmstadt, der „Trommler von Pirmasens", ein großer Verehrer Friedrichs II., unterzog seine Soldaten einem harten Drill. Trotz seiner auf alles Militärische ausgerichteten Interessen hatte er ein offenes Ohr für die Neuerungen seiner Zeit. – Kupferstich, 18. Jahrhundert.

Die Mutter Amalies, Henriette Caroline, Tochter Herzog Christians III. von Pfalz-Zweibrücken. Sie heiratete 1741 den Erblandgrafen Ludwig von Hessen-Darmstadt, später Landgraf Ludwig IX.

Am 15. Juni 1774 heiratete Amalie ihren Cousin,
Erbprinz Karl Ludwig, Sohn Markgraf Karl Friedrichs von Baden
und Karoline Luises von Hessen-Darmstadt. –
Ölgemälde von Johann Ludwig Kisling, um 1800.
Baden-Baden, Neues Schloss.

Amalie galt nicht als hübsch. Ihre Mutter, die Große Landgräfin, Henriette Caroline, attestierte ihr als jungem Mädchen Schüchternheit und Ungeschicklichkeit. Dies änderte sich rasch. – Ölgemälde, Adolf Ulrik Wertmüller, um 1800. Schloss Bruchsal.

*Amalies Schwiegervater, Markgraf Karl Friedrich von Baden,
hielten seine Zeitgenossen für „Deutschlands besten Fürsten".
Seine Reformtätigkeit fand allgemeine Beachtung. –
Gemälde von Johann Ludwig Kisling, undatiert.
Baden-Baden, Neues Schloss.*

*Das Karlsruher Schloss, Residenz der Markgrafen von Baden.
Als Amalie 1774 einzog, war der Umbau des ehemaligen Holzgebäudes noch nicht
abgeschlossen. Sie richtete sich im Westflügel über den Räumen ihres Gemahls
ein. – Kupferstich von J. Haas nach einer Zeichnung von Burdett, um 1780.*

Zu ihrer Schwiegermutter und Tante, Karoline Luise von Hessen-Darmstadt – hier mit ihren Söhnen (v. l.) Karl Ludwig und Friedrich –, fand Amalie keinen Zugang. Die überaus begabte, vielseitig interessierte und hochgebildete erste Gemahlin Markgraf Karl Friedrichs lehnte die Schwiegertochter wegen mangelnder wissenschaftlicher Interessen ab. – Gemälde von Joseph Melling, 1757. Badisches Landesmuseum Karlsruhe.

Markgraf Karl Friedrich heiratete Ende 1787 in morganatischer Ehe die um 40 Jahre jüngere Hofdame Amalies, Luise Karoline Freiin Geyer von Geyersberg, später Gräfin von Hochberg. Nach dem Aussterben der altfürstlichen Linie wurde ihr Sohn Leopold Großherzog von Baden. – Reliefmedaillon von Philipp Jacob Scheffauer, um 1805.

Amalie brachte Feodor Iwanowitsch Kalmück mit nach Karlsruhe. Sie hatte ihn von ihrer Mutter „geerbt", die ihn von Zarin Katharina der Großen als Geschenk erhalten hatte. Das badische Erbprinzenpaar ermöglichte Feodor Zeichenunterricht. Er wurde schließlich Hofmaler in Karlsruhe. – Ölgemälde von Josef Wolfgang Hauviller, um 1775.

Die nach allgemeiner Ansicht unattraktivste Tochter Amalies war Prinzessin Amalie Christiane. Trotz mehrerer Anläufe fand sich kein Gemahl für sie. – Gemälde wahrscheinlich von Johann Heinrich Schröder, undatiert.

Von Amalie überredet, heiratete Tochter Karoline 1797 den um 20 Jahre älteren Herzog von Pfalz-Zweibrücken, Maximilian Joseph. Die Ehe mit dem späteren bayerischen König Maximilian I. Joseph wurde überaus glücklich. – Gemälde von August von Heckel, 1864.

Als Katharina die Große für ihren geliebten Enkel Alexander, den späteren Zaren Alexander I., eine Gemahlin suchte, schickte Amalie ihre Töchter Luise und Friederike „zur Ansicht" nach Russland. Alexander entschied sich für Luise, die vor der Hochzeit im Herbst 1793 den Namen Elisabeth Alexejewna annahm. – Kupferstich, 1815.

Friederike war wohl die unglücklichste der Töchter Amalies. Sie heiratete 16-jährig den schwedischen König Gustav IV. Adolf. Er verlor 1809 den Thron und wurde des Landes verwiesen. Friederike ließ sich scheiden und lebte bis zu ihrem Tod in Baden. – Gemälde von Philip Jakob Becker, undatiert.

Marie war die Lieblingstochter Amalies. Sie musste nach dem Willen des Großvaters Karl Friedrich Herzog Friedrich Wilhelm von Braunschweig-Wolfenbüttel-Oels heiraten. Die Familie des „Schwarzen Herzogs" wurde von Napoleon aus Braunschweig vertrieben und flüchtete schließlich nach Baden. Marie starb im Alter von 26 Jahren im Kindbett in den Armen ihrer Mutter. – Nach einem Gemälde von Johann Heinrich Schröder, um 1800. Baden-Baden, Neues Schloss.

Amalies einziger Sohn Karl wurde von seinen Zeitgenossen als gehemmt geschildert, er habe schlechte Umgangsformen und einen schwachen und undurchsichtigen Charakter. Politisch blieb der spätere Großherzog von Baden eine farblose Figur. – Ölgemälde, Schule des Barons François Pascal Simon Gérard, um 1806.

Karl von Baden vermählte sich 1806 nach dem Willen Napoleons mit dessen Adoptivtochter Stéphanie de Beauharnais. Amalie und ihre Töchter lehnten die aufgezwungene Schwiegertochter und Schwägerin entschieden ab. – Stich von Rossler nach Johann Heinrich Schröder, undatiert.

Das Gemälde zeigt Erbprinzessin Amalie vier Jahre nach der Geburt ihres letzten von acht Kindern. – Ölgemälde, 1792.

Etwa zwei Jahre nach der Entstehung dieses Gemäldes fand die Auseinandersetzung Amalies mit Napoleon wegen der Eheschließung ihres Sohnes Karl und Stéphanie de Beauharnais' statt. Amalie war eine erbitterte Gegnerin Napoleons. – Gemälde von Johann Ludwig Kisling, 1803/04.

Tochter Wilhelmine ehelichte 1804 ihren Cousin, den späteren Großherzog von Hessen und bei Rhein Ludwig II. Von ihr stammt die hessische Linie Battenberg, engl. Mountbatten, ab. – Ölgemälde von Johann Grund, undatiert. Baden-Baden, Neues Schloss.

Schloss Bruchsal wurde der Witwensitz Amalies. Ab 1806 lebte sie abwechselnd hier und in ihren übrigen Wohnsitzen.

Amalie erhielt 1803 Schloss Rohrbach von ihrem Schwiegersohn und Cousin Kurfürst Maximilian Joseph als Geschenk. Sie ließ das Gebäude nach ihren Vorstellungen umbauen und bewohnte es im Sommer. – Nach einem Gemälde von Philipp Le Clerk, 1797.

Innenansicht des Schlosses Rohrbach mit Markgräfin Amalie. – Zeichnung, Maler unbekannt, undatiert.

Die letzten Lebensjahre Amalies waren beschwerlich. Sie erblindete, wurde von weiteren körperlichen Beschwerden und von Depressionen geplagt. Den äußeren Schein hielt sie jedoch stets aufrecht. – Lithografie von C. F. Müller nach Stirnbrand, undatiert.

Aber, darf der Schwager des Zarewitsch eine kleine Gräfin zur Frau nehmen, deren Großvater ein Kaufmann aus Mainz und deren Großmutter eine Pfarrerstochter aus der Pfalz war? Nein, natürlich nicht! Alexander musste nach Darmstadt zurückkehren und die geliebte Julie in Russland zurücklassen. Drei Jahre später ist er wieder in Petersburg und bittet um die Hand des kaiserlichen Mündels, die ihm erneut verwehrt wird. Schließlich brennt das Liebespaar – sie im vierten Monat schwanger – durch und heiratet Ende Oktober 1851 heimlich in Breslau.

Selbstverständlich konnte es nicht angehen, dass der Großherzog von Hessen und bei Rhein Schwager eines Fräulein von Haucke wurde. Sein Kanzler kam auf die Idee, ihr den Namen eines ausgestorbenen Rittergeschlechts zu geben: Battenberg. Eine neue hessische Linie war geboren. Prinz Alexander fand eine Stellung in Österreich, bevor er 1862 mit seiner groß gewordenen Familie – eine Tochter und vier Söhne – nach Darmstadt zurückkehrte und ins Prinz-Alexander-Palais einzog. Aus dem Erbe seiner Mutter Wilhelmine, die schon am 27. Januar 1836 verstorben war, erhielt die Familie Battenberg den Sommersitz Schloss Heiligenberg.

Alexanders ältester Sohn Ludwig von Battenberg (1854–1921) machte Karriere in der Royal Navy, wurde Vizeadmiral und später Kommandeur der britischen Atlantikflotte. Unter dem Eindruck des Ersten Weltkrieges änderte Ludwig von Battenberg seinen Namen in Mountbatten. Seine älteste Tochter Alice, verheiratet mit Prinz Andreas von Griechenland, ist die Mutter von Prinz Philip, Herzog von Edinburgh, Gemahl von Königin Elizabeth II. Der nächste König von England ist folglich ein Nachfahre Amalies von Baden.

Reise nach Russland und Schweden

Amalie – ehrgeizig und machtbewusst – hatte alles unternommen, um ihre Töchter an wichtigen Höfen in bedeutender Position unterzubringen. Dies ist ihr zweifelsohne gelungen. Sich selbst sah sie an der Seite ihres Gemahls als künftige badische Landesmutter mit dem entschiedenen Willen, politischen Einfluss auszuüben. Doch der Traum von der regierenden Fürstin, die die Geschicke des Landes mitbestimmt, ging nicht in Erfüllung. Das Jahr 1801 wurde zum Schicksalsjahr Amalies.

Dabei fing alles wunderbar an. Die Erbprinzessin sollte endlich wieder in das Land ihrer Sehnsüchte reisen dürfen, nach Russland. Alexander, Amalies überaus geschätzter Schwiegersohn, war nach der Ermordung seines Vaters Paul im März 1801 zum Zaren gekrönt worden und lud seine Schwiegereltern ein, ihn und seine Gemahlin Elisabeth zu besuchen.

Diese Reise diente jedoch nicht nur privaten, sondern auch politischen Zwecken. Zwischen Karlsruhe und Petersburg war es wegen des 1796 zwischen Baden und Frankreich geschlossenen Sonderfriedens[95] zu tiefen Verstimmungen gekommen. Zar Paul sah in dem Vertrag einen Verrat am Reich und forderte, die Reichsacht über den Markgrafen zu verhängen, falls er sich nicht von dem Bündnis distanziere. Er enthob ohne viel Federlesens Amalies Ehemann sämtlicher militärischer Ehrenämter, die er im russischen Heer bekleidete. Der Zar hielt es nicht für nötig, den Schwiegervater seines Sohnes über diese Schritte zu informieren, Karl Ludwig erfuhr – wie demütigend – die Neuigkeit aus der Zeitung: „Geliebtester Vater", schrieb er im Juni 1800 aus München, „aus der Hamburger und Augsburger Zeitung hat sich gestern das ... sehr unangenehme Gerücht meiner Entlassung aus russisch-kaiserlichen Diensten allgemein verbreitet und der Anlass dazu war jedermann äußerst auffallend."

Der Erbprinz war sich der kritischen Situation, in der sich sein Land jetzt befand, bewusst und befürchtete, Paul würde Baden genauso wie Bayern als feindliches Land betrachten:

„Besonders ist dem Kurfürsten (von Bayern) bang, wenn die Russen in das Badische kommen sollten. Was solche für einen Weg nehmen werden, ist mir unbekannt, denn der (russische) Gesandte ist seit seiner Retour von Augsburg ganz zurückhaltend und kalt gegen mich. Wenn nicht sobald als möglich das Missverständnis behoben wird, so traue ich den Russen nicht viel Gutes zu. Ich war wahrhaftig vorgestern und gestern ganz krank und traurig. Mir ist bange vor den Dingen, die da kommen können. Schicken Sie mir bald tröstlich Nachrichten zu, liebster Vater. Es ist mir nicht um den grünen Rock zu tun, sondern um unsere armen Landsleute."[96]

Die Lage war fatal. Denn man hatte nicht nur Petersburg, sondern auch Wien verärgert und musste nun schleunigst zusehen, wie die Empörung, die an beiden Kaiserhöfen herrschte, beschwichtigt werden konnte. Was Russland betraf, wollte man dem Rat des langjährigen Geschäftsträgers von Koch folgen, der vorgeschlagen hatte, von allen ministeriellen Schritten abzusehen und die Erbprinzessin vorzuschicken, die sich bei Paul und ihrem Schwiegersohn ganz privat für den Gatten verwenden sollte. Tatsächlich scheint Amalie Erfolg gehabt zu haben, denn die Töne aus Petersburg wurden versöhnlicher, wenn auch die Rehabilitierung des Erbprinzen unterblieb. Immerhin wurde Baden nicht mehr als Feindesland betrachtet, und der Durchzug der russischen Truppen erfolgte ohne Ausschreitungen.

Bei aller Betroffenheit über die Ermordung des Zaren war man in Baden nicht unglücklich über den Regierungsantritt Alexanders, denn man hoffte, er werde sich als naher Verwandter der Sache Badens energisch annehmen. Und man rechnete mit dem Einfluss Amalies auf ihre Tochter, die Zarin, die ihrerseits, so glaubten die badischen Politiker, ganz im Sinne ihrer Heimat auf den Zaren einwirken werde. Dass Elisabeth keine politische Rolle spielte und mitnichten den Zaren beeinflussen konnte, wurde erst später klar.

Karl Friedrich sandte im April 1801 seinen Oberstkammerherrn von Geusau nach Petersburg, um dem russischen Herrscherpaar zur Thronbesteigung zu gratulieren und die Wünsche des Markgrafen vorzutragen: die Garantie der Integrität Badens, den Erwerb des Breisgaus und – hoffentlich – der Pfalz und die Verleihung der Kurwürde. Geusau war nicht sonderlich erfolgreich in seinen Bemühungen und so setzte man in Karlsruhe große Hoffnungen auf die Reise des Erbprinzenpaares nach Russland.

Amalie und Karl Ludwig hatten sich wegen des großen Gefolges – es reisten insgesamt 44 Personen – entschieden, in zwei Gruppen aufzubrechen. Abreisetag war nach einer Verzögerung, die durch eine Herzattacke des Erbprinzen verursacht wurde, der 13. Juni 1801. Man fuhr im Abstand eines Tages hintereinander her, die Nachrückenden bezogen jeweils das Quartier der Vorausziehenden. Der Tross berührte Weimar, wo sich Amalie von ihrer Schwester Luise einige Damen auslieh, da ihre beiden eigenen Hofdamen „Fräulein (Karoline Auguste) von Sternenfels klein und bucklig und Fräulein (Christiane Albertine) von Staff ebenfalls klein und unansehnlich"[97] waren und in solcher Begleitung wollte sie nicht in Petersburg erscheinen, dann Leipzig, Potsdam, Berlin, Danzig, Tilsit, Memel, Riga und kam am 23. Juli in Petersburg an.

Der größte Teil der Kosten wurde von der Zarin beglichen, sie hatte 25 000 Rubel angewiesen. Das Geld reichte allerdings nicht aus. Das Erbprinzenpaar musste unterwegs weitere 10 000 Gulden aufnehmen.

Der Empfang am russischen Hof war überaus herzlich und ehrenvoll. Täglich speiste das Zarenpaar mit den (Schwieger-) Eltern, und Karl Ludwig konnte nicht genug Worte finden, das offene, liebenswürdige Entgegenkommen Alexanders zu loben. Einer der ersten Schritte des Zaren war es, seinem Schwiegervater den früheren Rang in der Armee und sein Regiment wieder zu verleihen. Auch in der Entschädigungsfrage ging er bereitwillig auf die Vorstellungen Karl Ludwigs ein und versicherte, er wünsche nachdrücklich, Markgraf Karl Friedrich die untrüglichsten Beweise seiner Hochachtung geben zu können.

Der Erbprinz überreichte dem Zaren eine Denkschrift, die einerseits die in den Revolutionskriegen erlittenen Verluste und andererseits die im Separatfrieden von 1796 dafür geforderten Entschädigungen aufführte. Karl Ludwig bat seinen Schwiegersohn, der Vergrößerung Badens zuzustimmen, da auch Frankreich dazu bereit sei. Die daraufhin an die russischen Gesandten in Paris, Wien und Regensburg ergangenen Weisungen entsprachen vollkommen den badischen Erwartungen. Der Erbprinz schrieb an den Markgrafen: „Der Kaiser ist ein wahrhaft guter Herr als Regent, Gatte, Freund und Verwandter: er empfiehlt sich Ihnen, liebster Vater, vielmals und lässt Ihnen sagen, dass seine Botschafter in Paris und Wien ganz zu unseren Gunsten instruiert seien und dass er für das Interesse unseres Hauses auf das Beste sorgen werde."[98]

Die besondere Sympathie Alexanders galt Amalie. Bei jeder sich bietenden Gelegenheit zeigte er seine aufrichtige Verehrung. Aus den Erinnerungen des Fürsten Czartoryski wissen wir, dass sich der Zar mit seiner Schwiegermutter sehr gern und ausführlich über Politik unterhielt. Amalie machte sich über die Lage in Russland kundig und riet Alexander, im Gegensatz zu La Harpe, seinem Berater und ehemaligen Erzieher, von überstürzten inneren Reformen ab. Dass man Amalie großen Einfluss auf ihren Schwiegersohn zutraute, zeigt der Versuch, sie als Intervenientin zu gebrauchen. Die politisch sehr engagierte Königin Maria Karolina von Neapel-Sizilien (1752–1814) ließ Amalie durch einen Vertrauten bitten, sich für ihre Sache in Petersburg einzusetzen.[99] Die Erbprinzessin lehnte jedoch ab.

Das Ziel, das sich die badische Regierung gesteckt hatte, war erreicht, der Besuch des Erbprinzenpaares konnte als voller Erfolg verbucht werden. Man entschloss sich daher, vor Beginn der kalten Jahreszeit aufzubrechen und die Einladung des schwedischen Schwiegersohnes Gustav Adolf anzunehmen.

Doch die Reiseschatulle war leer. Es blieb Amalie nichts anderes übrig, als den Zaren um Hilfe zu bitten. Dies fiel ihr nicht leicht, ganz besonders deshalb, weil ihre Tochter untersagt hatte, sich an Alexander zu wenden. Vielleicht war es Elisabeth peinlich, ihre Eltern als Bittsteller zu sehen.

Nun sollte man meinen, es wäre der Zarin ein Leichtes gewesen, den Eltern auszuhelfen. Sie scheint jedoch nicht allzu viel Geld parat gehabt zu haben. Eigentlich standen ihr jährlich 1 Million Rubel zu, sie begnügte sich mit 60 000 Rubel. Dies war schon allein deshalb unbegreiflich für ihre Umgebung, weil sie damit nicht in der Lage war, Wohltätigkeitseinrichtungen zu unterstützen oder selbst solche zu gründen, stets eine wichtige Aufgabe für eine Herrscherin. Amalie nahm die Vermittlungsdienste des ersten Kammerdieners Alexanders in Anspruch und erhielt von ihrem Schwiegersohn 50 000 Rubel Reisegeld und dazu die Mittel, die für die notwendigen Präsente an den Hof vonnöten waren.

Prinzessin Amalie Christiane, die ihre Eltern begleitet hatte, blieb bei ihrer Schwester in Russland, sie kehrte erst Jahre später nach Karlsruhe zurück. Für die Dauer ihres Aufenthalts erhielt sie jährlich 15 000 Rubel.

Tod des Erbprinzen Karl Ludwig in Arboga

Am 23. September 1801 verließen Amalie und Karl Ludwig reich beschenkt – der Erbprinzessin wurde das Bild des Zaren in Brillanten gefasst verehrt – die russische Hauptstadt und reisten durch Finnland nach Schweden. Auf der königlichen Jacht kam die Gesellschaft in Stockholm an. Das Wiedersehen mit der geliebten Tochter Friederike wurde prächtig gefeiert, ebenso der 23. Geburtstag des Königs am 1. November.

Auf den Reisen durch das Land bemerkte Leibarzt Maler, dass Königin Friederike vor allem beim einfachen Volk sehr beliebt war, denn sie „ist bis zur Selbstruinierung wohltätig gegen Arme, deren sie ein ungeheure Zahl, besonders Weiber und arme Familien unterstützt."[100] Friederike war offenbar das gerade Gegenteil ihrer kaiserlichen Schwester.

Der königliche Nachwuchs wirkte leicht befremdlich auf den Arzt. Irritiert hielt er fest: „Der Kronprinz Gustav über zwei Jahre alt, schwächlich, kann noch nicht recht gehen und reden, hat aber doch seinen Hofstaat, und es wird, deucht mir, schon zu viel Etikette bei ihm beachtet." An seinem Geburtstag „stand er ganz gravitätisch im Zimmer, streckte die Hände von sich und ließ sich solche der Reihe nach küssen."[101] Maler meinte, eine solche Erziehung könne dem Kind nur schaden.

Am 15. Dezember nahmen die Besucher in Gripsholm tränenreich Abschied vom Königspaar. Die erste Station auf der Rückreise sollte der Ort Arboga sein. Dr. Maler kam als Erster an, dann folgte Amalie, der Wagen Karl Ludwigs fehlte. Man wurde unruhig, denn die Dämmerung brach herein, als Kammerherr von Berckheim mit der Nachricht eintraf, der Wagen des Erbprinzen sei eine Stunde vor Arboga in einer Kurve auf glatter Bahn umgefallen. Amalie wurde verständigt und Maler machte sich mit Berckheim auf, um Karl Ludwig abzuholen. Es stellte sich heraus, dass der Wagen nicht nur umgefallen, sondern in einen Graben gestürzt und dabei zerbrochen war.

Glassplitter hatten bei den Mitreisenden nur leichte Schnittverletzungen verursacht, der Erbprinz allerdings war auf den neben ihn Sitzenden gestürzt und hatte sich den Kopf angeschlagen. Er trug eine Wunde an der Stirn davon, seine linke Seite war gelähmt, die Sprache wurde zunehmend undeutlicher und er neigte zum Erbrechen. Die Diagnose lautete Gehirnerschütterung, gegen die nur das Allheilmittel Aderlass helfen konnte. Amalie meinte dagegen, ihr Herr Gemahl hätte in den letzten Tagen wohl zu viel gegessen und getrunken, der Arzt möge besser diese Symptome kurieren. Daraufhin wurde Karl Ludwig gewaschen und mit Kamillentee und verdünnten Lösungen von Brechweinstein versorgt. Selbstverständlich half die Behandlung nicht. Der Erbprinz konnte nicht mehr sprechen, sein Körper zuckte unaufhörlich und Atembeschwerden stellten sich ein. Schließlich wurde sein Gesicht blau, man versuchte nun doch einen Aderlass, setzte Blutegel am Hals an und legte Essigwickel um die Beine. Dies alles war vergeblich. Am 16. Dezember gegen zwei Uhr morgens verstarb Erbprinz Karl Ludwig. Amalie wurde vor Schmerz ohnmächtig, als sie erwachte, schüttelten Krämpfe ihren Körper.

Die Leiche des Erbprinzen wurde zurück nach Stockholm gebracht und dort aufgebahrt. Mitte Februar 1802 brachte Carl von Borgenstierna, Generaladjutant des schwedischen Königs, das Herz Karl Ludwigs nach Karlsruhe. Die Beisetzung des Leichnams fand am 2. Juni 1802 in der Fürstengruft in Pforzheim statt.

Amalie war nicht anwesend. Sie hatte Schweden erst am 27. Mai verlassen – ihr psychischer Zustand ließ einen früheren Aufbruch nicht zu –, war durch Dänemark gereist und endlich am 27. Juni in Karlsruhe angekommen.

Über ihr Eintreffen schreibt Karoline von Freystedt: „Bei ihrer Ankunft in Karlsruhe stieg sie im Garten aus, ward durch das Rondell des Turmes in die inneren Zimmer geführt, wo der Hof in tiefer Trauer versammelt war. Ich sehe noch ihre hohe Gestalt, von Gram gebeugt, im Witwenschleier durch die versammelte Menge durcheilen in das Innere ihres Gemachs, wo alles nun so öd und leer für sie war. ... Die Zukunft meiner Fürstin bekam durch den Tod ihres Gemahls eine neue, höchst unvorteilhafte Wendung. Dazu kam noch, dass sie sich Vorwürfe machte, auf der Rückkehr aus Schweden in der schlimmen Jahreszeit bestanden zu haben, weil Schnee und Eis an dem Ausgleiten des Wagens ihres Gemahls schuld war. Sie fühlte sich höchst unglücklich und alles, was zu ihrer Zerstreuung versucht ward, blieb fruchtlos."[102]

Markgraf Karl Friedrich trug sich mit der Absicht, im Erbprinzengarten in Karlsruhe eine Gedenkstätte für seinen Sohn anlegen zu lassen. Amalie griff den Gedanken auf und beauftragte Baumeister Weinbrenner damit, ein Denkmal zu entwerfen, der Stuttgarter Bildhauer Scheffauer übernahm die Ausführung. Der Gedenkstein wurde in der Kapelle am „Gotischen Turm" aufgestellt. Eigenartig ist die Gewichtung: Des Verstorbenen wurde nur durch ein Medaillon und eine Inschrift gedacht, wohingegen die trauernde Witwe vollplastisch vor dem Betrachter saß. Das Denkmal erinnerte nur wenige Jahrzehnte an den plötzlichen Tod des badischen Erbprinzen. Im Jahr 1867 musste es dem Bau des Großherzoglichen Sammlungsgebäudes (heute Staatliches Naturkundemuseum) weichen.

Es fällt nicht schwer, sich den Seelenzustand Amalies nach dem unerwarteten Tod Karl Ludwigs vorzustellen. Mit ihm war nicht nur ihr Ehemann und der Vater ihrer Kinder gestorben, mit ihm musste sie alle Hoffnungen begraben, jemals das Ziel ihres Ehrgeizes, die Stellung der regierenden Markgräfin in Baden, zu erreichen. Nun galt es, ihre durch das Ableben des Gemahls geschwächte Position am badischen Hof zu stärken und den Einfluss auf ihren einzigen, beim Tod des Vaters fünfzehn Jahre alten Sohn Karl auszubauen.

Der „unangenehmste Mensch": Amalies Sohn Karl

Die, wie man vermuten sollte, wichtigste Person im Leben Amalies – neben ihrem Ehemann – ist bisher kaum in Erscheinung getreten: ihr einziger Sohn Karl.

Solange die Schwiegermutter, Markgräfin Karoline Luise, lebte, hatte sie vergeblich auf die Geburt eines Enkels und Stammhalters gewartet: Die Erbprinzessin war nur von Töchtern entbunden worden, eine Versagerin. Fast hatte man am badischen Hof die Hoffnung aufgegeben, „als am 13. September des Jahres 1784 der Donner des Geschützes in der Nacht verkündigte, dass der sehnliche Wunsch der fürstlichen Familie und des ganzen Landes erfüllt worden sei. Die Freude darüber war allgemein. Des Morgens um sechs Uhr ward sogleich eine feierliche Betstunde in der Schlosskirche deswegen gehalten und jedermann suchte sein Vergnügen an den Tag zu legen. ... Die Freude des Landes dauerte indessen nicht lange. Der Prinz (Karl Friedrich) ward nur einige Monate alt († 1. März 1785). Eine Krankheit raffte ihn wieder weg. Allein den 8. Juni 1786 gebar die Erbprinzessin einen neuen Prinzen, *Karl* Ludwig Friedrich".[103]

Man sollte nun annehmen, Amalie hätte sich mit Eifer und

Hingabe der Erziehung des künftigen badischen Landesherren gewidmet. Doch weit gefehlt, ihre ganze Aufmerksamkeit galt – wie wir schon erfahren haben – den Töchtern. Darunter litt der sensible junge Mann, er wurde verschlossen, war einsam und unsicher. Die Schwestern liebten ihren einzigen Bruder dafür um so mehr und hatten zeitlebens ein gutes Verhältnis zu ihm, vor allem seine Lieblingsschwester, die bayerische Königin Karoline. Auch Marie, die Herzogin von Braunschweig, war ihrem Bruder von ganzem Herzen zugetan. Als sie im April 1808 starb war er verzweifelt: „Er kam in der Nacht dieses schrecklichen Tages von Schwetzingen nach Bruchsal und weinte wie ein Kind vor Schmerz; er war stets ein guter Bruder, wie er es bei mehreren Gelegenheiten bewies."[104]

Von seinen Zeitgenossen wird Karl als gehemmt geschildert, er habe schlechte Umgangsformen, einen undurchsichtigen, schwachen Charakter und seine Bildung sei äußerst dürftig. Welchen Anteil daran sein Erzieher Roeder von Diersburg hatte, wissen wir nicht.

Die Herzogin von Abrantès schrieb über Karl: „Er war der unangenehmste Mensch, den ich je gesehen habe. Er hatte das verdrossene Wesen eines bestraften Kindes und war nichts weniger als schön." Die Kammerfrau der Kaiserin Josephine, Mademoiselle d'Avrillon, meinte: „Er war gerade nicht häßlich, für ansprechend aber könnte man seine Züge auch nicht ausgeben. Ein frischer, blühender Teint und ein Anflug von Fettleibigkeit gaben ihm etwas Knabenhaftes. Dazu kam, dass er außerordentlich schüchtern und in seinem Wesen etwas linkisch war." Übereinstimmend mit den beiden Damen urteilte Madame de Rémusat, die Karl am französischen Hof kennen gelernt hatte: „Er ist noch jung, aber sehr fettleibig; seine Gesichtszüge sind gewöhnlicher Art und ohne Ausdruck; er spricht wenig und scheint in seinen Bewegungen behindert zu sein. Man sieht ihn überall schlafend."[105] Und Nicolas Massias, französischer Gesandter am badischen Hof, prophezeite: „Er wird, ohne große Fehler oder Tugenden zu haben, nur durch die Kraft seiner Trägheit, alle, die zum Wohl seines Landes beitragen wollen, zur Verzweiflung treiben."[106] Zudem war sich Massias sicher, Karl werde sich wegen seiner Schwachheit wie sein Vater und sein Großvater von seiner Ehefrau beherrschen lassen. Man wird ihm, dem in Baden hoch geschätzten Vertreter Frankreichs, in seiner negativen Sicht der Dinge wohl beipflichten müssen. Es sieht so aus, als habe es tatsächlich niemanden gegeben, der über den künftigen Chef des Hauses Baden Gutes hätte sagen können.

Feststeht, die Eltern haben der Erziehung des vielleicht begabten, jedoch trägen und arbeitsunlustigen Sohnes nicht genug Aufmerksamkeit geschenkt, sie hielten ihn von jeder eigenen Verantwortung und Initiative fern. Und dies besserte sich auch nicht, als Karl 1801 nach dem plötzlichen Tod des Vaters zum direkten Erben des immerhin schon 73-jährigen Großvaters avancierte. Manche sahen dahinter ein Kalkül Amalies: „Diese charakterfeste, starksinnige Frau, voll Ehrgeiz und Selbstgefühl, hatte nur mit größtem Schmerz ihre eigenen Aussichten zum Thron durch den unglücklichen frühen Tod ihres Gatten vernichtet gesehen und daher ihren ganzen Eifer darauf gewendet, in der Regierung ihres Sohnes sich den Anteil zu sichern, der in der Regierung ihres Gemahls ihr nicht hätte fehlen können. Sie war demnach früh bedacht gewesen, den Sohn zu kindlichem Gehorsam zu gewöhnen, ihren Rat, ihre Leitung ihm unentbehrlich zu machen; sie hatte ihm das Leben angenehm zu machen gesucht, mancherlei Vergnügungen ihm gern nachgesehen, dafür ihn aber sorgfältig von allen Geschäften entfernt gehalten, und alle Lust und Fähigkeit zu ernsten Arbeiten in ihm erstickt. Dies letzte war in hohem Grade gelungen."[107] So sehr sich Amalie um ihre Töchter bemühte, bei Karl hat sie wirklich kläglich versagt und ihn zu einem regierungsuntüchtigen Fürsten erzogen.

Sollte es tatsächlich ihr Plan gewesen sein, durch ihren Sohn in Baden zu herrschen, sah sie sich wohl bitter enttäuscht, als Karl im Juni 1811 die Nachfolge Karl Friedrichs als Großherzog von Baden antrat: „Auf die Politik ihres Sohnes, des Großherzogs Karl, konnte sie keine Einwirkung ausüben. Ihr Sohn kannte sich selbst und seine Mutter zu gut, um ihr Gelegenheit zu geben, ihn in politischen Dingen zu beraten, wozu sie ja an sich vollauf befähigt gewesen wäre. Bei der leicht beeinflussbaren Natur des Großherzogs wäre sie sonst binnen kurzem die unumschränkte Leiterin der badischen Politik geworden",[108] urteilte ein Zeitgenosse.

Karl, der einige Jahre den senilen Großvater als Mitregent unterstützt hatte, stand nur sieben Jahre an der Spitze Badens.

Politisch blieb er eine farblose Figur. Seine Entscheidungsschwäche und indifferente Haltung machen es schwer festzustellen, ob er überhaupt eigenständigem Gedankengut folgte und wie er Frankreich gegenüberstand. Kamen wichtige Fragen auf ihn zu, hörte der Großherzog gern die Meinung verschiedener Minister, um dann meist keinem Rat zu folgen und die Angelegenheit unbearbeitet liegen zu lassen. Nach seinem Tod sollen sich Stöße unerledigter Akten in seinen Gemächern befunden haben. Das Handeln überließ Karl seinen Beratern, denen er durch ständiges Misstrauen das Leben schwer machte. Zu ihnen gehörte der überaus befähigte Minister Sigismund von Reitzenstein (1766–1847), der Karl dazu veranlasste, eine der freiheitlichsten Verfassungen des damaligen Deutschland zu erlassen. Sie trat im August 1818 in Kraft.

Vier Jahre zuvor hatten Staatsmänner und Monarchen in Wien über die politische Neuordnung Europas entschieden. Baden war ein sehr bescheiden auftretender Kongressteilnehmer. Karl fiel, wenn überhaupt, höchstens unangenehm auf. Man machte sich über seine Ungeschicklichkeiten und seine politische Unerfahrenheit lustig. Metternich und andere führende Staatsmänner schenkten ihm kaum Beachtung. Erzherzog Johann schrieb in sein Tagebuch, solche Fürsten seien eine Geißel und ein Gräuel. Es verwundere nicht, wenn die Völker daran dächten, sich von ihnen loszusagen.

Gelegentlich machten Gerüchte die Runde, Karl dächte an Abdankung. Die Wiener Geheimpolizei, durch Agenten und Spitzel über alles bestens informiert, zählte den badischen Großherzog, der sich den Vorzügen einer ungarischen Kurtisane intensiv widmete, zu den politisch ungefährlichen „Mustern an Ausgelassenheit".[109] Dass die Wiener Verhandlungen einen für Baden günstigen Verlauf nahmen und das Gebiet des Großherzogtums trotz der Neuordnungspläne Preußens und Württembergs, der Rückerwerbungsabsichten Österreichs oder der Ansprüche Bayerns[110] unangetastet blieb, ist nicht den Fähigkeiten des Landesherren zuzuschreiben, sondern den Anstrengungen seiner Diplomaten.

Der zweite Großherzog von Baden wurde nur 32 Jahre alt. Zum Ende seines Lebens war er, von der Erbkrankheit seiner Familie, der Brustwassersucht, gezeichnet, ein Pflegefall. Sämtliche Schwestern fanden sich ein, auch Zarin Elisabeth reiste an, um ihrem Bruder in seinen letzten Stunden nahe zu sein. Karoline von Freystedt überliefert uns das Bild zärtlicher Geschwisterliebe: „Den 7. Dezember (1818) wollte die Kaiserin (Zarin Elisabeth) ... von ihrem Bruder Abschied nehmen und fuhr deswegen in Begleitung ihrer Frau Mutter (Amalie), der Erbgroßherzogin von Hessen (Wilhelmine) und Prinzessin Amalie nach Rastatt. Die Königin von Schweden (Friederike) war dort ... So sehr auch nun die Schwestern des Großherzogs sich seiner Gemahlin genähert hatten, so überließen sie ihr nie allein die Pflege des geliebten Bruders. Sie fanden, ihre unstete Lebhaftigkeit eigne sich nicht zur Krankenpflege und trotz ihrer durchaus guten Meinung sei sie zu rasch und nicht sanft genug zur Besserung des Kranken."[111] Für eine Besserung war es allerdings schon zu spät. Einen Tag nachdem Elisabeth Abschied genommen hatte, starb Großherzog Karl im Rastatter Schloss, in das er sich zurückgezogen hatte, um den Anstrengungen des Karlsruher Hoflebens zu entgehen. Auch er fand seine letzte Ruhestätte in der Pforzheimer Fürstengruft.

Karl hinterließ eine junge Witwe und drei Töchter. Seine Gemahlin hatte er sich nicht selbst ausgesucht. In diesem persönlichsten Bereich war er Opfer politischer und dynastischer Überlegungen geworden. Seine Mutter hatte am Heiratskarussell kräftig mitgedreht.

Karl und Auguste von Bayern

Eine erste Heiratskandidatin für den künftigen badischen Landesherrn war noch vor dem Tode Karl Ludwigs aufgetaucht. Am dänischen Hof trug man sich mit der Absicht, die älteste Tochter des ehemaligen Kronprinzen Friedrich (1753–1805) mit Karl zu vermählen. Das badische Erbprinzenpaar hatte deshalb vor, auf der Rückreise aus Schweden in Kopenhagen Station zu machen, um Prinzessin Sophie Juliane (1788–1858) kennen zu lernen. Amalie besuchte zwar nach dem tragischen Unfalltod ihres Gemahls Dänemark, die Angelegenheit wurde jedoch nicht weiter verfolgt. Eine dänische Prinzessin als Schwiegertochter brachte der Markgräfin – sie hatte nach dem Tod ihres Gemahls den Titel Erbprinzessin abgelegt –, deren ganze Aufmerksamkeit der Stärkung ihrer Position am badischen Hof galt, keinerlei Vorteile.

Amalie nahm die Angelegenheit tatkräftig selbst in die Hand und hatte sehr schnell die passende Frau für Karl gefunden: Prinzessin Auguste von Bayern (1788–1851), die älteste Tochter des späteren bayerischen Königs Max I. Joseph aus seiner ersten Ehe mit Auguste Wilhelmine von Hessen-Darmstadt und Stieftochter ihrer Tochter Karoline. Ganz sicher war der Plan, Auguste und Karl zu verheiraten, ein Gemeinschaftswerk von Mutter und Tochter: Die Bande zwischen Baden und Bayern sollten durch eine weitere eheliche Verbindung gefestigt werden. Über Karoline nahm Amalie äußerst erfolgreich Einfluss auf Max Joseph, kam aber ihrem Ziel, Auguste für Karl zu gewinnen keinen Schritt näher, denn der Großvater des Heiratskandidaten, Markgraf Karl Friedrich, dachte nicht daran, sich eine katholische bayerische Prinzessin ins Haus zu holen.

Nun, Amalie ließ nicht locker. Auf direktem Weg, das war nur zu klar, kam sie nicht zum Ziel. So nutzte sie die Interessen der Beteiligten und erreichte auf Umwegen, was nicht unmittelbar zu erhalten war. Es gelang ihr zunächst, ihren Schwager Ludwig für ihre Pläne zu gewinnen und mit seiner Hilfe die Gräfin Hochberg, die zunächst die Interessen Karl Friedrichs vertrat, durch Geschenke und Versprechungen umzustimmen. Ihr gemeinsamer Einfluss war nun stark genug, die Opposition des Kurfürsten – Karl Friedrich war im Februar 1803 zum Kurfürsten aufgestiegen – ins Wanken zu bringen. Als Karl schließlich eine bedeutende Zuwendung seines Großvaters an die Gräfin Hochberg, die sich immer in Geldnöten befand, bestätigte, stimmte Karl Friedrich den Verehelichungsplänen Amalies zu. Am Tag der Unterschrift Karls unter die Schenkungsurkunde zugunsten der Familie Hochberg wurde seine Vermählung mit Prinzessin Auguste beschlossen.

Mit den nun eintretenden Ereignissen konnte Amalie, die sich am Ziel ihrer Vorstellungen wähnte, nicht rechnen. Napoleon, „dieser kleine Lump", „der drollige Korse",[112] machte ihr einen Strich durch die fein ausgeklügelte Rechnung. Bonaparte brauchte Legitimationen, die er nur durch Verbindungen mit den altfürstlichen regierenden Häusern erlangen konnte, um seinem künftigen Kaisertum einen würdigen Platz in Europa zu verschaffen.

Zudem brauchte Frankreich im bevorstehenden Krieg aus politisch-strategischen Gründen Bundesgenossen. In beiden Fällen bot sich Bayern an.

Die Wittelsbacher gehörten zu den ältesten Herrschergeschlechtern Europas und da sie mit den meisten der europäischen Souveräne verwandt waren, wären die Bonapartes durch eine eheliche Verbindung mit ihnen in die große fürstliche Familie aufgenommen. Napoleon hätte in einem ersten Schritt bedeutende dynastische und politische Ziele erreicht.

Seine Pläne konzentrierten sich, nachdem er wohl kurz für sich selbst mit dem Gedanken einer bayerischen Heirat gespielt hatte, auf eine Ehe seines Stiefsohns Eugène Beauharnais (1781–1824) mit einer bayerischen Prinzessin, nämlich mit Auguste. Begeisterung rief diese Idee nicht hervor. Es wäre „ein Gräuel für eine Prinzessin aus einem so alten Fürstengeschlecht gewesen, als Gatten einen Offizier zu haben, der durch einen glücklichen Zufall ohne Erziehung hervorgegangen ist aus den Horden dieser Sansculotten, die jetzt die jahrhundertealten Dynastien erzittern machen,"[113] meinte ein Zeitgenosse. Natürlich wies man in München die französische Werbung zurück und genauso selbstverständlich ließ man sich in Paris davon nicht schrecken, zumal der Korse mit dem badischen Ehekandidaten ganz andere Pläne hatte.

Napoleon lud Karl und seinen Onkel Ludwig, den jüngsten Sohn Karl Friedrichs, zu seiner Krönung am 2. Dezember 1804 nach Paris ein. Der Kurprinz sagte ab und fuhr lieber gemeinsam mit seiner Mutter nach Braunschweig zu seiner Schwester Marie. Einer neuerlichen Aufforderung an den französischen Hof zu kommen, konnte er sich jedoch nicht mehr entziehen. Amalie hatte vergeblich versucht, ihn von der Reise abzuhalten. Der Kaiser behandelte die badischen Prinzen – Prinz Ludwig begleitete seinen Neffen Karl – äußerst zuvorkommend und liebenswürdig und versicherte beide seines Wohlwollens. Und er beteuerte, „dass man bei allen Angelegenheiten auf ihn zählen könne, er den Breisgau und alles, was zur Vergrößerung des badischen Hauses betragen könne, nicht vergäße."[114] Aus reiner Menschenfreundlichkeit handelte Napoleon selbstverständlich nicht, er machte Ludwig postwendend eine Gegenrechnung auf: „Sagen Sie Ihrem Vater, dass es mir sehr angenehm wäre, wenn aus dieser Heirat (Karl und Auguste) nichts wird. Ich kann Ihnen den Grund davon in diesem Augenblick nicht sagen. Er hängt mit anderen politischen Dingen zusammen, die jetzt noch nicht reif sind."[115]

Wie sollte sich der Kurfürst verhalten? Wie Amalie reagieren würde, stand außer Frage. Man informierte sie über den Verlauf der Verhandlungen und natürlich echauffierte sich die Markgräfin über die „Schurkereien" des Despoten Napoleon: „Ein rechtmäßiger Souverän würde so etwas selbst nicht einmal von einem seiner Untertanen verlangen!"[116]

Amalie versuchte zu retten, was zu retten war. Obwohl man ihr empfohlen hatte, in der Angelegenheit zunächst Stillschweigen zu bewahren, schrieb sie umgehend nach München und gab Durchhalteparolen aus, denn „Kurfürst Karl Friedrich nehme sich vor, nicht zu wanken, ... auch ihr Sohn werde fest bleiben und allen erdenklichen Versuchungen Widerstand leisten", und deshalb sollte man auch in München das Ziel nicht aus den Augen verlieren.[117]

Karl Friedrich wankte wirklich nicht und sagte dem Korsen ab. Aber seine Standhaftigkeit hielt nicht lange vor, er ging seiner Schwiegertochter zunehmend aus dem Weg. Zur Erwerbung des Breisgaus brauchte man nun einmal Napoleon ...

Jetzt wurde Max Joseph aktiv. Er schrieb einen Brief nach dem anderen nach Karlsruhe und drängte auf eine Veröffentlichung der Verlobung seiner Tochter mit dem badischen Kurprinzen. Amalie bestürmte ihren Schwiegervater, endlich die Zurückhaltung aufzugeben, denn sie fürchtete, irgendwann würde es Max Joseph zu dumm werden, den Badenern hinterherzulaufen. Genauso kam es: „Ich glaube, da drüben macht man sich lustig über uns", schrieb Montgelas, und Auguste meinte: „Der badische Hof benimmt sich so, als wäre es eine Gnade mich in seiner Familie aufzunehmen; ... es sieht ja so aus, als hätte mein Papa darum gebettelt."[118]

Um die Sache voranzubringen, schickte Napoleon seinen Kammerherren Thiard mit dem Auftrag nach Karlsruhe und München, den beiderseitigen Verzicht auf die Vermählung zu erwirken. Das zog ihm den Groll Amalies noch mehr zu, die ihn in ihren Briefen als „abscheulichen, unwürdigen und infernalen"[119] Menschen betitelte. Max Joseph beschwor sie: „Im Namen des

Himmels, mein lieber Kurfürst, retten Sie uns durch Ihre Festigkeit ... ich rechne nur mehr auf Sie."[120]

Die Haltung des Hauptbetroffenen, des Kurprinzen, ist höchst merkwürdig. Er blieb völlig passiv, so als ob ihn die ganze Angelegenheit nichts anginge. Seine Mutter meinte zwar, dass er in größter Aufregung und voll Kummer sei, gab aber gleichzeitig zu, dass es ihm an Energie und Mut fehle. Vielleicht empfand Karl einfach zu wenig für die schöne Auguste, und es war ihm schlicht gleichgültig, ob er sie nun heiratete oder nicht. Amalie hatte von ihrem Sohn allerdings etwas mehr Engagement erwartet und schrieb resignierend an ihre Tochter nach Russland: „Wir wären dann nicht da, wo wir sind",[121] wenn er sich etwas mehr bemühte.

Es kam, wie es kommen musste: Beide, Baden und Bayern, waren abhängig vom Wohlwollen Napoleons, wollten sie ihre territorialen Forderungen durchsetzen. Max Joseph gab seinen Widerstand auf und willigte in die Ehe Augustes mit Eugène Beauharnais ein, obwohl er noch kurz vorher seiner Tochter ehrenwörtlich versichert hatte, eine Verbindung mit dem Franzosen käme nicht in Frage. Auguste widersetzte sich dem väterlichen Ansinnen, weiterhin unterstützt von ihrer Stiefmutter Karoline, der man vorwarf, ihre Opposition verschulde den Ruin Bayerns.

Schließlich wurde die schöne Prinzessin von allen Seiten derart heftig bedrängt, dass sie unter Tränen nachgab und ihrem Vater schrieb: „Mein sehr lieber und zärtlicher Vater! Man zwingt mich, mein Wort, das ich dem Prinzen Karl von Baden gegeben habe, zu brechen. Ich willige darein, so schwer es mir auch fällt, wenn die Ruhe eines geliebten Vaters und das Glück eines Volkes davon abhängt ... Auf den Knien erbittet Ihr Kind Ihren Segen. Er wird mir helfen, mit Resignation mein trauriges Los zu ertragen."[122] Das traurige Los brachte Bayern die Königswürde und beträchtlichen Landgewinn, nämlich Tirol und das Innviertel.

Der badische Kurprinz musste aus Gründen der hohen Politik auf eine Ehe mit Auguste verzichten. Ihm sollte nun die Ehre zuteil werden, in ein enges Verwandtschaftsverhältnis mit Napoleon zu treten.

Napoleons Schwiegersohn

Im Dezember 1805 unterrichtete der französische Kaiser Kurfürst Karl Friedrich von seiner Absicht, die Nichte seiner Gemahlin Josephine, Stephanie Beauharnais, mit Karl zu vermählen. Der Kurfürst dachte nun nicht mehr an Widerstand, wusste er doch längst, dass es geradezu selbstmörderisch wäre, sich dem erklärten Willen des übermächtigen Alliierten zu widersetzen. Auch seine politischen Berater empfahlen, alle Bedenken hintanzustellen und mit Blick auf den gewaltsamen Expansionsdrang des Königs von Württemberg, der sich möglichst viele territoriale Vorteile auf Kosten Badens zu verschaffen suchte – württembergische Soldaten hatten Teile des Breisgaus besetzt –, den Vorschlag anzunehmen. Amalie tobte. Es konnte nicht sein, ihr Sohn aus dem Geschlecht der Zähringer sollte eine französische Katholikin nichtfürstlicher Herkunft heiraten! Umgehend suchte sie Karl auf, um ihn zu einer Absage zu bewegen. Doch der Prinz, wohl unter dem Einfluss seines Onkels Ludwig, zeigte sich dem Heiratsprojekt durchaus geneigt, und der Kurfürst wollte seine Schwiegertochter, die ihm wieder einmal auf die Nerven ging, nicht sehen.

Amalie dachte daran, sich vom Hof zurückzuziehen, wenn es nicht gelänge, Karl von dieser Heirat abzubringen. Es gelang nicht! Während einer Unterredung, die Karl mit Napoleon in Augsburg führte, äußerte er zwar sein Bedauern, auf Auguste verzichten zu müssen, gleichzeitig willigte er jedoch in die Ehe mit Stephanie ein. Seine Mutter hatte noch versucht, ihn von der Reise abzubringen, sie drohte mit ihrem mütterlichen Fluch und beschwor theatralisch die Erde, die sich auftun möge, wenn sie zulasse, dass er diese Französin heirate, doch es war alles vergeblich, Karl reiste und gab seine Zusage. Eine kleine Bedingung bat sich der Kurprinz allerdings aus: Napoleon möge seine Mutter für diese Verbindung gewinnen.

Am 20. Januar 1806 traf der Kaiser in Karlsruhe ein. Nach dem Umkleiden sprach er mit seinem Gastgeber Karl Friedrich unter vier Augen über den Breisgau und die Heirat. Der alte Herr erinnerte an seinen Anspruch auf die Königswürde, die der bayerische Kurfürst und der württembergische Nachbar bereits erhalten hatten. Bei der Familientafel ging es sehr frostig zu.

Amalie saß als Erste Dame Badens neben dem Gast und musste sich Napoleons spöttische Bemerkungen über Russland und über ihren seltsamen schwedischen Schwiegersohn anhören: Der Zar sei zwar ein ausgezeichneter Herrscher, aber auf der falschen Fährte und zudem übel beraten, und der schwedische König solle sich besser um seine Familie als um Politik kümmern, von der er offensichtlich so gut wie nichts verstehe. Natürlich verteidigte Amalie ihre Verwandten und war ziemlich verärgert über den übellaunigen Tischnachbarn.

Am nächsten Morgen zog sich Napoleon mit ihr zu einem Vieraugengespräch zurück, in dem er sich von seiner liebenswürdigsten Seite zeigte. Warum nur könne sie keine Sympathien für ihn aufbringen und als einzige in der Familie so entschlossen gegen ihn auftreten? Sie sei, erwiderte Amalie, eine deutsche Prinzessin und genauso fühle sie. Könne der Kaiser sie achten, wenn sie gegen das anerzogene Empfinden ihres Standes verstoße?

Napoleon hätte natürlich darauf verweisen können, dass ihre Haltung eher von Starrsinn zeuge, von blindem Festhalten an Untergegangenem, doch er griff die Markgräfin nicht an, sondern erinnerte sie an die Vorteile, die ihm das Haus Baden verdanke, und er schmeichelte, sie sei eine kluge Frau, die ihre Töchter, die sie sehr liebten, ausgezeichnet verheiratet habe. Allerdings sei die aus Württemberg stammende Mutter des Zaren erheblich aktiver als die Badenerin Elisabeth, der er stärkeren Einfluss auf ihren Gatten wünschen möchte.

Woher er dies denn so genau wisse, vor allem, dass ihre Töchter sie so sehr liebten, fragte Amalie. Diese Frage war rein rhetorisch, denn die Markgräfin wusste längst, dass ein wohlorganisierter Spitzeldienst Briefe abfing und kopierte. Seit einem Jahr war der gesamte Schriftwechsel mit ihrer Tochter Karoline in Napoleons Händen.

Was nun folgt, darf man getrost als „einwickeln" bezeichnen. Der Zyniker von gestern Abend ist höflich, freundlich, gewinnend, „Eure Hoheit" hier, „Eure Hoheit" da. Als Amalie auf die indiskutable Herkunft Stephanies, ein für jeden offensichtliches Manko, zu sprechen kommt, glaubt sie, ein unschlagbares Argument gegen die Vermählung gefunden zu haben. Wenn das Kind doch wenigstens vom Blute Napoleons wäre … Genau damit hatte sie sich gefangen. Napoleon erkannte den Fehler sofort. Nun, meinte er kühl, dann werde er sie eben adoptieren. Aus! Amalie hatte verloren. Napoleon bestätigte damit die schon länger geplante Adoption, von der kurz zuvor auch Eugène Beauharnais erfahren hatte.

Die Markgräfin nahm ihrem Sohn zwar noch einmal das Versprechen ab, sich Napoleons Willen nicht zu beugen und standhaft „Nein" zu dieser Vermählung zu sagen, doch schon am Abend desselben Tages warf sich Karl zu Füßen Amalies und bat inständig, ihm sein Wort zurückzugeben. Er müsse sich gegen die Mutter stellen und sich zum Besten der Dynastie und des Landes ins Unvermeidliche schicken. Er erwies sich damit als größerer Realist, als es seine Mutter war.

Im Februar 1806 sandte Kurfürst Karl Friedrich Minister von Reitzenstein als offiziellen Brautwerber nach Paris. Es ging bei dieser Fahrt allerdings um weit mehr als nur darum, einen günstigen Ehevertrag auszuhandeln. Karl Friedrich erhoffte sich eine weitere Vergrößerung des badischen Landes. In diesem Punkt stieß er bei Napoleon jedoch auf taube Ohren. Den Kaiser interessierte ausschließlich die Verbindung seiner Adoptivtochter mit dem zukünftigen Großherzog[123] von Baden. Nach der Unterzeichnung des Ehevertrages schrieb Bonaparte an Karl Friedrich: „Ihre Abgesandten Ew. Hoheit haben mir Ihren Brief übergeben. Ich habe den Abgesandten gegenüber sofort meiner Freude über den Auftrag, mit dem sie betraut waren, Ausdruck gegeben. Ich habe mich auch beeilt, meinen Oberhofmeister mit Vollmachten auszustatten; derselbe teilt mir soeben mit, dass der Heiratskontrakt unterzeichnet ist. Die Empfindungen, welche ich dem Prinzen Karl entgegenbringe, werden nun eine Änderung erfahren, allein aufrichtiger werden sie nicht sein als die, welche ich ihm entgegenbrachte, seitdem ich ihn kenne. Mögen Ew. Hoheit volles Vertrauen in meine Wertschätzung setzen, meine Freundschaft und meine stete Schutzbereitschaft für Sie und Ihr Haus."[124]

Auch Amalie erhielt einen Brief aus Paris: „Frau Cousine! Die Versicherung Ihrer freundschaftlichen Gesinnungen schätze ich ebenso hoch wie Ihre Person selbst. Ich war dem Prinzen Karl schon zugetan als noch keinerlei nahe Beziehungen zwischen uns bestanden; jetzt, da er im Begriff ist, meine Tochter zu heiraten, wird er in mir eine zärtliche Zuneigung finden, die der nicht nachstehen wird, welche Sie für ihn haben. Ich schmeichle mir mit der Annahme, dass Sie für meine Tochter die nämlichen Empfindungen haben und dass Sie an meinem Verlangen nicht zweifeln werden, Ihnen bei sich bietender Gelegenheit gefällig zu sein, denn Sie dürfen an meiner Wertschätzung und meiner aufrichtigen Freundschaft nicht zweifeln. Ich schätzte Sie, Madame, ehe ich Sie kannte, um Ihrer großen Eigenschaften willen; seit ich Sie kenne, und unter den veränderten Umständen mögen Sie auf mich rechnen, ebenso sicher wie auf alle diejenigen, die Ihnen zu gefallen am eifrigsten bemüht sind."[125]

Napoleon hoffte, Stephanie werde in Karlsruhe mit offenen Armen und „zärtlicher Zuneigung" aufgenommen. Amalie dachte jedoch nicht daran, die Adoptivtochter dieses Parvenüs in ihr Herz zu schließen. Nicht genug damit, dass sie Französin, katholisch[126] und von inakzeptabler Herkunft war, die unerwünschte Person würde die Markgräfin auch aus der Rolle der Ersten Dame des Landes verdrängen! Wie also sollte sie dieser aufgezwungenen Schwiegertochter Zuneigung entgegenbringen!

Die ungeliebte Schwiegertochter: Stephanie de Beauharnais

Die erste Begegnung des Brautpaares verlief mehr als unglücklich. Man merkte Stephanie die Enttäuschung über diesen wenig attraktiven künftigen Ehemann allzu deutlich an. Er war nicht schlank, er war nicht elegant, er war unbeholfen, schwerfällig und altmodisch mit gepudertem Haar und Zopf. Sie wollte einen schneidigen jungen Mann mit dunklem Haar und feurigen braunen Augen und bekam einen langweiligen Blonden mit blauen Augen, für ein sechzehnjähriges Mädchen der Untergang der Welt.

Stephanie war am 28. August 1789 mitten in den Wirren der französischen Revolution in Versailles zur Welt gekommen. Ihr Vater war der Hauptmann der königlichen Leibgarde Claude de Beauharnais. Ihre Mutter, Claudine de Lezay-Marnésia, erkrankte nach der Geburt an Tuberkulose und zog sich mit ihrem Kind an die Riviera zurück. Nach ihrem Tod übergab der nicht an seiner Tochter interessierte Vater das Kind an eine Jugendfreundin der Mutter. Lady Bath, eine Engländerin, stellte reichlich finanzielle Mittel zur Verfügung und übergab ihrerseits das mittlerweile dreijährige Mädchen zwei ehemaligen Nonnen zur Erziehung. Stephanie lebte mit ihren Betreuerinnen an wechselnden Orten und bekam eine wenig fundierte Ausbildung. Inzwischen hatte Napoleon erfahren, dass es in Südfrankreich eine, wenn auch nur weitläufig Verwandte seiner Ehefrau gab. Stephanies Vater war ein entfernter Vetter des ersten Mannes Josephines. Dass ein Mitglied seiner Familie von einer feindlichen Engländerin unterhalten wurde, konnte Napoleon natürlich nicht dulden. Er befahl Claude de Beauharnais, seine Tochter, auch gegen deren Willen, nach Paris zu bringen.

Bei ihrer Tante Josephine wurde sie liebevoll aufgenommen und schließlich konnte sie sich auch mit Bonaparte anfreunden, den sie bald schwärmerisch verehrte. Napoleon schickte sie an das renommierte Institut der Madame Campan, wo die anfangs unwillige Schülerin Unterricht in Religion, Geschichte, Geographie, Mathematik und Französisch, auch in Musik, Etikette und Konversation erhielt.

Ende Januar 1806 ließ Napoleon das junge Mädchen nach Paris zurückholen. Er brauchte Stephanie für seine politischen Pläne. Als ihr Tante Josephine eröffnete, sie werde den badischen Kurprinzen heiraten, brach für sie die Welt zusammen. Sie sollte ihre Heimat verlassen! Wenigstens wurde die niederschmetternde Neuigkeit durch die bevorstehende Adoption versüßt. Stephanie durfte sich nun als Tochter des französischen Kaisers fühlen.

Am 8. April 1806 wurde in den Tuilerien die prunkvolle Hochzeit des künftigen badischen Erbgroßherzogspaares nach katholischem Ritus gefeiert. Eventuelle Kinder sollten nach dem Ehevertrag jedoch protestantisch erzogen werden. Nach Kindern sah es freilich vorläufig nicht aus, Stephanie verweigerte sich ihrem Ehemann. Napoleon entschloss sich nach einem Vierteljahr, das Paar nach Karlsruhe zu schicken, in der Hoffnung, dort werde der Prinz entschiedener auftreten und die Angelegenheit käme von allein ins Lot.

Karl Friedrich nahm das neue Familienmitglied überaus herzlich auf: „Er empfing mich mit Güte, fast mit Liebe, und ich habe diesem ersten Empfang ein Gefühl der Dankbarkeit bewahrt, das mich niemals verließ. Es hätte mir große Anhänglichkeit an Deutschland eingeflößt, wenn ich bei den übrigen Mitgliedern der Familie gleiches Wohlwollen gefunden hätte."[127] Der Hof hingegen verhielt sich äußerst zurückhaltend, und Amalie hatte sich vorsorglich zu ihrer schwangeren Tochter nach Darmstadt begeben. Sie traf ihre Schwiegertochter erst im Laufe des Sommers: „Ihr Sohn kam, sie (Amalie) nach Mannheim abzuholen, allein es war wenig Herzlichkeit bei dieser ersten Zusammenkunft. Die junge Fürstin empfing ihre Schwiegermutter auf der Treppe in einem rosa Kleid, einen Spitzenschleier mit Rosen besteckt auf dem Haupt."[128] Das Ganze war ein zwischen Mutter und Sohn ausgeklügeltes Spiel. Amalie ignorierte die junge Frau zunächst, zeigte ihr damit ihre Geringschätzung und ersparte sich, sie willkommen heißen zu müssen. Besuchte sie nun die Schwiegertochter in Mannheim, so war diese gezwungen, sie zu begrüßen.

Erschwert wurde jede Form von Annäherung zwischen Schwiegermutter und Schwiegertochter durch die Anordnung Napoleons, „Prinzessin Stephanie, als Kaiserliche Hoheit, werde den Rang vor ihr (Amalie) nehmen. Dies war ein harter Schlag für die gute Markgräfin und erhöhte noch ihre Aufregung."[129] Stephanie genoss Vortritt vor allen Prinzessinnen des Hauses Baden. Da half es auch nicht, dass Amalie geltend machte, sogar ihre königlichen und kaiserlichen Töchter räumten ihr den ersten Platz bei Hofe ein. Massias, der französische Geschäftsträger in Baden, meinte dazu, die Fürstinnen könnten wohl vorübergehend hinter der Mutter zurücktreten, über den Vorrang Ihrer Kaiserlichen Hoheit der Thronfolgerin vor Ihrer Durchlaucht der Markgräfin bestehe jedoch kein Zweifel. Besonders kränkte Amalie die Rückforderung des von ihr getragenen Hausschmucks: „Der Hausschmuck, welchen die Markgräfin bisher besaß, wurde ihr abgefordert und der Schwiegertochter übergeben, die ihn altfränkisch fand und mit ihrem eigenen zusammenfallen ließ, sodass er zersplittert ward und spurlos verschwand."[130]

Nichts war mehr wie früher: „Die Tagesordnung wurde auf französische Art eingeteilt, ohne Rücksicht auf die so lang vorher bestandenen Gewohnheiten. Die Markgräfin, ja selbst der alte … Großherzog, mussten sich nach den Stunden, welche der jungen Fürstin genehm waren, richten. Eines Tags war der ganze Hof zur Tafel versammelt, da sah man Prinzess Stephanie ausfahren gegen Ettlingen zu, wo sie ausstieg und nach Gefallen spazieren ging, bis es ihr beliebte, die wartende Familie durch ihre Rückkehr zum Mittagessen gelangen zu lassen. Solche Dinge kamen öfter vor"[131] und werden nicht dazu beigetragen haben, das verwöhnte, unerfahrene Kind, das sich vom größten Teil der neuen Familie als höchst unwillkommener Eindringling behandelt fühlte, ins Herz zu schließen.

Die Markgräfin war nicht bereit, Stephanie die Hand zu reichen. Ein Brief, in dem sie Amalie ihre kindliche Liebe und besondere Hochachtung versicherte, wurde keiner Antwort für Wert befunden, und alle später gehörten beschönigenden Worte waren lediglich Schall und Rauch. Amalie hatte von Anfang an die Absicht, der lästigen Person das Leben so schwer wie möglich zu machen.

Die Ablehnung übertrug sich geradezu automatisch auf die Töchter der Markgräfin. Karoline schrieb an ihre Mutter: „Endlich kann ich Ihnen meinen Schmerz über Karls schauderhafte Heirat ausschütten. Welche Verblendung! Wie ist es möglich, so guten Mutes in sein Verderben zu rennen? Glaubt er denn, dass nach dem Abtreten des Kaisers … seine Kinder als erbfolgeberechtigt anerkannt würden? Man hat den Ruin, die Vernichtung unseres Hauses mit dieser Verbindung im Auge. Ich weiß nicht, was aus mir werden wird, wenn die Sache einmal öffentlich bekannt wird. … Vielleicht habe ich Unrecht, aber an Ihrer Stelle wäre ich weggegangen, nicht nur von Karlsruhe, sondern fort aus dem Land. Ich hätte mich nach Russland begeben, um dem ganzen Universum zu zeigen, dass ich dieser Heirat entgegen sei."[132]

Zarin Elisabeth hatte noch vor der Eheschließung an Karl geschrieben und ihm, selbstredend vergeblich, mit dem Entzug ihrer schwesterlichen Liebe gedroht: „Mein Bruder! Es ist wahrscheinlich ganz umsonst, dass ich Ihnen diesen Brief schreibe, denn ich glaube nicht, dass Sie mehr Rücksicht auf meine Meinung nehmen, als auf die von Mama. Trotz aller Ausführungen über diese unwürdige Hochzeit, die man Ihnen vorschlägt, unterlassen Sie es, ihr (Amalie) beizupflichten. Aber wenn Sie wegen Ihrer Bereitwilligkeit (zu heiraten) gezwungen wären, sich von uns zu entfernen, würden Sie alle Bande, die mich mit Ihnen und unserem Haus verbinden, zerreißen und mich zwingen, ein letztes Mal mit Ihnen in aller Offenheit zu sprechen. Wie groß ist die Verblendung, die Sie hindert zu erkennen, dass Sie Schande auf sich und Ihr Land, auch in den Augen der nachfolgenden Generationen, laden? ... Vielleicht ist es zu spät, aber ich meine, noch ist Zeit, im Namen aller Dinge, die Ihnen heilig sind, mein Bruder, im Namen der Ehre, widersetzen Sie sich der Schande, die man Ihnen auflädt! Wenn Sie nicht genug Vertrauen in Ihre eigenen Kräfte haben, hören Sie auf Mama, folgen Sie ihren Ratschlägen! Adieu, Karl, und dieses Adieu fällt mir sehr schwer, denn ich habe immer sehr viel Freundschaft für Sie empfunden und es ist mir schrecklich, daran zu denken, dass Sie unser Band auf eine so wenig ehrenhafte Weise zerreißen."[133]

Stephanie lernte die Zarin erst im Februar 1814 kennen. Sie musste sich nach Bruchsal begeben, wo sich ihre Schwiegermutter und die Schwägerinnen Amalie Christiane und Friederike aufhielten. Außerdem waren die bayerische Königsfamilie und das Erbgroßherzogspaar aus Darmstadt angereist. Amalie sonnte sich im Glanz ihrer fürstlichen Töchter und zeigte sehr deutlich, dass ihr nichts lieber wäre, als das Ende der Ehe Stephanies und Karls.

Es war ein schwerer Gang, den Stephanie vor sich hatte, und er wurde so schlimm, wie sie befürchtete: „Die Großherzogin war sichtlich befangen und leichenblass, als sie im silbergestickten Hofkleide und mit Diamanten geschmückt durch die Salons schritt, wo das Gefolge aller anwesenden Fürsten versammelt war. Sie grüßte alle, blieb aber dann einen Augenblick an der Tür stehen, die zu dem innern kaiserlichen Gemach führte, als wolle sie sich sammeln. Endlich trat sie ein; ihr entgegen kam die Kaiserin und unverkennbare Gemahlin des Siegers (über Napoleon), ungemein imponierend. ... Napoleons Adoptivtochter hatte an jenem Tage in Bruchsal einen schweren Stand. Alle ließen sie mehr oder weniger die Überlegenheit fühlen",[134] schrieb die Hofdame der ehemaligen Königin Friederike. Auch Karoline von Freystedt berichtet, dass Stephanie „mehr als kalt empfangen" wurde und meinte, „immerhin hätte die Kaiserin gegen ihre Schwägerin, wenngleich kalt, doch höflich sein können."[135] Amalies Töchter standen auf der Seite ihrer Mutter. Emporkömmlinge – nichts anderes war Stephanie für die Fürstinnen – hatten in ihrem Kreis keinen Platz.

Selbst die Geburten der Kinder hatten Schwiegermutter und Schwiegertochter einander nicht näher bringen können. Dass dem erbgroßherzoglichen Paar überhaupt Kinder geboren würden, glaubte zunächst niemand, denn die Hochzeit im April 1806 bildete den Auftakt zu einer wahrhaft unglücklichen Ehe, die nur auf dem Papier bestand. Napoleon sprach schließlich ein Machtwort und drohte mit Trennung und Nachteilen für Baden. Wohl oder übel musste das Paar klein beigeben: Stephanie wurde schwanger.

Das höfische Zeremoniell erforderte Amalies Anwesenheit bei den Entbindungen ihrer Schwiegertochter. Obwohl sie die Bitte ihres Sohnes nach Schwetzingen, dem Aufenthaltsort seiner Gemahlin, zu kommen, nur zu gern abgeschlagen hätte, musste sie doch einsehen, dass „das Ereignis (die erste Niederkunft Stephanies) zu wichtig war, als dass die Markgräfin hätte verweigern können, diesem Ruf zu folgen."[136]

Am 5. Juni 1811 wurde sie Zeugin der Geburt Prinzessin Luise Amalie Stephanies. Schon im nächsten Jahr konnte man sich am badischen Hof über weiteren Nachwuchs freuen. Am 29. September verkündeten 200 Kanonenschüsse die Geburt eines Thronerben und Stammhalters. „Man schwamm in einem Meere von Freuden; Kirchenfeiern, Paraden, Gala- und Freitheater, Hoffeste und öffentliche Volksbelustigungen kamen da an die Reihe."[137] Eigentlich könnte man erwarten, dass sich auch die Großmutter gefreut hätte, doch davon erzählt Karoline von Freystedt, die gut unterrichtete Hofdame der Markgräfin, nichts. Sie konnte nichts darüber berichten, denn Amalie freute sich tatsächlich nicht, es war ihr schlicht gleichgültig.

Das Glück Stephanies, die sich nur langsam von der schweren Geburt des Sohnes erholte, währte nur kurz. „Wir befanden uns den 16. Oktober (1812) gerade im Theater, wo Iffland, der Generaldirektor des Berliner Schauspiels, als berühmter Gast den ‚Geizigen' von Molière gab, als das Schauspiel durch die Nachricht von einem ernsten Unwohlsein des kleinen Erbprinzen unterbrochen wurde. Gegen 8 Uhr war er eine Leiche",[138] schrieb ein Zeitgenosse in seinen Erinnerungen. An dieses Kind knüpft sich das Kaspar-Hauser-Problem, also die Frage, ob der gerade geborene Erbgroßherzog mit einem todkranken Kind vertauscht wurde und sechzehn Jahre später als Kaspar Hauser in Nürnberg wieder auftauchte.

Die überaus traurige Nachricht vom Ableben des kleinen

Prinzen musste Amalie der nichts ahnenden Schwiegertochter überbringen. Stephanie und Karl waren fassungslos und untröstlich. Der Tod dieses Kindes bewirkte eine Veränderung im Verhältnis der Ehegatten, mit der niemand mehr gerechnet hatte: „Der Großherzog fing in jener Zeit an, seine Gemahlin zu lieben und suchte alles zu tun, was ihr Freude bereiten konnte."[139]

Dem nun glücklich zusammenlebenden Paar wurden drei weitere Kinder geboren: Josephine Friederike Luise kam am 21. Oktober 1813 zur Welt, Erbgroßherzog Alexander am 1. Mai 1816 und schließlich Marie am 11. Oktober 1817.

Zum Entsetzen der Eltern starb Alexander im Alter von einem Jahr: „Der Erbgroßherzog, dessen Geburt vor kaum einem Jahre so allgemeine, innige und herzliche Freude verbreitet hatte, ist nicht mehr. Er starb an den Folgen eines sehr beschwerlichen Zahnausbruchs, der mit anhaltendem Fieber verbunden war. Gestern Abend, nach zehn Uhr, erfolgte in der Stille die Beisetzung des Verblichenen, indem Höchstdesselben Leichnam unter einem kleinen Gefolge in die großherzogliche Familiengruft nach Pforzheim abgeführt wurde."[140]

In der Folge tauchten Vergiftungsgerüchte auf, die die Familie Hochberg belasteten und auch die Wittelsbacher[141] ins Gerede brachten, denn man unterstellte beiden Parteien ein Interesse am Aussterben der altfürstlichen Linie. Niemand glaubte, dass nach der Geburt der jüngsten Tochter Marie mit weiteren Kindern zu rechnen sei: „Die Hoffnung, direkte Nachkommenschaft aus dem altbadischen Fürstenstamme zu erlangen, erlosch mit ihm (Alexander). Die Kränklichkeit des Großherzogs war damals schon bedeutend."[142]

Tod Karls

Die Krankheit Karls bewirkte eine grundlegende Veränderung in der Einstellung der Schwägerinnen zu Stephanie. Amalie Christiane, Friederike und auch Zarin Elisabeth, die Karl in der Vergangenheit mehrfach aufgefordert hatte, sich von seiner Gemahlin zu trennen, sorgten sich liebevoll um die Pflege ihres Bruders und fanden so einen Weg zu der tief bekümmerten Großherzogin. Dass sich auch Amalie in der Sorge um den Sohn der Schwiegertochter annäherte, kann man nicht behaupten, obwohl die Verachtung, die sie Stephanie entgegenbrachte, längst nicht mehr so tief war wie in den Anfangsjahren. Selbst Königin Karoline, die die Gemahlin des Bruders heftigst abgelehnt hatte, war nach dem Tod Karls (8. Dezember 1818) voller Mitleid für die Schwägerin: „Arme Frau, sie dauert mich in der Seele!"[143] Und die Zarin, die „früher der Großherzogin Stephanie so wenig Gerechtigkeit widerfahren ließ, nahm sich nun ihrer an und schien ihre Liebe für ihren Bruder ganz auf seine Witwe übertragen zu haben. Sie war es, die vom neuen Großherzog (Ludwig) für ihre Schwägerin als Witwensitz das halbe Schloss von Mannheim begehrt, sowie das Schloss in Baden zum Sommeraufenthalte."[144]

Man machte Amalie, die der Tod des einzigen Sohnes völlig niederwarf – „sie lag fast regungslos auf dem Canapé und schien vom Schmerz ganz klein geworden"[145] –, den Vorwurf, die Ehe Karls und Stephanies hintertrieben und damit gegen die Interessen des altfürstlichen Hauses gearbeitet zu haben. Denn, so meinten die Kritiker, die Markgräfin hätte alles tun müssen, um zum guten Einvernehmen der Ehepartner beizutragen, damit durch reichen Kindersegen das Haus fortbestehen könne. Dass die Markgräfin das Geschehen völlig anders beurteilte und nicht das geringste Interesse an einer großen Anzahl von Enkeln hatte, lässt sich einem Brief entnehmen, den sie an ihre Schwester Luise, die Herzogin von Weimar, kurz vor der Eheschließung Karls im April 1806 geschrieben hatte: „Ach Gott, mein einziger Wunsch war immer, vor meinem Tode einen Enkel aus der Nachkommenschaft von Karl zu sehen! Jetzt wünsche ich das nicht mehr, zum Mindesten ist es mir gleichgültig."[146]

Der Plan der Markgräfin für die Zukunft ihres Sohnes hatte wohl so ausgesehen: Nach dem Ende der napoleonischen Herrschaft würde die leidige Angelegenheit der großherzoglichen Ehe in Amalies Sinn zum Abschluss gebracht werden. Die Kinder aus der Mesalliance mit der nicht ebenbürtigen Stephanie – die Adoption durch Napoleon änderte an ihrer indiskutablen Herkunft nichts – wären, da nicht standesgemäß, als nicht erbrechtigt betrachtet worden. Nach der Annullierung der Ehe hätte sich Karl mit einer Tochter aus fürstlichem Hause wieder verheiratet. Er wäre jung genug gewesen, um noch eine Vielzahl von Kindern, natürlich vor allem Söhne, zu zeugen. Warum also hätte Amalie nicht genauso wie ihre Tochter, die Zarin, Karl wiederholt ans Herz legen sollen, Stephanie zu verlassen. Nie und nimmer hätte die Markgräfin irgendetwas unternommen, um die Ehe ihres Sohnes zu fördern!

Doch die Zeit hatte gegen Amalie gearbeitet. Karl und seine Gemahlin waren sich nah- und nähergekommen, und der Großherzog dachte nicht daran, seine Ehe aufzugeben. Nun war er tot, ebenso wie sein kinderloser Onkel Friedrich, und Ludwig, der jüngste Sohn Karl Friedrichs, wurde Großherzog. Er hatte zwar Kinder, allerdings keine legitimen, und da er sich weigerte, standesgemäß zu heiraten – Ludwig war auch nicht bereit, sich mit seiner Nichte Amalie Christiane zu vermählen, obwohl ihm dies die Markgräfin und ihr Sohn Karl dringend empfohlen hatten –, würden unweigerlich die Nachkommen Karl Friedrichs und Luises von Hochberg in Baden regieren.

Ein Stachel im Fleisch Amalies:
Luise Karoline von Hochberg

Karl Friedrich war mit „Madame Sanssouci", wie er Luise, seine zweite Gemahlin, zärtlich nannte, sehr glücklich geworden. Und auch sie war glücklich, denn sie meinte, der fürstlichen Familie anzugehören, obwohl die Zurücksetzungen deutlich spürbar waren. So durfte sie nicht in die Appartements ihrer Vorgängerin einziehen und wurde bei öffentlichen Auftritten stets nach ihrem niederen Rang behandelt. Der Markgraf duzte seine Frau, wohingegen sie ihn siezte. Doch ungeachtet der Rangfrage liebte Karl Friedrich Luise und ganz besonders die Kinder, die zwischen 1790 und 1796 zur Welt gekommen waren: Leopold (1790–1852), Wilhelm (1792–1859), Amalie (1795–1869) und Maximilian (1796–1882).

Karl Friedrich hatte nun eine neue Familie, mit der er sich mehr und mehr vom Hof zurückzog. Die unmittelbare Nähe zum Fürsten brachte Luise ausreichend Gelegenheit, Einfluss auf ihren Ehemann zu nehmen und so hatte sie erreicht, dass ihre Kinder 1796 in den Grafenstand erhoben wurden und „die Herren Söhne zweiter Ehe und ihre männlichen Nachkommen, nach dem gänzlichen Abgang der männlichen Nachkommen aus erster Ehe, zur Sukzession in seinem gesamtfürstlichen Land, nach dem in seinem fürstlichen Hause hergebrachten Rechte der Erstgeburt, gelangen und alsdann das fürstliche Prädikat und den vollständigen Titel und Wappen seines Fürstenhauses gebrauchen" sollten.[147] Damit hatte sich Luise langsam, aber ganz sicher auf Kollisionskurs mit Amalie begeben, der die Höhenflüge ihrer zur Reichsgräfin erhobenen ehemaligen Hofdame mehr als unbequem wurden.

Nach dem plötzlichen Tod des Erbprinzen Karl Ludwig begannen die geistigen Kräfte des Landesherrn spürbar abzunehmen – „schon seit einem Jahr hat man in der Umgebung bemerkt, dass seine großen Fähigkeiten nachlassen, er scheint ermüdet von der Fülle der Geschäfte"[148] –, und in gleichem Maß nahm der Einfluss Luises auf ihren Ehemann zu. Als sie nach einem Schlaganfall Karl Friedrichs im Jahr 1804 zur Pflegerin des Gatten wurde, nutzte sie ihr exklusives Zugangsrecht und setzte alles daran, neue Positionen für sich und vor allem für ihre Kinder zu erkämpfen. So erreichte sie gegen den Willen Amalies, dass ihre Kinder beim Empfang Napoleons in Karlsruhe im Januar 1806 mit an der Tafel sitzen durften und nicht von diesem wichtigen gesellschaftlichen und politischen Ereignis ausgeschlossen wurden.

Am Hof hatte Luise einen Zirkel von Günstlingen um sich geschart, zu denen ihr Bruder, der bedeutende Baumeister Friedrich Weinbrenner und auch der Leibarzt ihres Mannes, Dr. Johann Friedrich Schrickel, gehörte, der sich auf so wunderbare Dinge verstand, wie Silber in Gold umzuwandeln! Dazu musste er lediglich das Silber zusammen mit Vitriolöl der Sonne aussetzen. Am besten könnte dies in Ländern mit intensiver Sonneneinstrahlung gelingen, wie Indien. Deshalb kam als Käufer für sein Gemeinrezept besonders die Ostindien-Kompanie in Frage, der er es für eine halbe Million Gulden anbot. Bevor das Geschäft zum Abschluss gebracht werden konnte, waren weitere Versuche nötig. Er nutzte seine Beziehungen zu Frau von Hochberg und ließ sich von Karl Friedrich Silberbarren im Wert von 10 000 Gulden aushändigen, die sich trotz eifrigsten Bemühens nicht in Gold verwandeln wollten. Es lag natürlich am schlechten Öl! Luise ließ ihm eilends für viel Geld einen neuen Vitriolofen bauen. Bedauerlicherweise wurde auch mit verbessertem Öl aus Silber kein Gold und damit endete der Traum vom großen Reichtum, für Luise ein Unglück, denn an einem mangelte es ihr ein Leben lang, an Geld.

Sie machte Schulden, hatte keine Hemmungen sich unterwürfigst hinter dem Rücken ihres Mannes an Talleyrand zu wenden, um an der Säkularisation zu profitieren – sie dachte an Abteien wie Gengenbach, die sie als Wittum anstrebte –, sie ging ihren Ehemann an, um ihre Apanage zu erhöhen und ihre Witwenversorgung zu verbessern, ja sie schreckte nicht davor zurück, auf Wechseln die Unterschrift ihres Mannes zu fälschen.

Die Schulden verbanden Luise mit Ludwig, dem jüngsten Sohn aus erster Ehe Karl Friedrichs. Er hatte aus der Zeit seiner preußischen Dienste Verbindlichkeiten in Höhe von 300 000 Gulden zurückzuzahlen. Über die lästigen Geldprobleme kamen sich die beiden näher, wie nahe weiß man nicht. Luise zog ihn immer mehr ins Vertrauen und versuchte, über Ludwig weitere Vorteile für sich oder ihre Kinder zu erwirken. Schließlich gingen Gerüchte um, nicht der greise Gatte sei der Vater des kleinen Maximilian und vielleicht auch der anderen Kinder, sondern Ludwig.

Bis zum Jahr 1805 hatte Luise den unglaublichen Schuldenberg von einer Million Gulden angehäuft, dessen Tilgung ihr Gemahl übernahm. Bedenkt man, dass sich der Einnahmeetat Badens auf rund 2,5 Millionen Gulden belief, kann man ermessen, was dies für die Entwicklung des Staates bedeuten musste. Napoleon dachte nicht daran, eine solche Verschwendung hinzunehmen und ließ ein Donnerwetter über die badische Regierung ergehen. Das war ernst zu nehmen, denn die harschen Worte aus Paris konnten durchaus die Zerschlagung des badischen Staates nach sich ziehen. Wollte man das riskieren, wegen der Launen einer Ehefrau zur Linken?

Eine Landesmutter war Luise nicht mit ihrem Hang zur Sorglosigkeit und ihrer Unfähigkeit zu planvollem Handeln. Ebenso wenig wurde sie zu einer Leitfigur des Hofes. Die Ausgestaltung des höfischen Lebens musste sie Amalie überlassen, hinter der sie auch finanziell zurückstand.

Schlussendlich scheiterte Luise am ausgeprägten Standesbewusstsein des deutschen Hochadels, mit dem sie von Anfang an zu kämpfen hatte. Man mied den Kontakt mit der aus niederem Adel stammenden Ehefrau Karl Friedrichs und ließ sie den Standesunterschied deutlich spüren, besonders in der eigenen Familie schlug ihr die Ablehnung spürbar entgegen. Das undankbare Fräulein von Geyersberg hatte sich anders entwickelt, als sich dies vor allem Amalie vorgestellt hatte. Genügsam und bescheiden hätte Luise ihren Platz an der Seite Karl Friedrichs einnehmen sollen. Selbstverständlich hätte sie ihm Nachwuchs schenken dürfen, doch alles in zurückgezogener Stille und ohne nach außen in Erscheinung zu treten. So aber drängte sie mit Macht nach Rangerhöhung für sich und ihre Kinder, und sie wünschte, einen Platz im gesellschaftlichen und vielleicht im politischen Leben einzunehmen. Das konnte nicht gutgehen! Das rief Feindschaft auf den Plan! Der Feind war eine Feindin: Amalie! Und diese Gegnerschaft war eine schwere Hypothek. Standesbewusst wie Amalie war, konnte sie den zunehmenden Einfluss ihrer ehemaligen Hofdame nicht mehr tolerieren und bekämpfte ihn, wo immer sie Gelegenheit fand. Besonders sensibel reagierte die Markgräfin auf die Versuche der Standeserhöhung der Familie Hochberg. Schon bei der Erhebung Luises zur Reichsgräfin im Jahr 1796 hatte das Erbprinzenpaar Einsprüche geltend gemacht.

Die Nachfolge der Hochberger

Zum Kernproblem erwuchs die Frage, ob die Söhne der Reichsgräfin beim Aussterben der altfürstlichen Linie thronfolgeberechtigt sein sollten und deshalb zu Prinzen des Hauses Baden erhoben werden müssten. Karl Friedrich, sein Sohn Ludwig und der größte Teil der Beamtenschaft waren für eine solche Regelung, die nach 1796 noch einmal 1806 als Hausgesetz festgeschrieben wurde. Der Rest der Familie mit Amalie an der Spitze verharrte dagegen erwartungsgemäß in strikter Ablehnung. Eine rangmäßige Gleichstellung der Hochberg-Söhne galt es unter allen Umständen zu verhindern.

Hausgesetze bedurften der internationalen Bestätigung. Genau hier konnte Amalie ansetzen. Mit ihren weitreichenden verwandtschaftlichen Beziehungen war sie in der Lage, die Anerkennung der Hausgesetze jahrelang zu hintertreiben. Beide Parteien kämpften mit allen Mitteln: Karl Friedrich schickte Prinz Ludwig nach Paris, um Napoleon für sich zu gewinnen, und Amalie suchte sich den denkbar stärksten Rückhalt, Zar Alexander, ihren Schwiegersohn. In Paris zeigte man wenig Interesse an der Frage der badischen Nachfolgeregelung, sodass auch Alexander zunächst untätig blieb. Bei Gesprächen an deutschen Höfen erörterte er später doch die Angelegenheit und machte deutlich, dass eine entsprechende Vorlage Badens auf dem Regensburger Reichstag zu Fall zu bringen sei. Eine Anfrage beim Kaiser in Wien ergab, dass man dem badischen Fürsten gern gefällig sei, jedoch nur unter der Voraussetzung, Russland erkläre sich einverstanden. Es blieb also alles beim Alten.

Auch der Versuch, eine Rangerhöhung der Gräfin Hochberg durchzusetzen, war misslungen. Um die aufgebrachte Luise zu besänftigen, schenkte Karl Friedrich seinen jüngsten Kindern vier Güter, die „Pfälzer Höfe", und einige Jahre später die Herrschaft Zwingenberg. Äußerst empört schrieb die Markgräfin an ihre „russische Tochter", Karl Friedrich sei nur noch eine Marionette, er stehe unter dem Pantoffel Luises und seine direkte Umgebung erweise sich als absolut unfähig. Amalie meinte damit vor allem Prinz Ludwig, der das Finanzwesen kontrollierte und davon nach ihrer Meinung so gut wie nichts verstand. So ginge nun alles zum Teufel, der Kredit sinke täglich und die Familie Hochberg bekäme Güter, die beträchtliche Summen abwürfen, Geld, das dem Staat verloren ginge.

Mit zunehmender Gebrechlichkeit lag Karl Friedrich das Schicksal der Hochberg-Kinder mehr am Herzen. Ein erneuter Vorstoß bei Napoleon erwies sich als ebenso vergeblich wie der erste.

Für Luise ging es freilich nicht nur um die Rangerhöhung ihrer Söhne. Sie musste auch an ihr Leben denken, an ihr Leben nach Karl Friedrichs Tod. Sie hatte einen um vierzig Jahre älteren Mann geheiratet, der sicher vor ihr sterben würde. Wie sollte es weitergehen mit ihr, mit ihren Schulden? Ihre Witwenversorgung, 30 000 Gulden jährlich und Naturalien in Form von Getreidezuteilungen, Wein, Holz und die Versorgung von acht Pferden, die ihr zustanden, hätte sicher ausgereicht, wären da nicht die leidigen Schulden gewesen – dilettantisch hatte sie einen Staatsstreich angezettelt, um dieses Problem zu lösen[149] – und der Hang Luises, über ihre Verhältnisse zu leben. Sie besaß Güter, auf die sie sich hätte zurückziehen können, doch das war für sie gleichbedeutend mit einer Abschiebung. Und das kam nicht in Frage! Wären ihre Söhne Prinzen des badischen Hauses und thronfolgeberechtigt, so wäre es nicht so leicht möglich, sie als deren Mutter beiseite zu drängen. Auf indirektem Wege profitierte Luise also, würde die Erbfolge anerkannt.

Vor dem Tode Karl Friedrichs am 10. Juni 1811 gelang es nicht mehr, diesen drängendsten Wunsch durchzusetzen. Luise musste ihr Appartement im Karlsruher Schloss aufgeben und zog mit ihren beiden jüngsten Kindern nach Bauschlott. Vom Hofleben in Karlsruhe war sie weitgehend ausgeschlossen. Ihre Finanzlage nahm katastrophale Ausmaße an. Sie musste ihre Güter an ihre ältesten Söhne gegen eine Jahresrente von 10 000 Gulden abtreten und wurde unter Kuratel gestellt. In der badischen Staatszeitung gab man bekannt, dass nur die Außenstände Luises beglichen würden, deren Aufnahme der Kurator vorher genehmigt hatte. Sie war zu einer mehr als peinlichen Person geworden!

Erst in ihren letzten Jahren verscheuchten ein, vielleicht zwei Lichtblicke die trüben Gedanken aus dem unerfüllten Leben der bekümmerten Luise. Das drohende Aussterben der altfürstlichen Linie des Hauses Baden hatte Großherzog Karl doch dazu bewogen, die Nachfolge der Hochberg-Söhne anzuerkennen und ihre Erhöhung zu Prinzen des großherzoglichen Hauses im Hausgesetz vom 4. Oktober 1817 zu verankern. Gegen den Willen Amalies fand es auf dem Fürstenkongress von Aachen am 20. November 1818 seine internationale Anerkennung, obwohl Bayern, unterstützt von Österreich, das den Breisgau zurückerhalten wollte, erneut Ansprüche auf die badische Pfalz erhob und bereit war, beim Tod Großherzog Ludwigs, also beim Aussterben der altfürstlichen Linie, in Baden einzumarschieren.

Zar Alexander, den nicht unbedingt ein freundschaftliches Verhältnis mit seinem Schwager Karl verband und der durch den Einfluss Amalies gegen die Nachfolge der Hochberger gestimmt war, wollte die Forderungen Bayerns anerkennen. Eine höchst emotionale Aussprache des badischen Gesandten Berstett mit dem Zaren brachte schließlich die Wende: „Der Kaiser hörte ihn mild und freundlich an, blieb indes dabei, die Verträge seien heilig, sie müssten vollzogen werden. Da schilderte Berstett die Lage des Großherzogs mit den düstersten Farben, seinen wahrscheinlich nahen Tod, wie eine ungünstige Entscheidung ihm seine letzten Lebenstage verbittern müsse, wie schrecklich für den treuen Diener, der ihm diese Botschaft vielleicht an sein Sterbebett zu bringen habe! Sich mehr und mehr erhitzend, rief er endlich mit Verzweiflung, er wolle dieser Diener nicht sein, lieber wünsche er sich den Tod, und indem er bald sich, bald seinen Herrn bejammerte, fing er bitterlich an zu weinen. Der Kaiser, dem so etwas noch nicht begegnet war, erschrocken und verlegen, suchte ihn zu beruhigen, lobte seinen treuen Eifer, gab ihm tröstende Versicherungen, ermahnte ihn, die Sache nicht so düster anzusehen, es sei noch alles zu gegenseitiger Zufriedenheit abzumachen. Allein je mehr der Kaiser ihm zuredete, desto stärker und lauter weinte Berstett, und brachte durch sein sich steigerndes Weinen den Kaiser in solche Not, dass er endlich ausrief: ‚Nun wohl, Ihr sollt alles behalten, dem Großherzog wird keine Gewalt geschehen, Ihr könnt ihm melden, dass ich alles anerkenne, die Erbfolgefähigkeit der Hochbergs, die Verfassung, die Unteilbarkeit des Landes! Ist das genug? Seid Ihr zufrieden? Nun aber beruhigt Euch und gönnt auch mir Erholung!' Darauf warf sich Berstett ihm zu Füßen, küsste ihm die Hände und floss über vor Dankbarkeit und Bewunderung".[150]

Dank Alexanders Widerstand wurden mit Unterstützung Preußens die bayerischen und österreichischen Bestrebungen abgewehrt. Baden konnte seinen Bestand ungeteilt erhalten und Luises Söhne wurden zu Markgrafen von Baden. Sie selbst allerdings musste bleiben, was sie war, Gräfin von Hochberg.

Luise durfte noch erleben, dass ihr ältester Sohn Leopold 1819 eine Enkelin ihrer ärgsten Feindin Amalie heiratete und damit die Gleichstellung der Hochberger untermauerte. Die Verbindung war auf Wunsch Zarin Elisabeths zustande gekommen, die die Rangerhöhung der Söhne Luises gegen den Willen ihrer Mutter Amalie befürwortet hatte. Die Ehe diente vorrangig politischen Gründen: Nach dem Tod Großherzog Karls im Jahr 1818 folgte ihm sein Onkel Ludwig nach, der ohne legitime Nachkommen blieb. Ludwigs Nachfolge würde folglich Luises ältester Sohn Leopold antreten. Die Eheschließung mit Sophie (1801–1865), der Tochter des schwedischen Ex-Königs Gustav IV. Adolf und Friederikes von Baden sollte dazu beitragen, die neue badische Linie zu legitimieren und den alten Zweig der Familie, und hier vor allem Amalie, mit dem neuen Zweig zu versöhnen.

Amalies Schwester, Luise von Weimar, beurteilte die Nachfolgefrage sehr klar: „Meine Schwester von Baden hatte vernünftige und gerechtfertigte Gründe, die Ehe ihres Sohnes mit der kleinen französischen Mademoiselle de Beauharnais zu missbilligen, doch wurden die männlichen Nachkommen der Sukzession würdig befunden; demnach scheint es unrichtig, dass die (Nachkommen) eines deutschen Fräuleins (Gräfin Hochberg) nicht dasselbe Recht genießen sollten. Umso mehr, als das badische Haus im Begriff war zu erlöschen und niemand anders die Nachfolge beanspruchen konnte als die Hochbergs. Man hat sie zu Markgrafen von Baden ernannt und sie sind im Land geachtet und geliebt, so ist nicht einzusehen, warum dies nicht eine annehmbare Partie für die Tochter des ehemaligen Königs von Schweden sein solle. Und warum sollte meine Schwester nicht das Mittel ergreifen, ihre Nachkommenschaft auf dem badischen Thron zu erhalten?"[151]

Obwohl unleugbar alles für die Ehe Leopolds und Sophies sprach, konnte sich Amalie nicht überwinden, der Hochzeit am 25. Juli 1819 beizuwohnen. Königin Friederike und die Gräfin Hochberg führten Leopold, Großherzog Ludwig und der bayerische König Maximilian I. Joseph führten die Braut zum Altar. Der Ehe entstammten acht Kinder, drei Mädchen und fünf Söhne. Der älteste Sohn Ludwig (1824–1858) wurde nach dem Rücktritt seines Vaters im Februar 1852 zwar nominell Großherzog, da er jedoch regierungsunfähig war, übernahm sein jüngerer Bruder Friedrich (1826–1907) das Amt des Prinzregenten und ab 1856 die Verantwortung als Großherzog. Ihm folgte bis 1918 als siebter und letzter Großherzog von Baden sein Sohn gleichen Namens (1857–1928).

Die heutige markgräfliche Familie stammt von Markgraf Ludwig Wilhelm August (1829–1897), dem dritten Sohn Leopolds und Sophies, ab. Dessen Sohn Maximilian (1867–1929) wurde Anfang Oktober 1918 von Kaiser Wilhelm II. zum Reichskanzler ernannt. Er verkündete am 9. November 1918 die Absetzung des Kaisers und trat sein Amt an Friedrich Ebert ab. Nach dem Rückzug ins Privatleben widmete er sich zusammen mit dem Pädagogen Kurt Hahn der Gründung der Schule Schloss Salem. Maximilians einziger Sohn Berthold (1906–1963) heiratete im Jahre 1931 Theodora von Griechenland (1906–1969), die ältere Schwester Prinz Philips, des Herzogs von Edinburgh (* 1921), der zeitweise bei seiner Schwester lebte und die Schule Schloss Salem besuchte. Berthold und Theodora sind die Eltern des heutigen Chefs des Hauses Baden, Markgraf Maximilian (* 3. Juli 1933), dessen ältester Sohn Bernhard, Prinz von Baden (* 27. Mai 1970), die Linie fortsetzt.

Als Luise von Hochberg am 23. Juni 1820 an Brustwassersucht starb, hinterließ sie viele Schulden und kaum Trauernde. Sie wurde, obwohl nicht der großherzoglichen Familie angehörend, als Mutter des zukünftigen Landesfürsten in der Familiengruft in Pforzheim beigesetzt.

Für Amalie war und blieb die Familie Hochberg Verwandtschaft minderen Grades, deren Rangerhöhung sie niemals verwinden konnte. Wilhelm, einer der Söhne Karl Friedrichs und Luises, bemerkte in seinen „Denkwürdigkeiten", er sei von Jugend an daran gewöhnt, „in der Markgräfin und ihren Töchtern unsere größten Gegner zu erblicken".[152] Amalie lehnte die Emporkömmlinge – nichts anderes waren sie in ihren Augen – ab, auch wenn sie einsah, dass die Gleichberechtigung der jüngeren Linie staatsnotwendig war. Sie hatte die morganatische Eheschließung ihres Schwiegervaters begünstigt, um nicht hinter einer ebenbürtigen Fürstin zurückstehen zu müssen. Dass sich diese Ehe zu einem derartigen Stachel im Fleisch der standesbewussten Markgräfin auswachsen würde, hatte sie selbstverständlich nicht ahnen können. Sie hätte sicher alles unternommen, um diese Verbindung zu verhindern.

Obwohl Amalie mit der Familie Hochberg ihre liebe Not hatte, war sie ihren Urenkeln aus der Ehe Sophies und Leopolds sehr zugetan. Großherzog Friedrich I. (1826–1907) schrieb in seinen Erinnerungen: „Sehr innig war damals der Verkehr mit unserer Urgroßmutter, der Markgräfin Amalie. Wir durften sie häufig besuchen und verweilten bei ihr stets, wenn unsere Eltern von Hause abwesend oder anderwärts in Anspruch genommen waren. ... Das liebevolle Wesen unserer Urgroßmutter wusste uns dergestalt zu fesseln, dass die Stunden, welche wir bei ihr zubringen durften, für uns immer eine rechte Freude waren."[153] Die Liebe zu den Kindern überwand schlussendlich doch die Schranken des Standes.

Amalie und Frankreich

Markgräfin Amalie hatte Napoleon im Januar 1806 bei seinem Besuch in Karlsruhe kennen gelernt. Das negative Bild, das sie von ihm hatte, wurde durch den persönlichen Eindruck nicht revidiert, obwohl sie ihrer Schwester Luise von Weimar gegenüber von einem gewissen Charme Bonapartes sprach, dem man sich schwer entziehen könne. Für Amalie, die in der französischen Revolution und ihren Folgen eine gemeinsame Gefahr für die dynastischen Interessen aller europäischen Fürsten, vor allem natürlich der deutschen, sah, war und blieb Napoleon der Erzfeind. Ihre Cercles wurden zum Sammelbecken der antifranzösischen und damit antinapoleonischen Liga am badischen Hof. Von ihnen ging die Opposition gegen die offizielle Politik der Regierung aus. Hier diskutierte man die Pläne Emmerich Joseph von Dalbergs, Gesandter in Paris, der auf ein Wiedererstehen der Bourbonenherrschaft hoffte und Frankreich auf seine vorrevolutionären Grenzen beschränkt sehen wollte. Amalie „aber sollte (nach den Plänen Dalbergs) die Aufgabe zufallen, die Höfe von Petersburg, Berlin und Stockholm durch ihren mächtigen persönlichen Einfluss für das Projekt zu gewinnen."[154] Dalberg vertraute darauf, dass die Markgräfin den schwedischen König dazu bewegen könne, die revolutionären Ideen auch in England vorzutragen. Das war ein gefährliches Spiel, zu gefährlich für den Landesherrn. Ein kleiner Staat wie Baden, der wehrlos jeden Augenblick mit der Rache Napoleons rechnen musste, konnte sich darauf nicht einlassen. Karl Friedrich untersagte entschlossen alle Aktivitäten, die in Richtung Umsturz zielten. Diese Gedankenspielereien mussten ein Ende haben. Das galt auch für Amalie.

Die Markgräfin machte aus ihrer Opposition zu Frankreich kein Hehl. Sie nahm nicht an der Siegesfeier von Austerlitz teil und weigerte sich zur Fürstenversammlung nach Erfurt zu reisen, zu der Napoleon geladen hatte. Als sich der Kaiser im Sommer 1809 überraschend im Rastatter Schloss einfand und die Mitglieder der großherzoglichen Familie eilends aus Karlsruhe anreisen mussten, um ihn willkommen zu heißen, war Amalie ganz einfach zu Hause geblieben, „hatte auch bei dieser Gelegenheit das Bewusstsein ihrer Würde nicht verleugnet"[155] und Napoleon unmissverständlich ihre Geringschätzung gezeigt.

Im Herbst 1805 hätte sich Amalies Sohn Karl auf Wunsch des Korsen dem badischen Kontingent anschließen sollen. Amalie erhob sofort energischen Protest dagegen. Sie erklärte ihrem Schwiegervater Karl Friedrich, Karl stehe in russischen Diensten und könne deshalb unmöglich die französische Armee begleiten. Der Kurprinz hätte durchaus gern am Feldzug teilgenommen, doch seine Mutter setzte ihn unter Druck und drohte mit „ihrem mütterlichen Fluche"[156], falls er auf die Idee käme, sich freiwillig zu melden. Karl nahm tatsächlich nicht teil und verärgerte damit Napoleon, der seinem Unmut über diese Dreistigkeit wiederholt Luft machte. Jedermann wusste, dass „die bekanntliche Anhänglichkeit Ihro der Frau Markgräfin Durchlaucht an Russland und Höchst Ihro nicht minder bekannte heftige Abneigung gegen Frankreich die Hauptursache hievon (der Nichtteilnahme Karls) gewesen (ist), und es würde ganz vergeblich sein, sich hierunter Illusion machen zu wollen."[157]

Amalie nutzte jede sich bietende Gelegenheit, um in aller Deutlichkeit darzulegen, für wie abscheulich sie Napoleon und seine Politik hielt und dass sie diese Einstellung auch von ihren Familienmitgliedern erwartete. An Freiherrn vom Stein schrieb sie: „Ich kann nach meinen Gefühlen nie eine Empfindung zu exaltiert finden, wenn es um das Vaterland und die Befreiung von dem schimpflichsten Joche geht; dafür ist kein Opfer zu groß, und ich möchte sie selbst gern alle bringen. Aber dem Vaterland und der Freiheit müssen sie gelten, und das wäre kein Opfer für beide, wenn man von einer anderen gefräßigen Macht, die wegen ihrer jetzigen unbegreiflichen Aufführung wahrlich Dank von niemandem verdient, unterjocht würde. Nur dahin geht meine Sorge für die Meinigen, nur das kann ich nimmermehr recht und billig finden. In allem Übrigen die Wiederherstellung des Vaterlandes betreffend, bin ich stolz, einer Meinung mit Ihnen zu sein, und jedes Opfer, welches dahin zielt, werde ich nie zu groß nennen."[158]

Politisch stand Amalie geradezu zwangsläufig aufseiten Russlands und Österreichs. Dass die Markgräfin nicht nur von ihrem Schwiegersohn, dem Zaren, sondern ebenso in Österreich geschätzt wurde, zeigt die Note eines Gesandten, der berichtete, der bayerische Kurfürst habe sich besorgt über die Stellung seiner Schwiegermutter nach dem Tod ihres Gemahls geäußert, worauf ihm versichert wurde, „dass die Frau Markgräfin den beiden kaiserlichen Höfen auf alle Fälle stetshin ausnehmend teuer bleiben würde."[159]

Als im Oktober 1805 auf Befehl Napoleons den Gesandten Österreichs und Russlands die Pässe zugestellt wurden und man ihnen eröffnete, ihre weitere Anwesenheit im Rücken der französischen Armee könne nicht geduldet werden, zeigte Amalie ihren tiefen Unwillen über diese Entwicklung ganz demonstrativ. Clemens August von Schall, der österreichische Gesandte in Baden, gehörte zum engsten Kreis um die Markgräfin. Er hatte „sich rasch die Sympathien der Hofkreise erworben und gleich seinem russischen Kollegen in der Markgräfin Amalie eine mächtige Gönnerin gefunden."[160] Am Abend vor seiner Abreise besuchte er Amalie, die ihm ihre unwandelbare Sympathie für das Kaiserhaus versicherte und offen bekannte, sie bete für das Waffenglück Österreichs. Es wird in ganz Baden kaum jemanden gegeben haben, der sich in aller Öffentlichkeit so deutlich gegen französische Interessen aussprach. Die Markgräfin blieb mit Schall, der nicht mehr nach Baden zurückkehrte, in ständiger Verbindung und lieferte ihm wertvolle Informationen, auch über Interna, die sicher nicht immer für seine Ohren bestimmt waren.

Amalies Antipathie gegen Napoleon – „dieser Name macht mir immer Angst und beschwört mir die Erscheinung der Apokalypse herauf"[161] – entstammte nicht nur ihrer Auffassung von fürstlicher Würde und Herkunft, der der Franzose in keiner Weise entsprach, sondern auch einer für sie unverzeihlichen Tat Bonapartes.

Louis Antoine Henri de Bourbon, Prince de Condé, Duc d'Enghien (* 1772), „war ein aufrechter junger Offizier mit kastanienbraunem Haar und der berühmten Adlernase der Condés."[162] Seit September 1801 lebte der Herzog in Ettenheim, verbrachte seine Zeit mit der Schnepfenjagd und war ab und an in Straßburg anzutreffen. Wie es scheint ein ganz normales Leben für einen Offizier, der „arbeitslos" geworden war. Er hatte Frankreich beim Ausbruch der Französischen Revolution verlassen und war im Jahr 1792 in das Emigrantenkorps eingetreten, das sein Großvater am Rhein gesammelt hatte. Von 1796 bis 1799 kommandierte er die Vorhut dieses Truppenverbandes.

Nach dem Anfall des Ettenheimer Territoriums an Baden war Karl Friedrich gern bereit, dem Herzog den Aufenthalt in seinen Landen zu gestatten, der französische Geschäftsträger erhob keinen Einspruch. Alle Familienmitglieder des badischen Fürstenhauses schätzten den charmanten Franzosen. Als die ersten Gerüchte auftauchten, der Herzog sei in Gefahr, ließen „die Markgräfin und der König von Schweden ihn vereint warnen und bitten, sich seiner Sicherheit wegen zu entfernen."[163] Louis sah keinen Grund, auf irgendwelche Gerüchte hin seine Wahlheimat zu verlassen, fühlte er sich doch keiner Schuld bewusst. Ein Fehler, den er schwer büßen musste.

Die Spürnasen der französischen Geheimpolizei hatten den Herzog mit royalistischen Verschwörern in Verbindung gebracht, die sich Napoleons bemächtigen wollten. Doch die Informationen, die ihn als angeblichen Anführer der Hochverräter stark belasteten, waren falsch. Enghien, natürlich Royalist, hatte keineswegs die Absicht, Napoleon heimlich zu beseitigen, er wollte als aufrechter Soldat dem Konsul lieber in offener Schlacht die Stirn bieten. Seine Meinung, wem der Thron Frankreichs zustehe, tat er offen kund: „Ich bin Franzose, Sire, und ein Franzose, der treu ist seinem Gott, seinem König und seiner Ehre."[164] Selbstverständlich machten ihn derartige Äußerungen und die Tatsache, dass er Bourbone war, höchst suspekt.

Der einmal gesäte Verdacht ließ sich nicht mehr zerstreuen. Napoleon gab Anweisung, den Herzog zu beschatten und erhielt einen Bericht, der aus einem Gewirr von Gerüchten, Vermutungen, Anschuldigungen und Verwechslungen bestand. Talleyrand und Fouché hielten sich nicht zurück, gossen kräftig Öl ins Feuer – endlich hatten die böswilligen Unterstellungen ein Gesicht – und forderten Napoleon zum Handeln auf: „Zweck der Verschwörung ist der Mord Ihrer Person. Sie haben das Recht der persönlichen Notwehr."[165] Und dieses Recht nahm der Korse wahr. Es galt ein Exempel zu statuieren und deutlich zu machen, was Verräter von ihm, Napoleon, zu erwarten hätten.

Am 14. März 1804 rückten 300 Dragoner nach Ettenheim aus mit dem Befehl, Enghien festzunehmen. Er wurde am nächsten Tag nach Straßburg gebracht und dort inhaftiert. Eine Woche später befand sich der Herzog in Paris, das Schloss von Vincennes wurde zu seinem letzten Aufenthaltsort.

Napoleon, der über die Ettenheimer Affäre stets auf dem Laufenden gehalten wurde, wusste, dass der Herzog standhaft jegliche Beteiligung an einer Verschwörung bestritt. Aus der beschlagnahmten Korrespondenz Enghiens gingen ebenfalls keine belastenden Fakten hervor. Doch wer einen Grund sucht, (er-)findet auch einen. Unter den Papieren entdeckte man ein Schriftstück, das Louis im Januar 1804 an den englischen Gesandten in Wien gerichtet hatte. Enghien schrieb, die Zahl der französischen Überläufer nehme von Tag zu Tag zu und es sei wohl möglich, mit ihnen ein Hilfskorps zu bilden, dessen Kommando er im Auftrag Englands übernehmen könne. Auf diesen Satz baute Napoleon seine Anklage auf: der Herzog habe Waffen gegen sein Vaterland gerichtet und an einer Verschwörung Englands gegen die Sicherheit der Republik teilgenommen.

Der anschließende Prozess vor einem Kriegsgericht wurde zur Farce. Es gab keine Beweise, keine Zeugen für die zur Last gelegten Taten, und man ließ keinen Verteidiger zu. Die Verhandlung musste so enden, wie Bonaparte es wünschte: Louis Antoine de Bourbon, der letzte Condé, wurde zum Tode verurteilt, in derselben Nacht (21. März 1804) standrechtlich erschossen und anschließend in aller Eile verscharrt.

Diese Tat war eine Ungeheuerlichkeit, mit der sich Amalie nicht abfinden konnte. Sie kannte den jungen Mann seit etlichen Jahren, schätzte ihn sehr und unterhielt mit ihm eine ausgedehnte Korrespondenz. In den 1790er-Jahren war er ein gern gesehener Gast in Karlsruhe und wäre beinahe ihr Schwiegersohn geworden. Tochter Karoline hatte sich heftig in den gut aussehenden Offizier verliebt und auch Friederike kam als Heiratskandidatin in Frage. Erbprinz Karl Ludwig, der Vater der beiden Prinzessinnen, soll, wie die bayerische Königin später ihrer Stieftochter Auguste erzählte, den Herzog jedoch wegen seiner Mittellosigkeit als Bewerber abgelehnt haben.

Als Karoline – wie ihre Mutter eine entschieden Gegnerin Napoleons – vom Tod Enghiens erfuhr, war sie genauso erschüttert wie die Markgräfin: „Mein Gott, Mama, dieser arme Duc d'Enghien. Ist es möglich, eine derartige Schandtat zu begehen, wie sie diese schändlichen Franzosen zu dieser Stunde vollbracht haben! Ich kann Ihnen nicht schildern, was ich gestern empfunden habe. Kaum hatte ich Ihren Brief mit so beruhigenden Nachrichten in Bezug auf ihn gelesen, machte ich die Mannheimer Zeitung auf. Da stand als Erstes seine Aburteilung und Verurteilung zum Tode ... das ist der Gipfel des Grässlichen! Jetzt soll die Erde zusammenstürzen über diesem erbärmlichen Bonaparte, damit dieses unglückliche Opfer wenigstens gerächt werde ... Ich konnte mich gestern nicht anhalten, jeden Augenblick zu weinen ..."[166]

In Karlsruhe sah man sich mit den Vorwürfen Talleyrands konfrontiert, die Umtriebe der Verschwörer stillschweigend geduldet zu haben. Aufregung und Bestürzung waren die Folge und verstärkten sich noch, als bekannt wurde, auf welche Weise der Herzog hingerichtet worden war: „Der greise Kurfürst empfand den Schimpf, den man ihm zugefügt, aufs Schmerzlichste. Mitten im Frieden, unter Missachtung aller völkerrechtlichen Grundsätze, lediglich auf das Recht des Stärkeren pochend, hatte man sein Land zum Schauplatz einer rohen Gewalttat ausersehen und zugleich das Gastrecht verletzt, das er dem seinem Schutz Vertrauenden gewährt. Nicht zufrieden damit, bemühte man sich sogar den Schein zu erwecken, als ob alles mit seiner Einwilligung geschehen sei."[167]

Doch was konnte Karl Friedrich unternehmen? Er „war sich der eigenen Schwäche dem mächtigen Nachbarn gegenüber nur zu sehr bewusst, er kannte den rachsüchtigen Charakter des Ersten Konsul zu gut, um nicht zu wissen, welches Schicksal in dem Falle ihm und seinem Staate gedroht hätte."[168] Also schwieg man in Baden.

Für Amalie stand nun unverbrüchlich fest, Napoleon war eine verabscheuungswürdige, machtbesessene Gestalt ohne Moral. Ein Einbrechen vor ihm, so wie sie es bei den badischen Politikern erlebte, würde es bei ihr niemals geben. Ihre Feindschaft stand auf einer soliden Basis und blieb es bis zum Ende der napoleonischen Herrschaft. Als ihr Schwiegersohn, der Herzog von Braunschweig, aus dem englischen Exil zurückkehrte und gefragt wurde, ob er nicht eine Chance auf Frieden mit Napoleon sähe, antwortete er: „Friede? Wie kann Friede geschlossen werden mit diesem Tyrannen, dem kein Wort und kein Vertrag heilig ist? Nur dann kann die Welt Frieden haben, wenn er entthront und für immer eingesperrt ist!"[169] Amalie wird ihm aus vollem Herzen beigepflichtet haben.

Geldsegen von Napoleons Gnaden

Nach dem Ableben ihres Gemahls im Jahre 1801 hatte Amalie noch fünf Jahre als Erste Dame des Landes im Mittelpunkt des Hoflebens gestanden. Dies änderte sich mit der Eheschließung ihres Sohnes Karl und dem Einzug Stephanies. Die repräsentativen Aufgaben gingen an die Schwiegertochter über. Für Amalie galt es nun, ihre finanziellen Angelegenheiten zu klären. Nach dem Ehevertrag standen ihr jährlich lediglich 8000 Gulden Witwengeld zu. Die Summe war zwischenzeitlich auf 16 000 Gulden erhöht worden. Ende Februar 1803 wurde schließlich entschieden, der Markgräfin 30 000 Gulden im Jahr zu gewähren und zusätzlich 12 000 Gulden Nadelgeld solange sie bei Hofe Repräsentationspflichten übernähme.[170]

Ausgerechnet Napoleon, dem Erzfeind, verdankte Amalie eine so beträchtliche Erhöhung ihrer Apanage – „es ärgert mich, dass ich Napoleon die Erhöhung meines Wittumsgehalts verdanke"[171] –, dass sie für den Rest ihres Lebens keine finanziellen Sorgen befürchten musste: „Das große Wittum, welches Napoleon vorgeschrieben hatte der Markgräfin zu geben, nämlich 120 000 Gulden (jährlich), (war) allerdings für die Umstände unerhört viel, aber Napoleon hatte ausgesprochen: wenn die Töchter der Markgräfin sie besuchten, müsse ihr Haus auf einem anständigen Fuß eingerichtet sein."[172] Der hohen Stellung ihrer Töchter verdankte Amalie also den Geldsegen, der ihr etlichen Ärger mit Luise von Hochberg einbrachte. Sie, die sich notorisch in Geldverlegenheit befand, musste sich mit rund 30 000 Gulden im Jahr zufrieden geben.

Nach dem Tod Großherzog Karls im Jahr 1818 kürzte man den jährlichen Wittumsbezug auf 100 000 Gulden, obwohl man befürchtete, Amalie werde sich in Petersburg beschweren. Über die Debatten um die Bezüge der fürstlichen Witwen – auch Stephanies Witwengeld wurde um 20 000 Gulden auf 100 000 Gulden gekürzt – machte man sich allgemein lustig. Der preußische Staatsrat Staegemann rechnete aus, dass auf jede steuerpflichtige Familie Badens etwa 30 Kreuzer jährlich kämen, die durch die

Kürzungen eingespart wurden, ein geradezu erbärmlicher Betrag, wie er meinte.

Witwensitze: Bruchsal, Rohrbach, Karlsruhe

Bis zur Hochzeit Karls und Stephanies bewohnte Amalie ihr Appartement im Karlsruher Schloss. Die Auseinandersetzungen mit der Schwiegertochter bewogen sie jedoch, Anfang November 1806 ihren Witwensitz zu beziehen, Schloss Bruchsal.

Als im Februar 1801 im Friedensvertrag von Lunéville der Rhein als französische Grenze anerkannt wurde, musste die Entschädigungsfrage für die linksrheinischen Verluste auf die Tagesordnung des Regensburger Reichstags gesetzt werden. Die Hauptverteilungsmasse stellten die kirchlichen Besitztümer dar. Man hatte sich längst darauf geeinigt, die Entschädigungen zum größten Teil durch die Säkularisation zuwege zu bringen, also durch die Enteignung der Erz- und Hochstifte. In den diplomatischen Auseinandersetzungen erwies sich Badens Vertreter von Reitzenstein als äußerst geschickt. Karl Friedrich gehörte zu den glücklichen Gewinnern des Länderschachers. Freilich ist es nicht nur Reitzensteins Fähigkeiten zu verdanken, dass Baden in so großem Ausmaß begünstigt wurde, es lag auch an Napoleons Absicht, Baden möglichst großzügig zu entschädigen, um zum einen einen ansehnlichen Pufferstaat zwischen Frankreich und Österreich aufzubauen und zum anderen eine Annäherung an Russland herbeizuführen, wofür ihm Gunsterweise an die badische Verwandtschaft des Zaren als geeignetes Mittel erschienen. So kamen unter anderem die rechtsrheinischen Besitzungen des Hochstifts Speyer mit Bruchsal im Zentrum an Baden.

Erbauer des Bruchsaler Schlosses war Fürstbischof Kardinal Damian Hugo Philipp von Schönborn (1676–1743), der Ende Mai 1722 den Grundstein seiner neuen Residenz gelegt hatte. Ab 1731 engagierte Schönborn nach Auseinandersetzungen mit seinen Baumeistern Balthasar Neumann, der auch unter Schönborns Nachfolger Franz Christoph von Hutten zu Stolzenfels (1706–1770) tätig war. Es entstand ein Schloss, das sich als letztes in die dichte Folge der barocken Residenzgründungen im südwestdeutschen Raum einreihte.

Bis 1803 – am 25. Februar wurde die reichsrechtliche Grundlage für die Inbesitznahme durch Baden mit der Unterzeichnung des Reichsdeputationshauptschlusses sanktioniert – blieb das Schloss Regierungssitz der Speyrer Fürstbischöfe. Nach der Auflösung des Fürstbistums verlor Bruchsal seine Bedeutung als landesfürstliche Residenzstadt. Dem prächtigen Barockschloss verlieh schließlich der Einzug Amalies mit ihrer Hofhaltung noch einmal Glanz. Die Huldigung der Bevölkerung nahm die Markgräfin im Sommer 1803 noch vor der offiziellen Übersiedlung nach Bruchsal entgegen, als sie, zusammen mit ihrem Schwiegervater Karl Friedrich aus Mannheim kommend, in ihrer künftigen Residenz Station machte.

Aus der Staatskasse wurden 20 600 Gulden für die Einrichtung des Schlosses mit Möbeln, Porzellan, Glaswaren, Bett- und Tischwäsche zur Verfügung gestellt. Größere bauliche Veränderungen hielt die Markgräfin nicht für erforderlich, nur einige Modernisierungsarbeiten wurden durchgeführt. Im Schlossgarten veränderte man schon aus Kostengründen nichts und entfernte unansehnlich gewordene Statuen, anstatt sie auszubessern.

Amalie zog Ende des Jahres 1806 nach Bruchsal und lebte dort eher bescheiden, aber keineswegs einsam. „Es kam viel Besuch von Karlsruhe, der meistens im Schloss übernachtete, sodass sie beinahe jeden Abend ihre bestimmte Spielpartie haben konnte."[173] An der üblichen abendlichen Freizeitgestaltung änderte sich nichts. Wie in Karlsruhe empfing sie „Offiziere der Garnison, worunter verschiedene gute Gesellschafter waren"[174] und ließ sich von ihren Damen – Karoline von Freystedt war inzwischen zur ersten Hofdame aufgestiegen – vorlesen.

Zum Hofstaat der Markgräfin gehörte neben den Damen Freystedt und Montperny, später folgte die Gräfin von Leiningen, Karl Christian Freiherr von Berckheim als Oberhofmeister, „ein sehr liebenswürdiger Gesellschafter, mit den besten höfischen Formen. Er war der Markgräfin von jeher sehr zugetan, hatte sie auf der Reise nach Russland und Schweden begleitet, und sie hatte viel Zutrauen zu ihm."[175] Nach dem Ausscheiden Berkheims übernahm Freiherr von Stetten das Amt des Oberhofmeisters, allerdings konnte Amalie „dessen herrisches Wesen und üble Laune"[176] nicht lange ertragen. Im Jahre 1820 entließ die Markgräfin Stetten, dem ihr bisheriger Kammerherr Karl Ludwig von Bothmer folgte, eine Persönlichkeit „von redlichem Charakter, aber sehr beschränkten Geistes, mit unangenehmen gemeinen Soldatenmanieren, dabei eigensinnig und adelsstolz im höchsten Grade."[177]

Bis zum Jahr 1810 bewohnte Amalie Schloss Bruchsal zusammen mit dem ehemaligen Schlossherrn, dem letzten Fürstbischof von Speyer Philipp Franz Wilderich von Walderdorf (1739–1810), der das Wohnrecht auf Lebenszeit erhalten hatte und den südlichen Teil des Schlosses für sich beanspruchte: „Er bewohnte einen Flügel des Schlosses, sein Benehmen gegen die Markgräfin war stets freundschaftlich, auch sie hatte viel Aufmerksamkeit für ihn und hielt den evangelischen Gottesdienst, so lang er lebte, nur in einem dazu eingerichteten Zimmer."[178]

Wegen der Nutzung der Hofkirche war der Hofdiakon immer wieder in Karlsruhe vorstellig geworden. Amalie diente das rechts neben dem Gartensaal gelegene Marschallzimmer als Hofkapelle, eine Lösung, die der Diakon als wenig angemessen empfand. Er forderte, die Hofkirche des Bischofs für protestantische Gottesdienste zu öffnen. Wilderich von Walderdorf stimmte einer Doppelnutzung nicht zu, und Amalie, die in Frieden mit dem ehemaligen Fürstbischof leben wollte, fand nichts dabei, den Gottesdienst auch künftig im ehemaligen Marschallzimmer abzuhalten.

Zum engen Kreis um die Markgräfin gehörte „Graf Foucquet, ein Ausgewanderter, beinahe bei allen damaligen Fürsten bekannt und wohlgelitten."[179] Foucquet war bei Ausbruch der Revolution Kommandant von Wissembourg. Er musste Frankreich verlassen und erhielt das Amt des Kammerherrn bei Königin Friederike von Preußen, Amalies Schwester. Nach ihrem Tod im Jahr 1805 ging er nach Baden und wurde, bis er im Jahr 1810 verstarb, Dauergast der Markgräfin in Bruchsal. „Sein Hinscheiden ließ eine bedeutende Lücke im täglichen geselligen Kreis"[180] um Amalie.

Die Schlossanlage wurde nach dem Tod der Markgräfin zum bloßen Bauunterhaltungsobjekt ohne weitere Nutzung. Große Mittel standen nicht zur Verfügung, da nicht nur das Bruchsaler Schloss, sondern auch die ehemalige Residenz Rastatt, die Schlösser in Mannheim und Schwetzingen und weitere Bauten in Stand gehalten werden mussten. Die Prunkgebäude kosteten nur Geld und entsprachen längst nicht mehr dem Zeitgeschmack, sodass man dazu überging, unmoderne Gegenstände zu veräußern. Stücke, die man für besonders wertvoll hielt, wurden ins Karlsruher Schloss verbracht.

Erst zu Beginn des 20. Jahrhunderts konnte man sich zu einer Renovierung entschließen. Nach Abschluss der Arbeiten wurde zur Erinnerung an die letzte Bewohnerin des Bruchsaler Schlosses der „Amalienbrunnen" in der Hauptachse des Schlosses vor dem Kanzleibau aufgestellt. Die Säule in der Brunnenmitte erhielt ein bronzenes Medaillon mit dem Porträt der Markgräfin. Zum Kanzleibau hin wurde ein zweites Medaillon angeordnet, das den Kurhut und in zwei großen Kartuschen die Wappen der großherzoglichen Familie und Amalies zeigt. Darunter wurden die Wappen der Schwiegersöhne der Markgräfin dargestellt. Sie erinnerten an die weitreichenden familiären Verbindungen Badens zur Zeit Amalies.

Drei Jahre vor dem Einzug in Bruchsal war Schloss Rohrbach in den Besitz Amalies gekommen. „Niedlich liegst Du in heiterer Lage, mein ländliches Rohrbach, an dem Fuß des Berges, unfern Heidelbergs Schloss, meiner Vorfahren Sitze!"[181] Mit diesen Worten begann König Ludwig I. von Bayern ein Gedicht, das er dem nahe Heidelberg gelegenen Schlösschen Rohrbach widmete, wo er einen Teil seiner Jugend verbracht hatte. Er nahm es seinem Vater sehr übel, dass er das geliebte Schloss Amalie geschenkt hatte: „Wir (Maximilian Joseph) haben unterm heutigen dato (8. Januar 1803) eine Schenkungsurkunde über Unser zu Rohrbach in der Rheinpfalz gelegenen Schlosses mit allen Meubles, sämtlichen Gärten, … für Unsere Frau Schwiegermutter Liebden, die verwitwete Frau Erbprinzessin zu Baden ausfertigen lassen".[182]

Das Schloss Rohrbach, ein einfacher dreistöckiger Barockbau, wurde von Herzog Karl August von Pfalz-Zweibrücken, einem Cousin Amalies, erbaut. Sein Vater, Pfalzgraf Friedrich Michael, ein Bruder der Großen Landgräfin, hatte hier ein Anwesen erworben und es als Jagdhaus genutzt. Karl August kaufte weitere Gebäude hinzu, baute Lusthäuser und legte einen Park an. Der Weg zu einem der Höfe, die Karl August als Jagdaufenthalte nutzte, führte durch den „kühlen Grund", der Eichendorff zu seinem Lied angeregt haben soll.[183] Im Jahr 1795 ging der gesamte Rohrbacher Besitz an Karl Augusts Bruder Maximilian Joseph.

Rohrbach wurde für die Familie des neuen Landesherrn zur willkommenen Zuflucht vor den Auswirkungen der Revolutionswirren. Der Haushalt war sehr bescheiden: „Ich habe von meinem Bruder Häuser voll Bedienten geerbt, aber kein Geld, sie zu bezahlen."[184] Trotz des Geldmangels ließ Maximilian den ursprünglich französischen Park durch den später in den Adelsstand erhobenen Gartenarchitekten Friedrich Ludwig Sckell in eine moderne englische Gartenanlage umgestalten. Als Maximilian die Nachfolge Karl Theodors in München antrat, verwaiste das Schloss und erwachte erst wieder zum Leben, als Amalie einzog. Sie investierte etwa 20 000 Gulden und kaufte zwei Häuser und ein größeres Anwesen hinzu. Dann ging sie daran, die Stallungen zu vergrößern und die Vorderfront des Schlosses umzugestalten. Im Innern des Gebäudes ließ sie Stuckdecken und Böden erneuern und tauschte nach ihrem Geschmack Möbelstücke aus.

Amalie liebte Rohrbach und engagierte sich sehr für die Bewohner des Dorfes. Als man ihr sagte, sie sei doch nicht verpflichtet, so viel für die Rohrbacher zu tun, antwortete sie: „Ich brauche die Rohrbacher wohl nicht, aber die Rohrbacher brauchen mich!"[185]

Der Rohrbacher Besitz fiel nach dem Tod Amalies an das Haus Baden, das ihn 1834 an den ehemaligen Londoner Hofschneider George Brown Stulz verkaufte.

Die Markgräfin verbrachte in der Regel die Sommermonate in Bruchsal. Während der restlichen Zeit lebte sie in Rohrbach oder in ihrem Palais in Karlsruhe, das sie im Jahr 1806 erworben hatte. Im Frühjahr 1807 zog sie dort ein. Das Karlsruher Palais war von Anfang an nicht als Dauerwohnsitz gedacht: „Anfänglich war es bloß zu einem Absteigquartier bestimmt, da es nicht sehr geräumig war, doch fand die Markgräfin Mittel, viele Leute darin zu sehen. Täglich wurden einige Personen zum Essen geladen, zweimal in der Woche gab sie größere Diners. Jeden Sonntag nach Tisch empfing sie alle, welche durch ihre Stellung, hoch und nieder, ein Recht dazu hatten, nämlich bei Hof vorgestellt waren. Äußerst zahlreich waren diese Versammlungen, niemand wollte fehlen, da sie von allen geehrt und geliebt war; von den

Gesandten und Ministern und ihren Frauen an bis zum letzten Leutnant und dem jüngsten Fräulein wusste sie jedem etwas Freundliches und Wohlwollendes zu sagen" [186]

Neben dem Palais stand Amalie in Karlsruhe ein weiteres Domizil zur Verfügung. Ihr Urenkel Friedrich, der spätere Großherzog Friedrich I. von Baden, der als Kind die ungezwungene Atmosphäre liebte, die bei seiner Urgroßmutter herrschte, schrieb: „Die schönsten Zeiten für uns kamen stets mit dem Frühling, wenn die Markgräfin das kleine Haus im Erbprinzengarten bezog und wir uns dort frei bewegen konnten. Sie wohnte dort manchmal während mehrerer Wochen, jeweils bevor sie nach Rohrbach oder Bruchsal übersiedelte."[187]

Dieses „kleine Haus" befand sich im so genannten Erbprinzengarten, einer Anlage, die sich zu beiden Seiten der Erbprinzenstraße bis zum heutigen Nymphengarten hinzog. Nach dem Tod Karl Ludwigs erbte Amalie die Gärten, die nun den Namen „Amalienruhe" erhielten. „In dem nördlichen Teile dieser Anlagen war ein auf dorischen Säulen ruhendes Gebäude, das einen Saal mit zwei Nebenzimmern enthielt, errichtet."[188] Es eignete sich nicht als dauerhafter Wohnsitz, doch Empfänge für den engeren Kreis um die Markgräfin fanden hier immer wieder statt. Die Anlage wurde im Jahr 1944 bei einem Luftangriff zerstört. Im Jahr 1955 wandelte man das Gelände mit der Ruine in eine Parkanlage um.

Amalie wechselte regelmäßig zwischen ihren verschiedenen Wohnsitzen und wurde auf dem Weg zum neuen Domizil stets von berittenen Bürgergarden begleitet. Ein Bericht aus dem Jahr 1807 schildert die Rückkehr Amalies von ihrem Witwensitz Schloss Bruchsal nach Karlsruhe: „Große Freude herrschte unter der Bürgerschaft, als die Markgräfin Amalie von Bruchsal wieder zu längerem Aufenthalt nach Karlsruhe zurückkehrte und von ihrem Palais ... Besitz ergriff. Schon in Durlach wurde die Markgräfin von der Karlsruher berittenen Bürgergarde eingeholt, mit einer kurzen Anrede begrüßt und nach der Residenz geleitet, wo die hohe Frau von sämtlichen Bürgerkorps, die an ihrem Palais aufmarschiert waren, mit türkischer Musik empfangen wurde. Abends wurde dem Palais gegenüber eine mit Inschriften gezierte 50 Schuh hohe Pyramide erleuchtet."[189]

Festivitäten, Reisen und fürstliche Besucher

Amalie war – wie bereits geschildert – seit Ende des Jahres 1806 offizieller Verpflichtungen entbunden. Dies hinderte sie jedoch nicht daran, als „Zierde des Hofes",[190] bei den großen festlichen Gelegenheiten, bei Konzerten, Bällen oder der Neujahrstafel zu erscheinen. Großherzog Ludwig, der Nachfolger Großherzog Karls, zeigte sich seiner Schwägerin gegenüber äußerst zuvorkommend, lud sie zu allen Festlichkeiten ein und war stets um sie und ihr Wohlergehen bemüht. Die Markgräfin hörte seine Schmeicheleien nur zu gern und besuchte trotz zunehmenden Alters und damit verbundener Beschwerden so viele Feierlichkeiten wie möglich. Als Ludwig zum ersten Mal vor dem neu erbauten Ständehaus sprach, ließ es sich Amalie nicht nehmen, auch hier dabei zu sein: „Der Großherzog, welcher nie eine Gelegenheit vorbeigehen ließ, ihr seine Ehrfurcht zu bezeugen, neigte sich vor ihr, ehe er seine Rede begann."[191]

Festlichkeiten und Reisen, damit verbrachte die Markgräfin jetzt ihre Zeit. Häufig zog es sie nach Darmstadt – „von jeher hatte die Markgräfin die größte Liebe für ihre hessische Heimat und ihre Familie gehegt"[192] – oder nach Homburg und nach Sachsen zu ihren Schwestern. Mit Freude besuchte sie Karoline, nach dem Tod Maries im Jahr 1808 nun ihre Lieblingstochter, in Nymphenburg und am Tegernsee. Gemeinsam mit Zarin Elisabeth unternahm sie Ausflüge nach Mannheim und Heidelberg, mit ihrer Hofdame besichtigte sie Stuttgart und Ludwigsburg. Und schließlich ist Amalies auch in Scheibenhardt zu finden. Das ist höchst erstaunlich, lebte doch hier die bislang ungeliebte Schwiegertochter: „Oft fuhr sie (Amalie) nach Scheibenhardt, um die Großherzogin Stephanie, ihre Kinder und Prinzessin Amalie (Christiane), die sich ihrer Schwägerin ganz gewidmet hatte, zu besuchen."[193] Als Stephanie nach Mannheim gezogen war, konnte man Amalie auch dort begegnen: „Im Frühjahr 1824 nahm die Markgräfin einen Aufenthalt in Mannheim bei der Großherzogin Stephanie, welche alles aufbot, ihren Gast durch gesellige Freuden und kleine Ausflüge in die Gegend zu erheitern."[194] Schwiegermutter und Schwiegertochter in trauter Einigkeit, von Feindschaft keine Spur mehr!

Aus dem koketten jungen Ding, für das Amalie nur Verachtung übrig hatte, war eine ernste, vom Schicksal geprüfte Fürstin geworden, die sich jetzt vorwiegend ihren Töchtern, den Prinzessinnen Luise (1811–1854), Josephine (1813–1900) und Marie (1817–1888) widmete. Beide Damen bemühten sich, die Verbindung nicht mehr abreißen zu lassen. Als es Amalie am Ende ihres Lebens zunehmend schlechter ging, waren auch Stephanie und ihre Töchter zur Stelle: „Je leidender die Markgräfin ward, desto mehr bestrebten sich ihre zwei übrig gebliebenen Töchter sowie auch die Großherzogin Stephanie, ihre Schwiegertochter, deren angenehme Munterkeit immer Leben verbreitete, sie durch ihre Gegenwart zu erheitern. Wenn diese abgereist waren, kamen ... die Prinzessinnen Josephine und Marie von Baden."[195]

Genauso häufig wie Amalie ihre Verwandten besuchte, erhielt sie selbst Besuche ihrer Angehörigen. Zur großen Freude der Markgräfin konnte sie die beiden Söhne Maries mindestens einmal im Jahr bei sich sehen. Auch ihr nun längst von Amalie geschätzter Vater, Herzog Friedrich Wilhelm, hielt sich gern bei seiner Schwiegermutter auf, wenn es auch manchmal wegen der französischen Bedrohung heimlich sein musste.

Schloss Bruchsal wurde zur Zuflucht für die aus Schweden vertriebene Königsfamilie, bevor sich Friederike in Scheibenhardt, später in Karlsruhe und in der Stadt Baden niederließ. Die räumliche Nähe brachte es zwangsläufig mit sich, dass sich Mutter und Tochter häufig, in späteren Jahren täglich sahen und die Enkel, vor allem die Enkelinnen, eine intensive Beziehung zu ihrer Großmutter pflegten. Sophie, die spätere badische Großherzogin, wurde schließlich die Lieblingsenkelin Amalies, und auch deren Schwestern waren ihrer Großmutter herzlich zugetan. Sie lebten nach dem Tod Friederikes im Karlsruher Palais der Markgräfin.

Besonders freute es Amalie, wenn sie Besuch von ihren beiden Schwestern Caroline und Luise, denen sie sich lebenslang eng verbunden fühlte, erhielt. Vor allem Luise, die Herzogin von Weimar, reiste gern nach Karlsruhe, um „so viele angenehme Erinnerungen aus der Jugendzeit aufzufrischen, obgleich sich inzwischen da manches vergrößert und verschönert hatte; namentlich ergötzte sie sich sehr am botanischen Garten und setzte alle Kunstverständigen mit ihren Kenntnissen in der Pflanzenkunde in Erstaunen."[196]

Ein unkomplizierter Gast war König Friedrich Wilhelm III. (1770–1840), Sohn der „preußischen" Schwester Amalies, der seine Tante sehr verehrte und sie mehrmals in Bruchsal besuchte. Der König wünschte einen zwanglosen Umgang mit seinen Verwandten, so stieg er in Karlsruhe unter dem Namen Graf von Ruppin in einem Gasthof ab und verbat sich gewöhnlich jeden großen Empfang. Amalie konnte dies nicht akzeptieren, sie war der Ansicht, ein König sei stets standesgemäß zu empfangen. Ihre Hofdame meinte, die Markgräfin „hing zu sehr an den alten Formen und, wenn schon er ihr Neffe war und als solcher behandelt sein wollte, unterließ sie es nicht, ihn als König zu ehren."[197] Auch der preußische Kronprinz und sein Bruder Wilhelm, der spätere deutsche Kaiser, statteten der Markgräfin wiederholt Besuche ab. Groß war die Freude Amalies, als ihre Enkelin Prinzessin Elisabeth von Bayern, seit November 1823 Kronprinzessin von Preußen, zusammen mit ihrem frisch Angetrauten nach Bruchsal kam, um den Segen der geliebten Großmutter zu erbitten.

Natürlich gaben sich nicht nur Verwandte die Ehre. Unter den fürstlichen Besuchern fanden sich die beiden Brüder des Zaren, Nikolaus und Michael, der bayerische Kronprinz Ludwig, Herzog Edward von Kent oder Erbgroßherzog Friedrich Ludwig von Mecklenburg-Schwerin. Auch Politiker wie Freiherr vom Stein oder der preußische Minister von Hardenberg besuchten die Markgräfin und fanden in ihr eine kompetente Gesprächspartnerin.

Dass sie eine Ehe zwischen einem der Besucher und einer ihrer Enkelinnen stiften konnte, war ganz nach Amalies Geschmack. Im Herbst 1830 stattete Großherzog Paul Friedrich August von Oldenburg (1783–1853) der Markgräfin einen Besuch ab. Er hatte bereits zwei Ehefrauen verloren und lernte hier Prinzessin Cäcilie, die Tochter der schwedischen Ex-Königin Friederike, kennen. Sie gefiel ihm so gut, dass er kurz entschlossen um ihre Hand anhielt. Obwohl Cäcilie vierundzwanzig Jahre jünger war als der Großherzog, nahm sie seinen Heiratsantrag an und vermählte sich im Mai 1831 mit ihm, von ihrer Großmutter „sanft" dazu überredet.

Das größte Vergnügen bereitete es der Markgräfin, Töchter, Schwiegersöhne und Enkel gemeinsam um sich zu scharen. Friederike und ihre Kinder hielten sich besonders gern in der Stadt Baden auf. Die ehemalige schwedische Königin wurde Ehrenbürgerin der Stadt und besaß hier ein Palais. Auch ihre Mutter liebte den Aufenthalt in der Stadt im Tal der Oos, die sich langsam zum Treffpunkt der adeligen Welt entwickelte. Im Sommer 1811 fand hier ein großes Familientreffen statt. Karoline und ihr Gemahl mit ihren sechs Töchtern waren gekommen, genauso wie das hessische Erbgroßherzogspaar mit zwei Söhnen und natürlich Friederike und deren Kinder. „Diese Familienvereinigung von 12 Enkeln und den Töchtern mit ihren Gemahlen machte die Umgebung der Markgräfin äußerst lebhaft."[198]

Im Jahr 1814 konnte sich auch Zarin Elisabeth des Zusammenseins mit ihren Schwestern und Schwägern, den Nichten, Neffen und ihrer Mutter im sommerlichen Baden erfreuen. „Ein schönes Bild war es, den Abend die Kaiserin Elisabeth im sogenannten Schneckengärtchen, das an den Schlossgarten grenzt, den zwölf fürstlichen Kindern Milch zum Abendbrot austeilen zu sehen."[199] Amalie schätzte es sehr, im Mittelpunkt dieser zahlreichen Familie zu stehen und genoss die Verehrung, die man ihr entgegenbrachte, auch und besonders die ihrer Enkel: „Selten wurde eine Großmutter so wie sie von ihren Enkeln geliebt; noch in späten Jahren waren die meisten unter ihnen glücklich, sich der bei ihr verlebten Tage zu erinnern. Sie wusste so liebend sie zu unterhalten und alles zu tun, was ihnen Freude machen konnte. Trotz allem Unglück wurde sie nie bitter, konnte sich immer in die Lage der frohen Jugend zurückdenken und den wärmsten Teil an ihren Freuden nehmen."[200]

Karoline, die bayerische Königin, stand der Markgräfin in der Zeit nach Maries Tod im Jahr 1808 am nächsten. Ihrer Hofdame gegenüber äußerte Amalie oft, „wenn sie von einer ihrer Töchter abhängen sollte, würde sie sich dieser (Karoline) unbedingt hingeben."[201] Wann immer sich Gelegenheit bot, besuchte Karoline ihre Mutter. Selbstverständlich erschien sie zu Geburtstags- und Namenstagsfeiern, und sie versuchte, bei den wenigen Besuchen der „russischen Schwester" anwesend zu sein. So auch 1815, als Amalie sämtliche Töchter um sich versammeln konnte. Solche reinen Frauentreffen gingen allerdings nicht spannungsfrei vorüber: „Das Verhältnis zwischen Mutter und Töchtern störte in dieser Zeit mancher Missklang. Vielleicht hatten beide Teile

Schuld daran. Die Töchter liebten es, zusammen zu sein, und die Mutter glaubte sich dadurch vernachlässigt, daraus folgten stete Reibungen."[202]

Schon im Jahr zuvor hatte sich Amalie über ihre Töchter beklagt, die nicht wie Planeten um sie als Sonne kreisten: „Umgeben von ihren Kindern war die Markgräfin nicht immer zufrieden; an wem eigentlich die Schuld lag, ist schwer zu entscheiden. Die Mutter verlangte vielleicht noch zu sehr die Unterwürfigkeit der Kinderjahre; die selbstständig gewordenen Töchter waren oft anderen Sinnes, zumal wenn mehrere sich bei der Mutter vereinigt fanden."[203] Vor allem Amalie Christiane scheint ihrer Mutter wenig Beachtung geschenkt zu haben. Vielleicht verübelte es die Prinzessin ihrer Mutter, keinen passenden Ehemann für sie gefunden zu haben. Von Karoline von Freystedt erfahren wir nämlich, dass die Tochter „stets unzufrieden mit ihrem Schicksal (der Ehelosigkeit) war und dadurch ihrer Mutter nicht so angenehm, als sie hätte sein können. Stete Missverständnisse hinderten die beiden schönen Seelen, sich das Leben leicht und erträglich zu machen."[204] Das klingt sehr nach alter Jungfer, die vergrämt und missmutig sich und anderen das Leben schwer machte. Die gespannte Beziehung zur Mutter hielt an, bis auch diese Tochter – sie litt an Brustwassersucht – zum Pflegefall wurde: „Die Kranke war von Liebe und Fürsorge umgeben, die Misshelligkeiten zwischen Mutter und Tochter verschwanden beim Anblick der Gefahr, nur die zärtlichste Zuneigung blieb."[205]

Amalie und Zar Alexander I.

Am glücklichsten war die Markgräfin sicherlich, wenn sie sich in der Hochachtung sonnen durfte, die ihr der geliebte Schwiegersohn, Zar Alexander, entgegenbrachte. Er spielte sogar mit dem Gedanken, sich nach einer eventuellen Abdankung in der Nähe der Schwiegermutter niederzulassen. Dass die guten Beziehungen zwischen Amalie und dem Zaren für Baden äußerst vorteilhaft waren, zeigte sich unter anderem gegen Ende des Jahres 1813. Die Völkerschlacht bei Leipzig war geschlagen, der Rheinbund zerbrach. Bayern hatte den Anfang gemacht, Württemberg folgte und Großherzog Karl zögerte – wie immer. Von Preußen war nichts Gutes zu erwarten, ebenso wenig von Bayern und Österreich. Einzig eine persönliche Begegnung zwischen Karl und dem Zaren schien geeignet, das für Baden schlechte Klima zu verbessern und Schaden abzuwenden. Karl entschloss sich nach langem Hin und Her, ins Hauptquartier der Alliierten nach Frankfurt zu fahren, sich den Vorwürfen des Schwagers zu stellen und so gut es ging, Rechtfertigungen zu finden. Doch Alexander zeigte sich versöhnlich, geradezu freundschaftlich, er trug Karl die Vergangenheit nicht nach.

Es gab nur eine Person, der man zutraute, den Umschwung herbeigeführt zu haben: „Zweifellos hat die Markgräfin Amalie darum ein besonderes Verdienst. Diese willensstarke Frau war von jeher das Haupt der antifranzösischen Partei am Karlsruher Hof gewesen. Sie war also die geeignetste Persönlichkeit, jetzt beim Bruch mit Napoleon, die Verbindung mit den Kaiserhöfen wieder herzustellen. Bei allen den vielen Höfen, mit denen sie in verwandtschaftlicher Beziehung stand, erfreute sie sich großen persönlichen Einflusses."[206]

Dass die positive Entwicklung tatsächlich ihr zu verdanken war, zeigte sich nach der Unterzeichnung des Alliierten-Beitrittsvertrags am 20. November 1813. Der Zar reiste aus Frankfurt ab und traf am 27. November in Rohrbach ein: „Er kam in ihrem (Amalies) Wagen mit ihr an, stieg bei ihr ab und war wie der zärtlichste, ergebenste Sohn für sie. Den andern Morgen fuhr er in offener Kalesche mit ihr durch alle Straßen Karlsruhes. Dies war ein hoher Genuss für die Markgräfin. Die ganze Bevölkerung der Stadt und Umgebung war in Bewegung, um den schönen, siegreichen Kaiser an der Seite der hoch verehrten Fürstin zu sehen. Auch Fürst Wrede (Carl Philipp von Wrede 1767–1838, Oberkommandierender der bayerischen Armee) mit seinem zahlreichen Generalstab und Fürst Schwarzenberg (Carl Philipp zu Schwarzenberg 1771–1820, Kommandant der Hauptarmee in der Völkerschlacht) mit dem seinigen erschienen und brachten zum Teil den Abend bei der Markgräfin zu, ihr huldigend. Ihre Gesinnungen in politischer Hinsicht waren bekannt"[207] und trugen dazu bei, die Stellung Badens zu festigen und durch die Fürsprache des Zaren ein Zerstückeln des Landes zu verhindern.

Am 14. Dezember 1813 traf Alexander erneut in Karlsruhe ein und quartierte sich nicht etwa im großherzoglichen Schloss ein, sondern stieg wieder bei seiner Schwiegermutter ab. „Am Vormittag stellte ihr der Kaiser selbst die ersten Offiziere seiner Garden vor. Den Tag darauf defilierte diese Garde vor dem Palais der Markgräfin, der Kaiser zu Pferd hielt unter ihrem Fenster, um sie an den militärischen Ehrenbezeugungen teilnehmen zu lassen." Dragoner, Husaren, Ulanen und Kosaken paradierten „in prächtiger Haltung" an der Markgräfin vorbei. „In der Nacht des 31. Dezember verließ der Kaiser Karlsruhe und fuhr vom Palais der Markgräfin weg in offener Droschke, von Graf Tolstoi begleitet und mit Kosaken umgeben, die brennende Fackeln trugen, um in der nämlichen Nacht bei Mannheim über den Rhein zu gehen, dem entscheidenden Feldzug entgegen."[208] Amalie wurde von ihrem Schwiegersohn mit Ehrungen überhäuft. Ihr Stolz wird kaum Grenzen gekannt haben.

Im Februar 1814 besuchte Zarin Elisabeth zum ersten Mal nach über 20 Jahren Karlsruhe. Die Bürger der Stadt bereiteten ihr einen besonders herzlichen Empfang: „Die Kaiserin, sichtlich erfreut und geehrt, zeigte sich dem jubelnden Volke auf dem Balkon des Palais an der Hand ihrer von dem Wiedersehen und der begeisterten Begrüßung tief ergriffenen Mutter."[209] Die Zarin blieb über ein halbes Jahr bei Amalie und lebte in dieser Zeit abwechselnd in Bruchsal und in Rohrbach. Im stets offenen Haus der Markgräfin wurde jeder gastfreundlich aufgenommen: „Die Gegenwart der Kaiserin in Bruchsal zog eine Menge Fremde und besonders Russen herbei. Frau Markgräfin bewahrte auch als fürstliche Wirtin die edle würdevolle Haltung, die sie auszeichnete. In ihrem Schloss und an ihrer Tafel wurden die sich meldenden Fremden auf die gastlichste Weise aufgenommen und mit huldreicher Freundlichkeit von der fürstlichen Mutter begrüßt. Bruchsal glich bald einer Karawanserei, ja es begab sich wohl, dass russische Gäste sich an die Tafel setzten, ohne sich der Markgräfin vorstellen zu lassen."[210]

Als der Zar im Juli ebenfalls in Bruchsal eintraf, musste er feststellen, dass die Gastgeberin tatsächlich nicht jedem bekannt war. Ein Mitglied seines Generalstabes fragte ihn: „Sire, darf ich es wagen zu fragen, wer die ältere Dame ist, die mit Ihrer Majestät der Kaiserin spricht?" Alexander antwortete verärgert: „Ich wundere mich sehr, Monsieur, dass Sie meine Schwiegermutter nicht kennen. Sie haben also noch nicht um die Ehre gebeten, ihr vorgestellt zu werden, wohingegen sie sich die Ehre gibt, Sie an ihre Tafel zu bitten!"[211] Der Zar sorgte umgehend dafür, dass derartige Peinlichkeiten nicht wieder vorkamen. Zum Ausgleich der Kosten, die der Aufenthalt der Zarin und so vieler Fremder mit sich brachte, schickte er seiner Schwiegermutter 20 000 Dukaten. Elisabeth, die Tochter, war auf eine solche Idee nicht gekommen.

Besondere Wertschätzung erfuhr Amalie, als ihr nicht nur der russische Zar, sondern auch der Kaiser von Österreich einen Besuch abstattete. Beide hatten im Frühsommer des Jahres 1815 ihr Hauptquartier in Heidelberg aufgeschlagen, und die Markgräfin ließ es sich nicht nehmen, die Herrscher zu sich nach Rohrbach zu bitten. Kaiser Franz folgte, nur von General Graf Hardegg begleitet, gern Amalies Einladung zum Essen. Für die Markgräfin ergab sich nun ein zeremonielles Problem. Da die beiden hohen Gäste gleichrangig waren, hätte sie als einzige anwesende Fürstin und Gastgeberin beide zu Tisch führen müssen. Alexander half ihr aus der Verlegenheit: „Lassen Sie uns gehen, Mama, behandeln Sie mich wie einen Sohn des Hauses!" „Also ging sie", schrieb Amalies Hofdame, „mit dem schlichten, einfachen Kaiser Franz voraus, und der ritterliche Alexander bot mir als der einzigen Dame die Hand und gab mir einen schönen, braunen Nelkenstrauß, den er eben vom Gärtner erhalten hatte."[212]

Beim Zusammensein mit seiner Schwiegermutter war Alexander unkompliziert, fürsorglich, liebevoll, charmant, höflich und zuvorkommend. Wie Karoline von Freystedt berichtet, störte es den Zaren aller Reußen, den „Befreier Europas", den Mächtigsten unter den Siegern über Napoleon nicht, in dem kleinen Palais Amalies in Karlsruhe im „Badkabinett, dem einzigen freien Zimmer aus Mangel an Platz",[213] zu schlafen. Er war seiner Schwiegermutter wirklich von Herzen zugetan. Nur ein wenig all der Aufmerksamkeit, Rücksichtnahme und Zuneigung hätte seine Gemahlin sicher sehr glücklich gemacht.

Die letzten Lebensjahre

„Nobel und generös war die Frau Markgräfin ... zu nennen. Sie versäumte nie eine Gelegenheit, den Personen, denen sie wohlwollte, eine Freude zu machen, und immer tat sie das mit so vieler Freundlichkeit, dass man nicht wusste, was den größten Wert hatte, ob die Art zu geben oder der Gegenstand der Gabe. Ihre Königliche Hoheit war äußerst wohltätig gegen Arme und Bedrängte und da, wo Geld nicht helfen konnte, wusste Höchstdieselbe durch Teilnahme oder Protektion zu trösten. Sie war eine milde Herrin gegen ihre Diener, obgleich sie mit Recht verlangte, dass jeder seine Schuldigkeit tat. Dagegen gab sie ihnen, wo die Gelegenheit sich darbot; es war nicht ungewöhnlich, dass sie bei längeren Fahrten ihren eigenen Kutschern ein Trinkgeld gab, dessen mitunter sich sogar die mitfahrenden Lakaien zu erfreuen hatten."[214]

Diese überaus freundliche Beschreibung ihrer Hofdame wird uns nicht darüber hinwegtäuschen, dass Amalie ein Leben lang unnachgiebig ihre Ziele, wie das Verhindern der Hochbergschen Nachfolge in Baden, verfolgte und starrköpfig an dem festhielt, was sie einmal glaubte als richtig erkannt zu haben und – nicht zu vergessen – was sie meinte, ihrem Stand schuldig zu sein. Erst in den letzten Jahren ihres Lebens, als sie akzeptieren musste, dass nicht alle ihrer Pläne aufgehen würden, setzte sich auch bei ihr Altersmilde durch. Die Aussöhnung mit Stephanie zeigt dies deutlich.

Diese letzten Jahre Amalie Friederikes von Baden waren beschwerlich und belasteten das Gemüt der ehemals so vitalen Markgräfin. Geliebte Familienmitglieder starben eines nach dem anderen dahin. „Die Markgräfin, diese als Mutter so oft glücklich gepriesene Fürstin, war nun einem entlaubten Stamme zu vergleichen, der seine herrlichsten blühenden Äste verloren hatte und nur noch von jungen Sprösslingen umgeben war, die sich wie ein Efeu um sie schmiegten", schrieb Karoline von Freystedt pathetisch.

Schließlich ereilte Amalie das Schicksal, das sich schon in jungen Jahren angedeutet hatte, sie erblindete. Operationen halfen nichts, sie musste sich damit abfinden und konnte es nicht. Verzweifelt meinte sie zu ihrer Hofdame: „Bitten Sie Gott für mich, dass er mir die Kraft gibt, dieses Unglück zu tragen oder dass er mich von dieser Welt nimmt."[215]

Ihr ganzes Leben veränderte sich. Sie, die stets eine Vielzahl von Gästen bei sich empfangen und aktiv an allem teilgenommen hatte, glaubte, nun auf Gesellschaft verzichten zu müssen. Sie lud noch immer Gäste zu Tisch, doch sie selbst erschien nicht mehr. „Die Geladenen kamen vor der Tafel zu ihr, sie sprach längere Zeit mit ihnen und entließ sie dann mit dem Hofstaat zum Essen."[216] Ihre abendliche Unterhaltung bestand aus Vorlesen und gelegentlichem Roulette spielen, an dem sie nicht ohne Unterstützung teilnehmen konnte. Dieses tägliche Einerlei wurde zwar durch Besuche der beiden Töchter Karoline und Wilhelmine, der Schwiegertochter Stephanie und der Enkelinnen unterbrochen. Trotzdem blieb ihr viel zu viel Zeit, um sich auf ihre Leiden zu konzentrieren und in Depressionen zu versinken. Schließlich kamen weitere körperliche Beschwerden hinzu. Fräulein von Freystedt spricht von heftigen Schmerzen, die Amalie in „Klagen und Wimmern" ausbrechen ließen. Im Herbst 1828 zeigten sich erste Anzeichen von Wassersucht.

Verbesserte sich ihr Gesundheitszustand, besuchte sie das Theater oder machte zusammen mit ihren Enkelinnen Ausfahrten in die Umgebung. Sie freute sich durchaus, wenn sie Menschen begegnete, denn sie „ward mit den rührendsten Freudenbezeugungen empfangen. Sie wird geliebt, wie selten eine Fürstin geliebt ward",[217] aber diese Zuneigung hellte ihren trüben Seelenzustand nur kurz auf. „Solange Fremde oder auch ihre Kinder um sie waren, nahm die gute Fürstin ihre Kraft zusammen, um weniger trostlos zu erscheinen, ihrem gewohnten Gefolge gegenüber aber überließ sie sich meistens auf eine betrübende Weise ihrem Schmerze, blind zu sein."[218]

„Immer trüber wurde das Leben der verehrten Fürstin; die schwärzeste Hypochondrie drückte schwer auf ihr Dasein. Das Leben war ihr eine Last geworden, und doch konnte sie sich augenblicklich nur schwer an den Gedanken gewöhnen, es zu verlassen."[219] Ihre Umgebung wusste längst, dass die nun auch an Altersdemenz leidende Markgräfin nicht mehr lange leben würde. Zusehends nahmen ihre Kräfte ab, selbst der sommerliche Aufenthalt in Bruchsal, der früher stets zur Erholung beigetragen hatte, konnte daran nichts mehr ändern.

Am 21. Juli 1832 verstarb Amalie ganz sanft, sie war eingeschlafen und erwachte nicht mehr. Die Markgräfin wurde 78 Jahre alt. Wie die Autopsie ergab, litt sie an einer Unterleibsentzündung, die man als Todesursache ausmachte. Nach der Tradition des Hauses Baden wurde sie in der Fürstengruft zu Pforzheim beigesetzt.

Zeittafel

1754	20. Juni: Geburt Amalies
1756–1763	Siebenjähriger Krieg
1762–1796	Zarin Katharina II.
1763	Friede von Hubertusburg – Preußen steigt zur Großmacht auf
1765	Erbvertrag Baden-Durlachs mit Baden-Baden
1765–1790	Kaiser Joseph II.
1783	Tod Markgräfin Karoline Luises von Baden
	Markgraf Karl Friedrich von Baden hebt die Leibeigenschaft auf
1785	Beitritt Badens zum Fürstenbund
1786	Tod König Friedrichs II. von Preußen
1786–1797	König Friedrich Wilhelm II. von Preußen
1787	Eheschließung Markgraf Karl Friedrichs von Baden mit Luise Geyer von Geyersberg (Gräfin von Hochberg)
1789	Beginn der Französischen Revolution
1790–1792	Kaiser Leopold II.
1792–1806/1835	Kaiser Franz II.; 1804–1835 Kaiser Franz I. von Österreich
1792–1797	Erster Koalitionskrieg
1792–1809	König Gustav IV. Adolf von Schweden
1793	Hinrichtung Ludwigs XVI. von Frankreich
1796–1801	Zar Paul I.
1796	Exil der badischen Fürstenfamilie in Ansbach
	50-jähriges Regierungsjubiläum Markgraf Karl Friedrichs von Baden
1797–1840	König Friedrich Wilhelm III. von Preußen
1797	Friede von Campo Formio
	Separatfrieden Badens mit Frankreich
1799	Napoleon Erster Konsul
1799–1802	Zweiter Koalitionskrieg
1799–1806/1825	Maximilian IV. Joseph, Kurfürst von Bayern; 1806–1825 König Maximilian I. Joseph von Bayern
1801	Friede von Lunéville; Abtretung des linken Rheinufers an Frankreich
	Ermordung Zar Pauls I.
	Tod des Gemahls Amalies Erbprinz Karl Ludwig von Baden

1801–1825	Zar Alexander I.
1802	Napoleon wird Konsul auf Lebenszeit
1803	Reichsdeputationshauptschluss
	Baden wird Kurfürstentum
1804	Erschießung des Herzogs von Enghien
	Kaiserkrönung Napoleons I.
1805	Dritter Koalitionskrieg
	„Dreikaiserschlacht" bei Austerlitz
	Friede von Pressburg
1806	Napoleon in Karlsruhe
	Vermählung Erbprinz Karls von Baden mit Stephanie Beauharnais
	Gründung des Rheinbundes
	Ende des Heiligen Römischen Reiches
	Baden wird Großherzogtum
	Schlacht bei Jena und Auerstedt
	Napoleon verfügt Kontinentalsperre gegen England
1806/07	Vierter Koalitionskrieg
1807	Friede von Tilsit
1808	Russisch-schwedischer Krieg; Annektion Finnlands durch Russland
1809	Staatsstreich in Schweden; Absetzung Gustavs IV. Adolf
	Schlacht von Aspern; erste große Niederlage Napoleons durch Erzherzog Carl
	Sieg Napoleons bei Wagram
1809–1818	König Karl XIII. von Schweden
1810	Annullierung der ersten Ehe Napoleons
	Eheschließung Napoleons mit Marie Luise von Österreich
	Wahl Marschall Bernadottes zum Kronprinzen von Schweden
1811	Tod Großherzog Karl Friedrichs von Baden
1811–1818	Großherzog Karl von Baden
1812	Russlandfeldzug Napoleons
	Schlacht von Borodino
	Brand Moskaus
	Schlacht um den Übergang über die Beresina
1813	Beginn der Befreiungskriege
	Völkerschlacht bei Leipzig
	Rückzug Napoleons
	Auflösung des Rheinbundes

1814	Einmarsch der Alliierten in Paris
	Abdankung Napoleons und Verbannung nach Elba
1814/15	Wiener Kongress
1815	Rückkehr Napoleons
	Tod Herzog Friedrich Wilhelms von Braunschweig-Wolfenbüttel-Oels
	Sieg der Engländer und Preußen bei Waterloo
	Verbannung Napoleons nach St. Helena
	Zar Alexander I. gründet die „Heilige Allianz" (Russland, Österreich, Preußen)
1818	Kongress von Aachen
	Baden erhält Verfassung
	Tod Großherzog Karls von Baden
1818–1830	Großherzog Ludwig von Baden
1819	Karlsbader Beschlüsse
1820	Tod Luises von Hochberg
1821	Tod Napoleons
1825	Tod König Maximilians I. Joseph von Bayern
	Tod Zar Alexanders I.
1828	Kaspar Hauser taucht in Nürnberg auf
1830	Tod Großherzog Ludwigs von Baden
1832	21. Juli: Tod Amalies

Bildnachweis

Abtei Lichtenthal, Baden-Baden: S. 124 (Foto: Wolfgang Tschira, Baden-Baden)
akg-images, Berlin: S. 120
Badisches Landesmuseum Karlsruhe: S. 116 unten (Inv.-Nr. 53/18), 117 unten (Inv.-Nr. C 6190), 122 oben (Inv.-Nr. 86/37)
Bayerisches Nationalmuseum München: S. 119 unten (Sign. 93/525)
Bildarchiv Foto Marburg: S. 114, 116 oben, 121 unten, 125, 126
Frhr. v. Gaylingsches Bilderfideikommiss, Schloss Ebnet, Freiburg: S. 123
Generallandesarchiv Karlsruhe: S. 128 (Sign. J-Aa-A Nr. 17)
INTERFOTO, München / Sammlung Rauch: S. 113 oben
Musée du Louvre, Paris / Badisches Landesmuseum Karlsruhe: S. 117 oben (Badisches Landesmuseum Inv.-Nr. L 11)
Privatbesitz: S. 118, 119 oben, 121 oben, 127
Staatliche Schlösser und Gärten Baden-Württemberg, Bruchsal: S. 115
ullstein bild, Berlin / Roger Viollet: S. 122 unten
Universitäts- und Landesbibliothek Darmstadt: S. 113 unten

Anmerkungen

Die hessisch-darmstädtische Prinzessin, S. 13–38

1 Panzer, S. 108.
2 Ebd.
3 Ebd., S. 107.
4 Dilli, S. 74.
5 Esselborn, S. 103.
6 Wild, S. 79.
7 Panzer, S. 35.
8 Gunzert, Henriette Caroline, S. 8.
9 Ebd., S. 4.
10 Darmstadt, S. 17.
11 Matt, S. 260.
12 Knodt, Die Regenten, S. 50.
13 Dobbert, S. 67.
14 Knodt, Die Regenten, S. 49.
15 Dobbert, S. 67.
16 Oberhauser, S. 39.
17 HStAD, D4 Nr. 526/4.
18 Panzer, S. 75.
19 Walther, II, S. 233.
20 Ebd., S. 76.
21 Gunzert, Enthusiasmus, S. 78.
22 Merck, S. 43.
23 Mentzel, S. 86.
24 Panzer, S. 131.
25 Knodt, Die Regenten, S. 58.
26 Walther, Caroline von Hessen, S. 33.
27 Gunzert, Enthusiasmus, S. 30 f.
28 Bringmann, S. 100.
29 Keyserling, S. 13.
30 Ebd., S. 32.
31 Keyserling, S. 70.
32 Merck, S. 110 f.
33 Ebersbach, S. 106.
34 Jena, S. 115.
35 Walther, II, S. 239.
36 Ebd., S. 243 f.
37 Freystedt, S. 2.

Die neue Familie, S. 39–58

1 Freystedt, S. 4.
2 Ebd., S. 7.
3 Lauts, S. 26.
4 Ebd., S. 28.
5 Gehres, S. 212 f.
6 Funck, S. 215.
7 Björnstahl, S. 327 f.
8 Lauts, S. 291.
9 Ebd., S. 298 f.
10 Brunn, S. 49 f.
11 Schumann, S. 97 f.
12 FA 5 Corr. 29.
13 Brunn, S. 53 f.
14 Häußner, S. 10.
15 Carl Friedrich, S. 59.
16 Vehse, S. 69.
17 Walther, II, Nr. 90.
18 Vehse, S. 83.
19 Ebd., S. 89.
20 Obser (1911), S. 466 f.
21 Velte, S. 8.
22 Lauts, S. 81.
23 Ebd., S. 83 f.
24 FA 5A Corr. 52.
25 FA 5 Corr. 7.
26 Gehres, S. 213.
27 FA 5A Corr. 76.
28 Brunn, S. 78.
29 Pol. Corr. III, S. 400.

Erbprinzessin und Markgräfin von Baden, S. 59–188

1 HStAD B1 Nr. 511; FA 6A Pers. 13a; Pers. 6/8.
2 HStAD D4 Nr. 598/3.
3 Freystedt, S. 7 f.
4 FA 6A Corr. 1.
5 Ebd.
6 Ebd.
7 Freystedt, S. 7 f.
8 Ebd., S. 7.
9 Funck, S. 45.
10 FA Pers. 6/10.
11 Freystedt, S. 10 f.

12 Funck, S. 62.
13 FA 5 Pers. 35.
14 Gehres, S. 113. Karoline von Freystedt, die Hofdame Amalies, war eine Enkelin Karl Friedrichs aus einer Verbindung mit Elisabeth Barbara Schlutter.
15 FA 5 Pers. 35.
16 Ebd.
17 Kühn, S. 262.
18 Pol. Corr. I, S. 333.
19 Freystedt, S. 13 ff.
20 Stratmann-Döhler, S. 43.
21 Freystedt, S. 112.
22 Ebd., S. 42.
23 Mentzel, S. 85.
24 Brunn, S. 79.
25 Königin Friederike, S. 25.
26 Ebd., S. 24.
27 FA 6d Pers. 38.
28 Freystedt, S. 99.
29 Ebd., S. 14 f.
30 Um Mutter und Tochter gleichen Namens unterscheiden zu können, wurde der Tochter einer ihrer weiteren Vornamen beigegeben.
31 Königin Friederike, S. 169.
32 Obser, Vermählungsprojekt, S. 671.
33 Bühler, S. 6.
34 Criste, 3. Bd., S. 313.
35 Ebd., S. 314.
36 Freystedt, S. 139 f.
37 Ebd., S. 142 f.
38 Pol. Corr. I, S. 496 f.
39 Ebd., S. 311.
40 Blaese, S. 513.
41 Freystedt, S. 3.
42 Vallotton, S. 22.
43 Palmer, S. 30 f.
44 Pol. Corr. I, S. 67.
45 Vallotton, S. 23.
46 Palmer, 33.
47 Zollner, S. 25.
48 Taack, S. 57.
49 Vallotton, S. 289.
50 Freysted, S. 17.
51 Rall, S. 326.
52 Bühler, S. 7.
53 Adalbert, Maximilian, S. 300.
54 Pol. Corr. VI, S. 128.
55 Adalbert, Maximilian, S. 317.
56 Denkwürdigkeiten, S. 553.
57 Ebd., S. 26.
58 Freystedt, S. 15.
59 FA 6d Pers. 34.
60 FA Pers. 6/10.
61 Ebd.
62 Ebd.
63 Königin Friederike, S. 29 f.
64 Freystedt, S. 57 f.
65 Königin Friederike, S. 71.
66 Ebd., S. 70.
67 Ebd., S. 73.
68 Freystedt, S. 66.
69 Ebd., S. 32.
70 Königin Friederike, S. 74.
71 Freystedt, S. 70.
72 Königin Friederike, S. 75.
73 Ebd., S. 77.
74 Ebd., S. 79.
75 Freystedt, S. 25 f.
76 Ebd., S. 34 f.
77 Kiekenap, S. 22.
78 Freystedt, S. 52.
79 Ebd., S. 56.
80 Ebd., S. 112 f.
81 Ebd., S. 117.
82 Ebd.
83 Kiekenap, S. 30.
84 Freystedt, S. 201.
85 Ebd., S. 167 f.
86 Ebd., S. 203.
87 Markgraf ist falsch. Es müsste Erbprinz heißen.
88 Pol. Corr. IV, S. 296.
89 Freystedt, S. 42.
90 Ebd., S. 28.
91 Ebd., S. 29.
92 Ebd.
93 Adalbert, Maximilian, S. 462.
94 Freystedt, S. 181.
95 Baden trat aus der Koalition gegen Frankreich aus und verpflichtete sich, künftig keiner mit Frankreich verfeindeten Macht Hilfe zu leisten. Die linksrheinischen Besitzungen wurden aufgegeben und damit der französische Anspruch auf die Rheingrenze anerkannt. Die Gegenleistungen wurden in Geheimartikeln fixiert: Für die Verluste sollte Karl Friedrich später durch die Übertragung rechtsrheinischer Territorien, die aus der Zerschlagung der geistlichen Fürstentümer stammen würden, entschädigt werden.

96 Pol. Corr. III, Nr. 458.
97 Denkwürdigkeiten, S. 17.
98 Pol. Corr. IV, Nr. 181.
99 Das Königspaar von Neapel-Sizilien war im Jahr 1798 von Napoleon aus Neapel vertrieben worden und suchte russische Unterstützung.
100 Pol. Corr. IV, Nr. 181.
101 Ebd.
102 Freystedt, S. 23.
103 Brunn, S. 79 f.
104 Freystedt, S. 55.
105 Turquau, S. 57 f.
106 Pol. Corr. V, S. LIII.
107 Lauts, S. 413 f.
108 Windelband, Austritt, S. 125.
109 Fourier, S. 135.
110 Mit Bayern bestand ein Geheimvertrag, in dem festgelegt wurde, dass im Falle des Aussterbens der regierenden Linie des Hauses Baden, Bayern u. a. die rechtsrheinische Pfalz mit Heidelberg und Mannheim zufiele.
111 Freystedt, S. 152.
112 Lévy, S. 91.
113 Ebd., S. 92.
114 Pol. Corr. VI, Nr. 257.
115 Ebd., Nr. 258.
116 Probst, S. 64.
117 Ebd.
118 Ebd., S. 74.
119 Pol. Corr. VI, Nr. 324.
120 Probst, S. 79.
121 Pol. Corr. VI, Nr. 318.
122 Probst, S. 89 f.
123 Nach dem Ende des Alten Reiches waren Kurfürsten als Kaiserwähler überflüssig geworden. Karl Friedrich erhielt mit dem Beitritt zum Rheinbund im Sommer 1806 den Titel Großherzog.
124 Turquau, S. 53 f.
125 Ebd., S. 54 f.
126 Auch Auguste war katholisch. Bei der Werbung um die bayerische Prinzessin scheint dieses Manko keine Rolle gespielt zu haben.
127 Walter, S. 118.
128 Freystedt, S. 44.
129 Ebd.
130 Ebd., S. 45.
131 Ebd., S. 45 f.
132 Adalbert, Maximilian, S. 509.
133 Nicolas, S. 28 f.
134 Königin Friederike, S. 87.
135 Freystedt, S. 91.
136 Ebd., S. 77.
137 Walter, S. 200 f.
138 Ebd., S. 201.
139 Freystedt, S. 83.
140 Walter, S. 261.
141 Seit 1452 bestand ein wechselseitiges Erbrecht der Häuser Baden und Bayern, d. h. beim Aussterben des Hauses Baden hätte Bayern dessen Erbe antreten können.
142 Freystedt, S. 143.
143 Ebd., S. 154.
144 Ebd., S. 156.
145 Königin Friederike, S. 136.
146 Andreas, Napoleon, S. 47.
147 Kühn, S. 266.
148 Pol. Corr. V, Nr. 138.
149 Als Luises nach allen Seiten verschickten Bettelbriefen der Erfolg versagt blieb, ließ sie sich in einen Staatsstreich verwickeln, um ihr Ziel doch noch zu erreichen. Ein gescheiterter Glücksritter wollte sich Karl Friedrichs bemächtigen und ihm eine Verfassung aufnötigen, deren Hauptpunkte die Übernahme der fürstlichen Privatschulden durch den Staat und die Regelung der Thronfolge im Sinne der Familie Hochberg sein sollten. Der Erbgroßherzog konnte seinen Großvater, der kaum mehr Herr seiner Entschlüsse war, an der Unterschrift unter die entsprechenden Kabinettsbefehle hindern und das Komplott aufdecken.
150 Taack, S. 145.
151 Walter, S. 283 f.
152 Denkwürdigkeiten Wilhelm, S. 362.
153 Jugenderinnerungen, S. 3 f.
154 Pol. Corr. IV, S. LXII.
155 Freystedt, S. 63.
156 Pol. Corr. V, S. 473.
157 Ebd., S. 424.
158 Windelband, Austritt, S. 136.
159 Pol. Corr. IV, S. 31.
160 Pol. Corr. V, S. XXIV.
161 Andreas, Napoleon, S. 46.
162 Cronin, S. 315.

163 Freystedt, S. 32.
164 Classen, S. 284.
165 Ebd., S. 287.
166 Adalbert, Maximilian, S. 455.
167 Pol. Corr. V, S. XIII.
168 Ebd., S. XIV.
169 Walter, S. 220.
170 FA 6A Pers 15.
171 Andreas, Napoleon, S. 43.
172 Freystedt, S. 46.
173 Ebd., S. 46 f.
174 Ebd., S. 47.
175 Freystedt, S. 139. Berckheim wurde später badischer Staatsminister und Minister des Innern.
176 Ebd., S. 140.
177 Ebd., S. 162.
178 Ebd., S. 69.
179 Ebd., S. 28.
180 Ebd., S. 69.
181 Adalbert, Maximilian, S. 275.
182 Menzer, S. 96.
183 Eichendorff hatte während seines Aufenthalts in Heidelberg ein Techtelmechtel mit der Müllerstochter Kätchen Förster.
184 Menzer, S. 95.
185 Ebd., S. 97.
186 Freystedt, S. 48.
187 Jugenderinnerungen, S. 4.
188 Weech, S. 243.
189 Ebd., S. 209.
190 Ebd., S. 162.
191 Ebd., S. 183.
192 Ebd., S. 181.
193 Ebd., S. 157.
194 Ebd., S. 173.
195 Ebd., S. 204.
196 Ebd., S. 145.
197 Ebd., S. 107.
198 Ebd., S. 80.
199 Ebd., S. 108.
200 Ebd., S. 180.
201 Ebd., S. 94.
202 Ebd., S. 125.
203 Ebd., S. 93 f.
204 Ebd., S. 135.
205 Ebd., S. 169 f.
206 Windelband, Austritt, S. 125.
207 Freystedt, S. 85.
208 Ebd., S. 85 f.
209 Weech, S. 329.
210 Königin Friederike, S. 90 f.
211 Ebd., S. 91.
212 Freystedt, S. 115 f.
213 Ebd., S. 152.
214 Königin Friederike, S. 89 f.
215 Freystedt, S. 182.
216 Ebd., S. 194.
217 Ebd., S. 187.
218 Ebd., S. 189 f.
219 Ebd., S. 206

Quellen- und Literaturverzeichnis

Archive

Hessisches Staatsarchiv Darmstadt (HStAD)

B1 Nr. 511
D4 Nr. 526/4; Nr. 559/4; Nr. 598/3; Nr. 598/4; Nr. 598/6
D22 Nr. 18/4
O22 Nr. 35

Großherzogliches Familienarchiv, Karlsruhe (FA)

5 Corr. 5; 7; 17; 29; 41; Nachtragsband I
5A Corr. 1; 52; 76; 110
6A Corr. 1

Pers. 6/8; 6/10; 6/11; 6/12
5 Pers. 35
6A Pers 13 a; 14; 15; 16; 17; 18; 19; 20; 21
6a Pers. 22; 23; 24; 25
6c Pers. 28; 29; 30; 32
6d Pers. 33; 34; 35; 37; 37a; 38; 39; 40
6e Pers. 41; 42; 44
6h Pers. 47; 48

Auswahlbibliografie

Adalbert von Bayern, Der Herzog und die Tänzerin. Die merkwürdige Geschichte Christians IV. von Pfalz-Zweibrücken und seiner Familie, Neustadt/ Weinstraße 1966.
Ders., Maximilian I. Joseph von Bayern, München 1957.
Adam, Thomas, Kleine Geschichte der Stadt Bruchsal, Karlsruhe 2006.
Ammerich, Hans, Das Ende des alten Bistums und des Hochstifts Speyer, in: Säkularisation am Oberrhein, Ostfildern 2004, S. 67–81.
Ders., Landesherr und Landesverwaltung. Beiträge zur Regierung von Pfalz-Zweibrücken am Ende des Alten Reiches, Saarbrücken 1981.
Ders., Zweibrücken und Karlsberg. Residenzen des Herzogtums Pfalz-Zweibrücken, in: Andermann Kurt (Hg.), Residenzen. Aspekte hauptstädtischer Zentralität von der frühen Neuzeit bis zum Ende der Monarchie, Sigmaringen 1992, S. 337–364.
Andreas, Willy, Geschichte der badischen Verwaltungsorganisation und Verfassung, 1. Bd., Leipzig 1913.
Ders., Napoleon. Entwicklung – Umwelt – Wirkung, Konstanz 1962.
Asche, Susanne/Hochstrasser, Olivia, Durlach. Staufergründung Fürstenresidenz Bürgerstadt, Karlsruhe 1996.
Baden – Russland – Württemberg. Begegnungen 1725–1825, Ludwigsburg 1999.
Baden und Württemberg im Zeitalter Napoleons, Stuttgart 1987.
Battenberg, Friedrich u. a., Darmstadts Geschichte, Darmstadt 1980.
Bauer, Volker, Die höfische Gesellschaft in Deutschland von der Mitte des 17. bis zum Ausgang des 18. Jahrhunderts, Tübingen 1993.
Behrendt, O., Karlsruhe. Das Buch der Stadt, Stuttgart 1926.
Bitterauf, Theodor, Die Gründung des Rheinbundes und der Untergang des alten Reiches, München 1905, Nachdruck 1983.
Bissing, Wilhelm Moritz von, Friedrich Wilhelm II. König von Preußen, Berlin 1967.
Björnstahl, Jacob Jonas, Briefe auf seinen ausländischen Reisen an den Königlichen Bibliothekar C. C. Gjörwell in Stockholm, Band 3, Leipzig 1781.
Blaese, Hermann, Zar Alexander I. und Baden, in: Zeitschrift für die Geschichte des Oberrheins, Neue Folge 60 (1951), S. 507–567.
Borchardt-Wenzel, Annette, Die Frauen am badischen Hof, München 2003.
Borst, Arno (Hg.), Frauen bei Hof, Tübingen 1998.
Bräunche, Ernst Otto, Vom markgräflichen „Lust-Hauß" zur großherzoglichen

„Haupt- und Residenzstadt". Die Entwicklung der Residenz Karlsruhe zwischen 1715 und 1918, in: Andermann Kurt (Hg.), Residenzen. Aspekte hauptstädtischer Zentralität von der frühen Neuzeit bis zum Ende der Monarchie, Sigmaringen 1992, S. 199–222.

Bringmann, Wilhelm, Preußen unter Friedrich Wilhelm II. (1786–1797), Frankfurt/Main 2001.

Brunn, Friedrich Leopold, Briefe über Karlsruhe, neu herausgegeben von Gerhard Römer, Karlsruhe 1988.

Bühler, Anna Lore, Karoline, Königin von Bayern. Beiträge zu ihrem Leben und zu ihrer Zeit, München 1941.

Carl Friedrich und seine Zeit, Karlsruhe 1981.

Caroline Luise Markgräfin von Baden 1723–1783, Karlsruhe 1983.

Classen, Joseph, Der letzte Condé. Ludwig Anton Heinrich Herzog von Enghien, Hamm 1906.

Criste, Oskar, Erzherzog Carl von Österreich, 3 Bde., Wien 1912.

Cronin, Vincent, Napoleon, Hamburg ²1982.

Darmstadt in der Zeit des Barock und Rokoko, Darmstadt 1980.

Debuch, Tobias, Anna Amalia von Preußen (1723–1787). Prinzessin und Musikerin, Berlin 2001.

Demandt, Karl E., Geschichte des Landes Hessen, Kassel ²1972.

Denkwürdigkeiten des bayerischen Staatsministers Maximilian Grafen von Montgelas 1799–1817, herausgegeben von Ludwig von Montgelas, Stuttgart 1887.

Denkwürdigkeiten des Markgrafen Wilhelm von Baden, bearbeitet von Karl Obser, 1. Band 1792–1818, Heidelberg 1906.

Die Große Landgräfin, Darmstadt 1971.

Diemel, Christa, Adelige Frauen im bürgerlichen Jahrhundert, Frankfurt am Main 1998.

Dilli, Frithjof, Verfassung und Verwaltung der hessischen Grafschaft Hanau-Lichtenberg im 18. Jahrhundert, Diss. Universität Freiburg 1991.

Dobbert, Ernst, Geschichte der uckermärkischen Hauptstadt Prenzlau, Prenzlau 1914.

Ebersbach, Volker, Carl August von Sachsen-Weimar-Eisenach. Goethes Herzog und Freund, Köln 1998.

Eich, Ulrike, Russland und Europa. Studien zur russischen Deutschlandpolitik in der Zeit des Wiener Kongresses, Köln 1986.

Engehausen, Frank, Kleine Geschichte des Großherzogtums Baden 1806–1918, Karlsruhe 2005.

Esselborn, Karl, Pirmasens und Buchsweiler, Friedberg 1917.

de la Fontaine, Hippolyt, Die Jugend Landgraf Ludwigs IX., in: Archiv für Hessische Geschichte 23 (1950), S. 55–160.

Fourier, August, Die Geheimpolizei auf dem Wiener Kongress, Wien 1913.

Franke, Peter, Aufsätze zur Geschichte der Stadt Prenzlau, Prenzlau 2005.

Franz, Eckhart G., Das Haus Hessen. Eine europäische Familie, Stuttgart 2005.

Ders., Der erste und der letzte Großherzog von Hessen. Fürstliche Kunstförderung in Darmstadt, in: Werner, Karl Ferdinand, Hof, Kultur und Politik im 19. Jahrhundert, Bonn 1985, S. 292–311.

Ders. (Hg.), Die Chronik Hessens, Dortmund 1991.

Ders., Landgraf Ludwig IX., der hessische „Soldatenhandel" und das Regiment „Royal Hesse Darmstadt" in: Archiv für hessische Geschichte und Altertumskunde, Neue Folge 35 (1977), S. 177–227.

Freystedt, Karoline von, Erinnerungen aus dem Hofleben, Heidelberg 1902.

Fuchs, Peter, Der Musenhof. Geistesleben und Kultur in den Residenzen der Neuzeit, in: Andermann, Kurt (Hg.), Residenzen. Aspekte hauptstädtischer Zentralität von der frühen Neuzeit bis zum Ende der Monarchie, Sigmaringen 1992, S. 127–158.

Funck, Heinrich, J. K. Lavater und der Markgraf Karl Friedrich von Baden, Freiburg i. B. 1890.

Gehres, Siegmund Friedrich, Kleine Chronik von Durlach, Teil II, Mannheim 1827.

Glaser, Maria, Die badische Politik und die deutsche Frage zur Zeit der Befreiungskriege und des Wiener Kongresses, in: Zeitschrift für die Geschichte des Oberrheins, Neue Folge, Band 41 (1927), S. 268–317.

Gläser, Stefan, Frauen um Napoleon, Regensburg 2001.

Gunzert, Walter, Enthusiasmus und menschliche Größe. Das Leben der Darmstädter Großen Landgräfin Caroline in Briefen und zeitgenössischen Dokumenten, Darmstadt 1978.

Ders., Henriette Caroline. Persönlichkeit und Umwelt einer berühmten Darmstädterin am Vorabend der europäischen Revolution, Darmstadt 1971.

Ders. (Hg.), Tagebuch Friedrichs V. von Hessen-Homburg über seinen Besuch am landgräflichen Hof zu Darmstadt 1768, Darmstadt 1968.

Haas, Rudolf, Stephanie Napoleon, Großherzogin von Baden. Ein Leben zwischen Frankreich und Deutschland 1789–1860, Mannheim 1976.

Haebler, Rolf Gustav, Die Schwiegermutter Europas, Markgräfin Amalie von Baden, in: Die Pyramide 1935, Nrn. 32, 33, 34.

Handbuch der baden-württembergischen Geschichte, 2. Band, Stuttgart 1995.

Hartley, Janet M., Alexander I, New York 1994.

Haselier, Günther, Die Markgrafen von Baden und ihre Städte, in: Zeitschrift für die Geschichte des Oberrheins, Neue Folge Band 68 (1959), S. 263–290.

Häußner, J., Gedächtnisrede zum 100. Todestage des Großherzogs Karl Friedrich von Baden, Karlsruhe 1911.

Heidenreich, Bernd/Böhme, Klaus (Hgg.), Hessen – Geschichte und Politik, Stuttgart 2000.

Hug, Wolfgang, Geschichte Badens, Stuttgart 1992.

Jena, Detlef, Das Weimarer Quartett. Die Fürstinnen Anna Amalia, Louise, Maria Pawlowna, Sophie, Regensburg 2007.

Ders., Die Zarinnen Russlands (1547–1918), Augsburg 2003.

Jugenderinnerungen Großherzog Friedrichs I. von Baden (1826–1847), herausgegeben von Karl Obser, Heidelberg 1921.

Katharina die Große, Kassel 1997 (Ausstellungskatalog).

Kanowski, Claudia/Stratmann-Döhler, Rosemarie, Schloss und Hof Karlsruhe, Karlsruhe 1999.

Keyserling, Alexandrine (Hg.), Um eine deutsche Prinzessin. Ein Briefwechsel Friedrichs des Großen, der Landgräfin Karoline von Hessen-Darmstadt und Katharinas II. von Russland (1772–1774), Hamburg 1935.

Kiekenap, Bernhard, Karl und Wilhelm. Die Söhne des Schwarzen Herzogs, Band I, Braunschweig 2000.

Kinzinger, Lothar K., Schweden und Pfalz-Zweibrücken. Probleme einer gegenseitigen Integration. Das Fürstentum Pfalz-Zweibrücken unter schwedischer Fremdherrschaft (1681–1719), Diss. Universität Saarbrücken 1988.

Kircher, Gerda Franziska, Das Karlsruher Schloss als Residenz und Musensitz, Stuttgart 1959.

Klar, Hugo, Geschichte der Stadt Birkenfeld, in: Brandt, H. Peter (Hg.), Birkenfeld. Festschrift zum 650jährigen Stadtjubiläum, Birkenfeld 1982, S. 15–50.

Klauß, Jochen, Carl August von Sachsen-Weimar-Eisenach. Fürst und Mensch, Weimar 1991.

Kleßmann, Eckart, Deutschland unter Napoleon in Augenzeugenberichten, Düsseldorf 1976.

Knodt, Manfred, Die Regenten von Hessen-Darmstadt, Darmstadt 1989.

Ders., 400 Jahre Hessen-Darmstadt im Spiegel seiner Regenten, in: Archiv für Sippenforschung 31 (1968), S. 511–521.

Königin Friederike von Schweden, geborene Prinzessin von Baden. Memoiren aus Ihrem Leben und Ihrer Zeit, aufgezeichnet von einer Hofdame (= Christa von Scharnhorst), Frankfurt 1856.

Krone und Verfassung. König Max I. Joseph und der neue Staat, München 1980.

Kühn, Joachim, Ehen zur linken Hand in der europäischen Geschichte, Stuttgart 1968.

Lauts, Jan, Karoline Luise von Baden. Ein Lebensbild aus der Zeit der Aufklärung, Karlsruhe ²1990.

Lévy, Arthur, Napoléon et Eugène de Beauharnais. Histoire intimes du temps du 1er Empire, Paris 1926.

Lillig, Karl, Ein Lebensabriß der Pfalzgräfin Karolina von Zweibrücken (1704–1774), in: Saarpfalz 36 (1993), S. 56–62.

Lupp, Kurt, Schloss Bruchsal. Bau, Zerstörung und Wiederaufbau, Heidelberg 2003.

Markov, Walter, Die Napoleon-Zeit. Geschichte und Kultur des Grand Empire, Stuttgart, 1985.

Matt, Alfred, Buchsweiler – Bouxwiller. Eine kleine Residenz am Oberrhein, in: Andermann, Kurt (Hg.), Residenzen. Aspekte hauptstädtischer Zentralität von der frühen Neuzeit bis zum Ende der Monarchie, Sigmaringen 1992, S. 251–278.

Medding, W. Verwandtschaftliche Beziehungen zwischen Pfalz-Zweibrücken und Waldeck im Spiegel von Fürstenbildnissen des Arolser Schlosses, in: Pfälzer Heimat 4 (1953), S. 71–74.

Mémoires du Prince Adam Czartoryski et correspondance avec l'Empereur Alexandre Ier, Paris 1887.

Mentzel, Elisabeth, Karoline von Hessen-Darmstadt, die große Landgräfin. Ihr Aufenthalt in Prenzlau 1750–1756, Darmstadt 1906.

Menzer, Georg Ludwig, Rohrbach bei Heidelberg. Eine pfälzische Ortsgeschichte, Heidelberg 1926.

Merck, E. (Hg.), Johann Heinrich Merck (1741–1791). Ein Leben für Freiheit und Toleranz, Darmstadt 1991.

Molitor, Ludwig, Vollständige Geschichte der ehemals pfalz-bayerischen Residenzstadt Zweibrücken, Zweibrücken 1885.

Ney, Julius, Pfalzgraf Wolfgang. Herzog von Zweibrücken und Neuburg, Leipzig 1912.

Nikolas Mikhaïlowitch, L'Impératrice Elisabeth, épouse d'Alexandre Ier, 3 Bände, St. Petersburg 1908/09.

Oberhauser, Robert, Von der Pfalz auf die Throne Europas. Die Große Landgräfin Karoline-Henriette und ihre Zeit, Pirmasens ²1994.

Obser, Karl, Aus Karl Friedrichs hinterlassenen Papieren. Eigenhändige Aufzeichnungen, in: Zeitschrift für die Geschichte des Oberrheins, Neue Folge Band 26 (1911), S. 443–481.

Ders., Ein badisch-preußisches Vermählungsprojekt aus dem Jahr 1792, in: Zeitschrift für die Geschichte des Oberrheins, Neue Folge Band 17 (1902), S. 670–678.

Paleologue, Maurice, Alexander I. der rätselhafte Zar, Berlin 1937.

Ders., The Enigmatic Czar. The Life of Alexander I of Russia, Hamden 1969.

Palmer, Alan, Alexander I. Gegenspieler Napoleons, Esslingen 1982.

Pangels, Charlotte, Königskinder im Rokoko. Die Geschwister Friedrichs des Großen, München 1976.

Panzer, Marita A., Die Große Landgräfin Caroline von Hessen-Darmstadt (1721–1774), Regensburg 2005.

Politische Correspondenz Karl Friedrichs von Baden, bearbeitet von Bernhard Erdmannsdörffer und Karl Obser, 6 Bände, Heidelberg 1892–1901.

Pottle, Frederick A., Boswells Große Reise. Deutschland und die Schweiz 1764, Stuttgart ohne Jahr.

Probst, Maria, Die Familienpolitik des bayerischen Herrscherhauses zu Beginn des 19. Jahrhunderts, München 1933.

Rall, Hans/Rall, Marga, Die Wittelsbacher in Lebensbildern, München 2005.

Rheinstädter, Hajo, Schloss Bruchsal, Heidelberg 1996.

Roegele, Otto B., Bruchsal. Residenz im Herbst des Alten Reiches, in: Andermann, Kurt (Hg.), Residenzen. Aspekte hauptstädtischer Zentralität von der frühen Neuzeit bis zum Ende der Monarchie, Sigmaringen 1992, S. 279–298.

Romberg, Winfried, Erzherzog Carl von Österreich, Wien 2006.

Sauer, Paul, Napoleons Adler über Württemberg, Baden und Hohenzollern, Stuttgart 1987.

Schad, Martha, Bayerns Königinnen, Regensburg ⁴2006.

Schumann, Hans, Großherzog Karl Friedrich von Baden 1728–1811, in: Engler, Helmut, Große Badener Gestalten aus 1200 Jahren, Stuttgart 1994, S. 97–110.

Schwarzmaier, Hansmartin, Baden. Dynastie – Land – Staat, Stuttgart 2005.

Schwarzmaier, Hansmartin/Krimm, Konrad/Stievermann, Dieter/Kaller, Gerhard/Stratmann-Döhler, Rosemarie, Geschichte Badens in Bildern 1100–1918, Stuttgart 1993.

Spindler, Max, Kronprinz Ludwig von Bayern und Napoleon I, München 1942.

Stratmann-Döhler, Rosemarie/Siebenmorgen, Harald, Das Karlsruher Schloss, Karlsruhe 1996.

Taack, Merete van, „Die Affären gehen gut". Metternichs kleiner Europa-Kongress 1818, Düsseldorf 1988.

Turquau, Joseph, Eine Adoptivtochter Napoleon I. Stephanie, Großherzogin von Baden, Leipzig 1902.
Vallotton, Henry, Alexander der Erste. Ein Zar gegen Napoleon, Hamburg 1967.
Vehse, Carl Eduard, Die Höfe zu Baden, Leipzig 1992.
Velte, Margrit-Elisabeth, Leben und Werk des badischen Hofmalers Feodor Iwanowitsch Kalmück (1763–1832), Karlsruhe 1973.
Walter, Friedrich, Stephanie Napoleon, Baden-Baden 1949.
Walther, Philipp Alexander Ferdinand (Hg.), Briefwechsel der „Großen Landgräfin" Caroline von Hessen, 2 Bände, Wien 1877.
Ders., Die „große Landgräfin", Landgräfin Caroline von Hessen. Ein Lebensbild, Darmstadt 1873.
Weber, Wilhelm, Schloß Karlsberg. Legende und Wirklichkeit. Die Wittelsbacher Schlossbauten im Herzogtum Pfalz-Zweibrücken, Homburg 1987.
Weech, Friedrich von, Badische Geschichte, Karlsruhe 1896.
Ders., Karlsruhe. Geschichte der Stadt und ihrer Verwaltung, 1. Band 1715–1830, Karlsruhe 1895.
Wierichs, Marion, Napoleon und das „Dritte Deutschland" 1806/1806. Die Entstehung der Großherzogtümer Baden, Berg und Hessen, Frankfurt am Main 1978.
Wild, Klaus Eberhard, Zur Geschichte der Grafschaften Veldenz und Sponheim und der Birkenfelder Linien der pfälzischen Wittelbacher, Birkenfeld 1982.
Willms, Johannes, Napoleon. Eine Biographie, München 2005.
Windelband, Wolfgang, Badens Austritt aus dem Rheinbund 1813, in: Zeitschrift für die Geschichte des Oberrheins, Neue Folge, Band 25 (1910), S. 102–150.
Ders., Die Verwaltung der Markgrafschaft Baden zur Zeit Karl Friedrichs, Leipzig 1916.
Wolf, Jürgen Rainer, Darmstadt als Residenz der Landgrafen und Großherzöge von Hessen, in: Residenzen. Aspekte hauptstädtischer Zentralität von der frühen Neuzeit bis zum Ende der Monarchie, Sigmaringen 1992, S. 365–395.
Ders., Die russische Heirat der Prinzessin Wilhelmine von Hessen-Darmstadt. Politische Vision und finanzielle Realität, in: Archiv für hessische Geschichte und Altertumskunde, Neue Folge 55 (1997), S. 241–257.
Ders., „Femina sexu – ingenio vir". Die „große Landgräfin" Henriette Karoline von Hessen-Darmstadt und ihr Kreis im Bild der Geschichtsschreibung, in: Hessen in der Geschichte, Festschrift für Eckhart G. Franz zum 65. Geburtstag, Darmstadt 1996.
Ders., „Soldatenlandgraf" und „Große Landgräfin". Ein Herrscherpaar der hessen-darmstädtischen Landesgeschichte, in: Fürstenhof und Gelehrtenrepublik. Hessische Lebensläufe des 18. Jahrhunderts, Wiesbaden 1997, S. 18–25.
Zimmermann, Paul, Der Schwarze Herzog Friedrich Wilhelm von Braunschweig, Hildesheim/Leipzig 1936.
Ders., Marie Herzogin zu Braunschweig-Lüneburg-Oels geb. Prinzessin von Baden, Wolfenbüttel, 1893.
Zollner, Hans Lepold, Greif & Zarenadler, Karlsruhe 1981.
Zubow, Valentin, Zar Paul I. Mensch und Schicksal, Stuttgart 1963.

Orts- und Personenregister

Aachen 161
Abrantès, Laure-Adelaide Hzgin. v., Hofdame 137
Addalatif, Salom, Page 53
Altenburg (Sachsen) 102
Alexander I. s. Russland
Amorbach 83
Anhalt-Dessau
 - Christiane Amalie Przn. v., geb. v. Hessen-Homburg 82
 - Friedrich Prz. v. 80 ff.
 - Leopold III. Friedrich Franz Fst. u. Hzg. v. 69
Anklam 98
Ansbach 91 f.
Arboga 134
Armfeld, Gustav Moritz Baron v., Diplomat 35
Arnay, Fräulein v., Gouvernante 78
Aspern 10, 82
Asseburg, Achatz Ferdinand v. der, Diplomat 29
Auerstedt 105
Augsburg 130
Austerlitz 165

Baden
 - Alexander Erbghzg. v. 154
 - Amalie v., Gfin. v. Hochberg 156
 - Amalie Christiane Przn. v. (T. Amalies) 74, 77, 79 f., 94 f., 133, 140, 152, 154, 156, 178, 182
 - Bernhard Prz. v. 164
 - Berthold Mgf. v. 163 f.
 - Christiane Luise Przn. v., geb. v. Nassau-Usingen 42
 - Christoph I. Mgf. v. 61
 - Friederike v. s. Schweden
 - Friedrich Prz. v. 41 ff., 54, 57, 64, 156
 - Friedrich I. Ghzg. v. 163 f., 177
 - Friedrich II. Ghzg. v. 163
 - Herrmann II. Mgf. v. 60
 - Josephine Friederike Luise Przn. v. 154, 179
 - Karl Ghzg. v. (S. Amalies) 68, 77, 84, 98, 100 f., 109, 136 ff., 161 f., 166, 171, 178, 182 f.
 - Karl Friedrich Mgf., Kf., Ghzg. v. (Schwiegervater Amalies) 37, 41, 44 ff., 59 ff., 63 f., 66 ff., 80, 84 ff., 96, 102 f., 110, 131 f., 135, 138, 141, 143, 145, 147, 149 f., 156 f., 159 f., 164, 166, 168, 170, 172 f.
 - Karl Friedrich Prz. v. (S. Amalies) 77, 136
 - Karl Ludwig Erbprz. v. (Gem. Amalies) 32, 37, 39, 41, 55 ff., 62 ff., 71, 73, 88, 93, 130, 132 ff., 140, 157, 169
 - Karoline v. (T. Amalies) s. Bayern
 - Karoline Luise Mgfn. v., geb. v. Hessen-Darmstadt (Schwiegermutter Amalies) 19, 25, 28, 37, 39 ff., 47 f., 50 ff., 57, 62 ff., 69 f., 72 ff., 79, 136
 - Leopold Ghzg. v. 99, 110, 162 ff., 156
 - Ludwig Wilhelm Ghzg. v. 42, 56 f., 68, 80, 84, 104, 141 ff., 155 f., 158 f., 160 ff., 163, 178
 - Ludwig Wilhelm August Mgf. v. 163
 - Luise v. (T. Amalies) s. Russland Elisabeth Alexejewna
 - Luise Przn. v. 98
 - Luise Amalie Stephanie Przn. v. 153, 179
 - Marie Przn. v. (T. Amalies) s. Braunschweig-Wolfenbüttel
 - Marie Przn. v. (T. Ghzg. Karls) 154, 179
 - Maximilian Mgf. v. (1867–1929) 163
 - Maximilian Mgf. v. (* 1933) 164
 - Maximilian v., Gf. v. Hochberg 156
 - Sophie Wilhelmine Ghzgn. v. 98 f., 162 ff., 179
 - Stéphanie Ghzgn. v., geb. de Beauharnais 98, 145 ff., 163, 171, 178, 187
 - Wilhelm v., Gf. v. Hochberg 156, 164
 - Wilhelmine v., s. Hessen und bei Rhein
Baden(-Baden) 103, 155, 179, 181
Baden-Baden
 - August Georg Simpert Mgf. v. 61
 - Bernhard III. Mgf. v. 61
 - Ludwig Wilhelm Simpert, Mgf. v. 61

Baden-Durlach
- Anna Charlotte Amalie Przn. v., geb. v. Nassau-Dietz-Oranien 48
- Ernst Mgf. v. 61
- Friedrich VII. Magnus Mgf. v. 49
- Friedrich Erbprz. v. 48 ff.
- Karl Wilhelm Mgf. v. 48 ff.
- Magdalene Wilhelmine Mgfn. v., geb. v. Württemberg 49
- Wilhelm Ludwig Prz. v. 48

Basel 50, 67, 102
Battenberg, Julie Therese v., s. Haucke
- (Mountbatten), Ludwig Prz. v. 129

Bauschlott 161
Bayern
- Amalie Przn. v., s. Sachsen
- Auguste Przn. v. 111, 141 ff., 169
- Elisabeth Przn. v., s. Preußen
- Karoline Kfn., Kgn., geb. v. Baden (T. Amalies) 74, 77, 80 f., 84, 92 ff., 100 f., 106, 137, 144, 155, 146, 151 f., 169, 181, 187
- Ludovika Hzgn. in 95
- Ludwig I. Kg. 111, 180
- Maria Anna Przn. v., s. Sachsen
- Maximilian I. Joseph Kg. v., als Maximilian IV. Joseph Kf. v., Hzg. v. Pfalz-Zweibrücken 17, 91 ff., 100, 141, 143, 152, 167, 176, 181
- Maximilian III. Joseph Kf. v. 16
- Maximilian Hzg. in 95
- Maximilian Joseph Prz. v. 94
- Maximiliane Przn. v. 95
- Sophie Przn. v., s. Österreich

Beauharnais, Claude de, Offizier 148 f.
-, Eugène de, Hzg. v. Leuchtenberg 142, 144, 147
-, Joséphine de, s. Frankreich Joséphine
-, Stéphanie de, s. Baden
Becker, Philipp Jakob, Maler 78
Berckheim, Karl Christian Frhr. v., Oberhofmeister 134, 173
Bergzabern 24
Berlin 22, 30, 36 f., 91, 98, 132, 165
Bernadotte, Jean Baptiste s. Schweden Karl XIV. Johann
Berstett, Wilhelm Frhr. v., Minister 161
Björnsthal, Jacob Jonas 43, 51
Bonaparte, Jérôme, Kg. v. Westphalen 106
Borgenstierna, Carl v., Generaladjutant 135

Bothmer, Karl Ludwig v., Oberhofmeister 174
Braunschweig 105 f., 108 f., 142
Braunschweig
- Karl II. Hzg. v. 105, 107 ff., 179
- Wilhelm August Hzg. v. 105, 107 f., 110, 179

Braunschweig-Lüneburg-Oels
- Friedrich August Hzg. v. 106

Braunschweig-Wolfenbüttel
- Auguste Hzgin. v., geb. v. Hannover 108
- Juliane Marie Przn. v. 50
- Karl I. Hzg. v. 50
- Karl Wilhelm Ferdinand Hzg. v. 103 f., 106

Braunschweig-Wolfenbüttel-Oels
- Friedrich Wilhelm Hzg. v. 103 ff., 170, 179
- Marie Hzgin. v., geb. v. Baden (T. Amalies) 77, 97 f., 103 ff., 110, 137

Breslau 129
Bruchsal 83 f., 100 ff., 106 ff., 109, 137, 152, 172 ff., 179 f., 184, 187
Brüssel 108
Buchsweiler (Bouxwiller) 20, 22, 24

Charlottenburg 28
Christiane Henriette s. Pfalz-Birkenfeld-Bischweiler
Colmar 72
Comte du Nord = Paul Gfst. v. Russland 64
Comtesse du Nord = Maria Fjodorowna Gfstin. v. Russland 64
Custine, Adam-Philippe de, General 91
Czartorysky, Adam Fst. 84, 89 f., 132

Dalberg, Emmerich Joseph Hzg. v., Diplomat 165
Danzig 132
Dänemark
- Friedrich V. Kg. v. 50
- Friedrich Kronprz. v. 140
- Luise Przn. v. 50
- Sophie Juliane Przn. v. 140

Darmstadt 19 f., 22 f., 27, 31, 34, 38, 40 ff., 53 ff., 69, 112, 129, 150, 152, 178
Diersburg, Roeder v., Erzieher 137
Drais, Karl Wilhelm Friedrich Ludwig, Geh. Rat, Oberhofrichter, Hofkommissar 48

Dresden 54
Drottningholm 98 f.
Du Moulin-Eckart, Richard, Graf v. 17
Durlach 48 ff., 72, 177

Ebert, Friedrich, Reichspräsident 163
Edinburgh, Philipp Hzg. v. 112, 163
Eichendorff, Joseph v. 175
Elba 10
Enghien, Louis Antoine Henri de Condé Hzg. v. 92, 167 ff.
Erfurt 97, 165
Ettenheim 167 f.
Ettlingen 150
Eutingen 45

Flensburg 106
Fouché, Joseph, Minister 168
Foucquet, Gf. v., Offizier, Kammerherr 174
Frankfurt (Main) 69, 86, 91, 110, 183
Frankreich
– Joséphine Ksn., geb. de Tascher de la Pagerie 110, 145, 149
– Ludwig XV. Kg. v. 15, 57
– Ludwig XVI. 9
– Marie Antoinette Kgn. v. 34
Franz II., dt. Ks. 10
Freystedt, Karoline v., Hofdame 39, 62, 65 f., 70, 75, 79, 86, 105, 109, 135, 152 f., 173, 182, 185, 186 f., 193 (Anm. 14)

Gatschina 30
Gengenbach 158
Geusau, Frhr. v., Oberstkammerherr 131
Geyer v. Geyersberg, Ludwig Heinrich Philipp 72
–, Luise Karoline s. Hochberg
Gießen 69
Gotha 97
Grancy, August Senarclens de, Offizier 112
Griechenland
– Andreas Prz. v. 129
– Theodora Przn. v. 163 f.
Gripsholm 102, 134
Großbritannien
– Adelheid Kgn. v., geb. v. Sachsen-Meiningen 82
– Elizabeth II. Kgn. v. 112
– Georg II. August Kg. v., Hzg. v. Braunschweig-Lüneburg (Hannover), Kf. 40

– Georg III. Kg. v. 81, 83
– Georg IV. Kg. v. 108 f.
– Victoria Kgn. v. 83
– Wilhelm IV. Kg. v. 81
– Wilhelm August v., Hzg. v. Cumberland 40

Hahn, Kurt, Pädagoge 163
Hamburg 47, 68 f., 84
Hanau-Lichtenberg, Hanau-Münzenberg
– Johann Reinhard III. Gf. v. 18, 20
Hannover 40, 69
Hardegg, Gf. v., General 185
Hauber, Geheimrat 78
Haucke, Julie Therese Gfn. v. (Gfn. v. Battenberg) 112, 129
Heidelberg 178
Heiligenberg 112, 129
Herder, Johann Gottfried, Schriftsteller, Philosoph, Theologe 46
Hessen, Philipp I. Ldgf. v. 18
Hessen-Darmstadt
– Auguste Wilhelmine v. s. Pfalz-Zweibrücken
– Caroline v. s. Hessen-Homburg
– Christian Ludwig v. 24, 33
– Christine Charlotte Erbldgfn. v., geb. v. Hanau-Lichtenberg 18
– Elisabeth Dorothea Ldgfn. v., geb. v. Sachsen-Coburg 19
– Ernst Ludwig Ldgf. v. 19
– Friederike v., s. Preußen
– Friedrich Ludwig v. 24, 33
– Georg I. Ldgf. v. 18
– Georg Wilhelm v. 19, 27, 34, 91
– Henriette Caroline Christine Ldgfn. v., geb. v. Pfalz-Zweibrücken-Birkenfeld (Mutter Amalies) 14, 16, 18, 23, 26 f., 30 f., 35 f., 37 ff., 44, 51, 53, 59, 77, 80, 85, 91
– Ludewig X. Ldgf. v., Ludewig I. Ghzg. v. Hessen u. bei Rhein 24, 26, 34
– Ludwig V. Ldgf. v. 18
– Ludwig VIII. Ldgf. v. 19 f., 22 f., 27, 39 ff.
– Ludwig IX. Ldgf. v. (Vater Amalies) 13, 17 f., 20 ff., 26 f., 30, 39, 59
– Luise v., s. Sachsen-Weimar-Eisenach
– Luise Ldgfn. v., Ghzgn. v. Hessen u. bei Rhein, geb. v. Hessen-Darmstadt 34

- Maria Luise Albertine v., geb. v. Leiningen-Dagsburg-Falkenburg 19, 91 f.
- Wilhelmine Przn. v., s. Russland Natalja Alexejewna

Hessen-Homburg
- Caroline Ldgfn. v., geb. v. Hessen-Darmstadt 24, 27, 179
- Friedrich Ldgf. v. 27

Hessen u. bei Rhein
- Alexander (Battenberg) Prz. v. 112, 129
- Elisabeth Przn. v. 112
- Karl Prz. v. 112
- Ludewig I. Ghzg. v., s. Hessen-Darmstadt Ludewig X.
- Ludwig II. Ghzg. v. 100, 104, 110 ff., 152, 181
- Ludwig III. Ghzg. v. 112
- Luise Ghzgn. v., s. Hessen-Darmstadt Luise Ldgfn.
- Marie Przn. v. 112
- Wilhelmine Ghzgn v., geb. v. Baden (T. Amalies) 79, 100 f., 110 ff., 140, 152, 181, 187

Herzog v. Cumberland s. Großbritannien Wilhelm August

Hochberg, Luise Karoline, Gfn. v., geb. Geyer v. Geyersberg 72 f., 99, 141, 156 ff., 171

Höxter 69

Hofer, Andreas, Freiheitskämpfer 107

Homburg 178

Hutten zu Stolzenfels, Franz Christoph v., Fbf., Kardinal 172

Iffland, August Wilhelm, Schauspieler, Dramatiker, Intendant 153

Jagemann Caroline, später Freifrau v. Heygendorf, Schauspielerin 33

Jena 105

Jugenheim 112

Kalmück, Feodor Iwanowitsch, Maler 53

Karlskrona 98

Karlsruhe 32, 44, 48 ff., 61 f., 64 f., 67, 72 f., 75 f., 78 ff., 83, 85, 87, 89, 91, 97 f., 103, 111, 130, 133 f., 140, 143, 145, 148 f., 157, 165, 170, 174 f., 176 f., 179, 183 f.

Kassel 18, 69

Kent, Edward Hzg. v. 83, 180
–, Marie Luise Viktoria Hzgn. v., geb. Sachsen-Coburg-Saalfeld 83

Koch, Friedrich Albert, Staatsrat 85, 131

Kolberg 107

La Harpe, Frédéric César, Politiker 89, 132

Langensteinbach 78

Lausanne 50, 103

Lavater, Johann Caspar, Theologe, Philosoph, Schriftsteller 42 f., 66 ff.

Leiden 16

Leiningen, Emich Carl Fst. zu 83

Leipzig 10, 97, 112, 132, 182

Leopold II., dt. Ks. 10

Lezay-Marnésia, Claudine de 148

Linné, Carl v., Naturwissenschaftler 43

Ludwigsburg 178

Lunéville 10, 172

Mainz 91

Maler Dr., Leibarzt 134

Malmö 106

Mannheim 16, 54, 75, 111, 150, 155, 173, 174, 178, 184

Marburg 69

Maria Karolina Kgn. v. Neapel-Sizilien, geb. Ehzgn. v. Österreich 133

Massias, Nicolas, Diplomat 58, 107, 137, 150

Maximilian I., Ks. v. Mexiko 94

Mecklenburg-Schwerin
  Auguste Friederike Erbghzgn. v., geb. v. Hessen-Homburg 84
- Friedrich Ludwig Erbghzg. v. 83, 180
- Karoline Erbghzgn. v., geb. v. Sachsen-Weimar 83

Mecklenburg-Strelitz
- Friederike Karoline Luise Hzgn. zu, geb. v. Hessen-Darmstadt 19
- Karl II. Hzg. zu 19

Meersburg 102

Memel 132

Merck, Johann Heinrich, Essayist, Verleger, Redakteur 23, 26
–, Louise, Sprachlehrerin 26

Metternich, Klemens Wenzel Lothar Fst. v. 109, 139

Molière 153

Montgelas, Maximilian Joseph Gf. v., Minister 92, 94, 143

Moreau, Jean-Victor-Marie, General 91

Moser, Karl v., Minister 30
München 94, 111, 142 f.

Napoleon 10 f., 33, 60, 76, 82 f., 99, 106 ff., 110, 141 ff., 157 ff., 165 ff., 183
Naryschkina, Maria Gfn. 89
Nassau-Dietz-Oranien, Wilhelm Friso Prz. v. 49
Nassau-Saarbrücken
 – Karoline v., s. Pfalz-Zweibrücken
 – Ludwig Kraft v. 14
 – Philippine Henriette v., geb. zu Hohenlohe-Langenburg 15
Nassau-Weilburg, Henriette Przn. v., s. Österreich
Neumann, Balthasar, Baumeister 172

Oels 107
Österreich
 – Carl Erzhzg. v., Hzg. v. Teschen 10, 82 f.
 – Elisabeth („Sisi") Ksn. v., Kgn. v. Ungarn, geb. Hzgn. in Bayern 94 f.
 – Franz I. Ks. v. 10, 82 f., 185
 – Franz Joseph I. Ks. v., Kg. v. Ungarn 94
 – Franz Karl Ehzg. v. 94
 – Henriette Alexandrine Ehzgn. v., geb. v. Nassau-Weilburg 83
 – Maria Theresia Ehzgn. v., Kgn. v. Ungarn u. Böhmen 19
 – Sophie Ehzgn. v., geb. v. Bayern 94
Oldenburg
 – Cäcilie Ghzgn. v., geb. v. Schweden 99, 180
 – Paul Friedrich August Ghzg. v. 99, 180
Orlow, Grigori Grigorjewitsch Fst. 30
Ottensen (Altona) 106

Paris 10 f., 54, 57, 66, 82, 132, 142, 147, 149, 158 ff.
Pfalz
 – Rupprecht III. Kf. v. der, dt. Kg. Rupprecht I. 15
Pfalz u. Bayern
 – Karl Theodor Kf. v. 16 f., 94, 176
Pfalz-Birkenfeld-Bischweiler
 – Christian I. Pfalzgf. v. 15
 – Christiane Henriette v. 16
Pfalz-Simmern, Pfalz-Zweibrücken
 – Stephan Pfalzgf. v. 15

Pfalz-Zweibrücken
 – Auguste Wilhelmine Hzgin. v., geb. v. Hessen-Darmstadt 19, 91, 141
 – Christian III. Hzg. v. 15 f.
 – Christian IV. Hzg. v. 16, 91
 – Friedrich Michael v. 175
 – Gustav Samuel Leopold Hzg. v. 15
 – Karl III. August Hzg. v. 91, 175
 – Karoline Hzgn. v., geb. v. Nassau-Saarbrücken 14 f., 24, 31, 39, 59
 – Maximilian Joseph Hzg. v., s. Bayern, Maximilian I. Joseph
 – Wolfgang Pfalzgf. v. 15
Pfalz-Zweibrücken u. Pfalz-Birkenfeld
 – Friedrich Michael v. 17
Pfalz-Zweibrücken-Birkenfeld
 – Christian II., Pfalzgf. u. Hzg. v. 15
 – Henriette Caroline Christine v., s. Hessen-Darmstadt
 – Karl Pfalzgf. u. Hzg. v. 15
Pforzheim 48, 85, 103, 107, 135, 140, 164, 188
Philippsburg 87
Pirmasens 14, 20, 22
Potsdam 80, 98, 104, 132
Prenzlau 21, 24, 36, 98
Preußen
 – Anna Amalia Przn. v. 36 f.
 – Elisabeth Kgn. v., geb. v. Bayern 94, 180
 – Friederike Kgn. v., geb. v. Hessen-Darmstadt 24, 27 ff., 35, 67
 – Friederike Przn. v., geb. zu Mecklenburg-Strelitz 104
 – Friedrich II. Kg. v. 10, 13, 21, 28 ff., 35 f., 37, 47
 – Friedrich Wilhelm II. Kg. v. 27 f., 80 f.
 – Friedrich Wilhelm III. Kg. v. 28, 80 f., 180
 – Friedrich Wilhelm IV. Kg. v. 94, 180
 – Ludwig Prz. v. 104
 – Luise Kgn. v., geb. zu Mecklenburg-Strelitz 19, 81, 104
Pyrmont 68 f.

Quedlinburg 36 f., 84

Rastatt 87, 140, 165, 174
Ravanel, Margarethe Katharina, Gouvernante 17, 26, 78
–, Sarah Louise, Gouvernante 17
Regensburg 132

Reitzenstein, Sigismund v., Minister 139, 147, 172
Reubell, Jean-Jacques, General 107
Reval 30
Riga 132
Ring, Johann Dominikus, Erzieher 56 f.
Rohrbach 95, 106, 174, 183 f.
Rumjanzew, Nikolai Petrowitsch Gf., Minister 85
Ruppin, Gf. v. = Friedrich Wilhelm III. Kg. v. Preußen 180
Rupprecht I. dt. Kg. 15
Russland
– Alexander I. Zar v. 10, 31, 85 ff., 99, 112, 130 f., 160 f., 166, 182 ff.
– Alexandra Gfstn. v. 96
– Elisabeth Alexejewna Zarin v., geb. Luise v. Baden (T. Amalies) 74, 77 ff., 85, 87 ff., 108, 110, 130 f., 133, 140, 144, 146, 151 f., 154, 160, 162, 178, 181, 184
– Katharina II. Zarin v. 9, 29 f., 53, 64 f., 85 ff., 95 f., 98
– Konstantin Gfst. v. 95
– Maria Fjodorowna Zarin v., geb. Sophia Dorothea Augusta v. Württemberg 29, 31, 34, 64, 87, 146
– Michael Gfst. v. 180
– Natalja Alexejewna Gfstn. v., geb. Wilhelmine v. Hessen-Darmstadt 24, 29 ff., 34, 37, 65, 74
– Nikolaus I. Zar v. 31, 180
– Paul I. Zar v. 29, 31, 34, 64 ff., 74, 79, 87, 130 f.

Sachsen
– Amalie Kgn. v., geb. v. Bayern 94
– Friedrich August Kg. v. 94 f.
– Johann Kg. v. 94
– Maria Anna Kgn. v., geb. v. Bayern 94 f.
Sachsen-Weimar-Eisenach
– Anna Amalia Hzgn. v., geb. v. Braunschweig-Wolfenbüttel 32
– Carl August (Groß-)Hzg. v. 32 f., 62
– Carl Friedrich Ghzg. v. 33
– Luise (Groß-)Hzgn. v., geb. v. Hessen-Darmstadt 24, 29 f., 31 ff., 37, 81, 97, 131, 155, 163, 165, 179
Salem 163 f.
Schall, Clemens August Baron v., Diplomat 101, 167

Scharnhorst, Christa v., Hofdame 77, 152
–, Gerhard v., General 100
Scheffauer, Philipp Jakob, Bildhauer 135
Scheibenhardt 69, 102, 178
Schill, Ferdinand v., Freiheitskämpfer 107
Schlutter, Elisabeth Barbara 193 (Anm. 14)
Schoepflin, Johann Daniel, Historiker 57, 60
Schönborn, Damian Hugo Philipp v., Fürstbischof, Kardinal 172
Schrickel, Dr. Johann Friedrich, Leibarzt 157
Schulenburg, Gf. v. der 109
–, Gebhard Werner Gf. v. der, Hofmarschall u. Minister 27
Schuwalow, Katharina Gfn. 85
Schwabing 95
Schwarzenberg, Carl Philipp Fst. zu, Generalfeldmarschall, Diplomat 82, 183
Schwarzenburg-Rudolstadt, Johann Friedrich Erbprz. v. 40
Schweden
– Amalie Marie Przn. v. 99
– Cäcilie Przn. v. s. Oldenburg
– Friederike Kgn. v., geb. v. Baden (T. Amalies) 79, 84 f., 95 ff., 111 f., 134, 140, 152, 154, 162, 169, 179, 181
– Gustav Kronprz. v., Gustav Wasa 98 f., 134
– Gustav IV. Adolf Kg. v. 96 ff., 133 f., 146, 162, 165, 168
– Karl XIII. Kg. v. 100
– Karl XIV. Johann, Jean-Baptiste Bernadotte 100
Schwetzingen 137, 153, 174
Sckell, Friedrich Ludwig v., Gartenarchitekt 176
Sewastopol 90
Speyer 91
St. Gallen 103
St. Helena 11
St. Peter 60 f.
St. Petersburg 29 f., 34, 43, 53, 65, 85, 87 f., 96, 112, 129 ff., 165, 171
Staegemann, Friedrich August v., Staatsrat 171
Staff, Christiane Albertine 132
Stein, Heinrich Friedrich Karl vom u. zum, Staatsmann 166
Steinbach 69
Sternenfels, Karoline Auguste v., Hofdame 131

Stetten, Frhr. v., Oberhofmeister 173
Stockholm 98, 101, 134 f., 165
Stralsund 97, 106
Straßburg 16, 20, 63, 65, 91, 167 f.
Strekalow, Stefan Feodorowitsch, Staatsrat 85
Stulz Brown, George, Hofschneider 176
Stutensee 69
Stuttgart 178

Taganrog 90
Talleyrand, Charles-Maurice de, Diplomat, Politiker 158, 168, 170
Taube, Wilhelm Ebert Baron v., Diplomat 96
Thiard, Auxonne-Marie-Thédose de, Kammerherr 143
Tilsit 132
Travemünde 30

Ulm 87

Versailles 50, 148
Vincennes 169
Voltaire, Philosoph 13, 21, 51

Wagram 82
Walderdorf, Philipp Franz Wilderich v., Fbf. 174
Walz, Johann Leonhard, Hofprediger 86
Warschau 107
Wasa, Gustav s. Schweden Kronprz.
Waterloo 11, 108
Weimar 32, 97, 131
Weinbrenner, Friedrich, Architekt, Stadtplaner, Baumeister 135, 157
Wellington, Arthur Wellesley Hzg. v. 108
Wieger, Johann Jakob, Erzieher 20
Wien 19, 79, 82, 90, 131 f., 139, 160
Wilhelm I., dt. Ks. 180
Wilhelm II., dt. Ks. 163
Worms 91
Wrede, Carl Philipp v., Generalfeldmarschall, Diplomat 183
Württemberg
– Friedrich Hzg. v. 92
– Sophia Dorothea Augusta v., s. Russland Maria Fjodorowna
– Wilhelm Kronprz. v. 104
– Wilhelm Ludwig Hzg. v. 49

Zähringen, Berthold II. Hzg. v. 60
Zarskoje Selo 30 f.
Znaim 82
Zuckmantel, Barbara v., Nonne 25
Zürich 42, 67
Zweibrücken 16, 18, 54
Zwingenberg 160

Stam

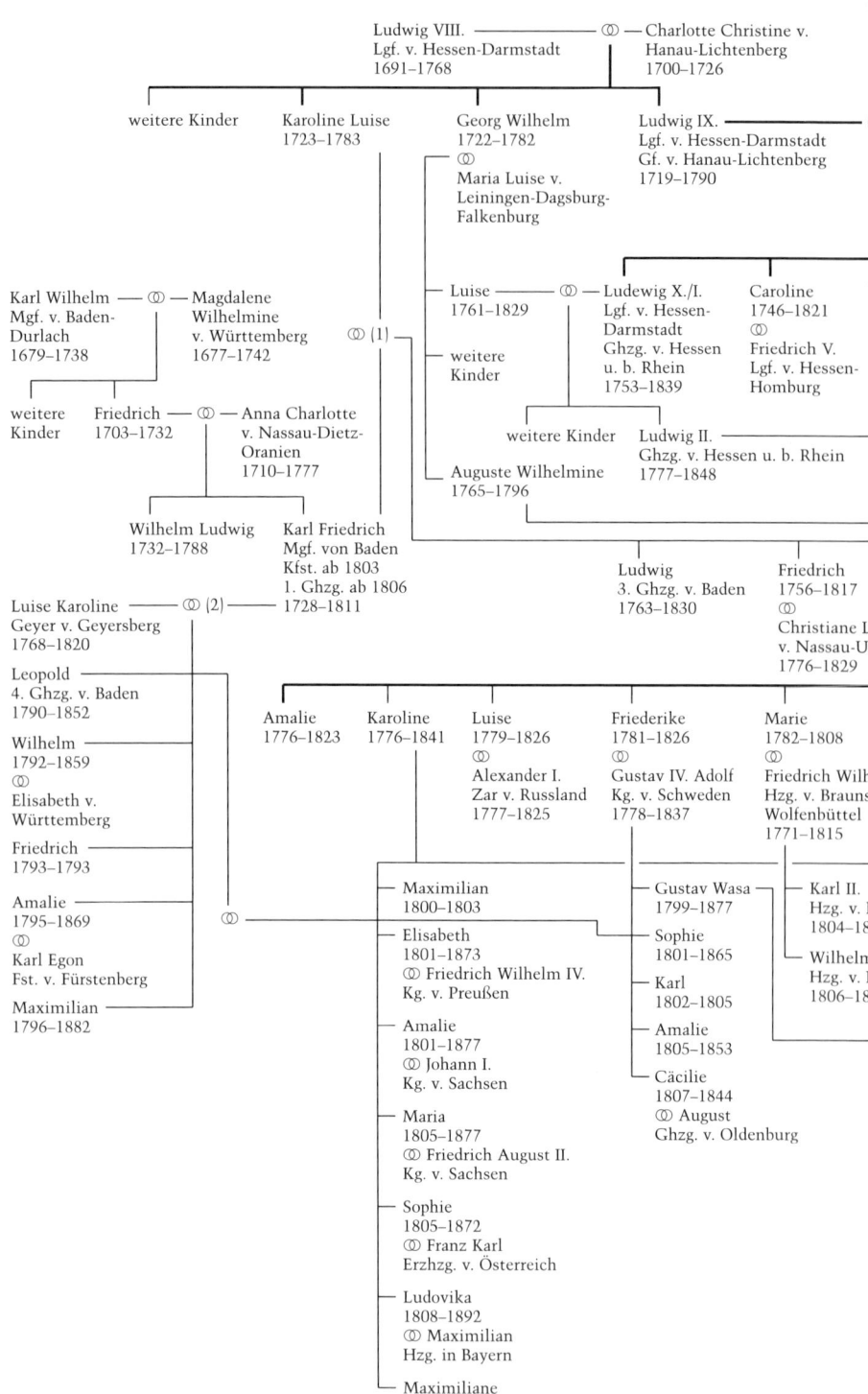